生　活　即　教　育

社　会　即　学　校

教　学　做　合　一

e a MEXIC
peón de
plica el
México

陶　行　知　全　集

第8卷 书信

知行书信
集外书信
附录

四川教育出版社
·成都·

图书在版编目（CIP）数据

陶行知全集. 第8卷 / 方明主编. —2版. —成都：
四川教育出版社，2009.4
ISBN 978-7-5408-5050-0

Ⅰ.陶… Ⅱ.方… Ⅲ.陶行知（1891~1946）-全集
Ⅳ.G4-52

中国版本图书馆CIP数据核字（2009）第033521号

装帧设计 宁成春
责任编辑 游仲伦 单 昕
技术编辑 顾求实
责任校对 伍登富
责任印制 田东洋
出版发行 四川教育出版社
地 址 四川省成都市锦江区三色路238号新华之星A座
邮政编码 610023
网 址 www.chuanjiaoshe.com
印 刷 成都市金雅迪彩色印刷有限公司
版 次 2020年1月第3版
印 次 2024年2月第2次印刷
成品规格 152 mm×228 mm
印 张 51.5 插页 4
字 数 670千
全套定价 2200.00元

如发现印装质量问题，影响阅读，请与本社联系。总编室电话：(028) 86365120
编辑部电话：(028) 86365129

再版前言

1991年，张劲夫同志祝川版《陶行知全集》出版，在《人民日报》撰文，称这部巨著是一笔宝贵的精神财富。他在文章的结尾深情地写道："新版《陶行知全集》的出版，必将永育后人，光照千秋！"

陶行知是一位伟大的社会改革家，是中国20世纪推动现代化的先驱。他坚持以与时俱进的生活教育来推动川流不息的现代化。他热爱人民，躬亲实践，手脑并用，勇于创新，对祖国和人类所作出的贡献及取得的成果是多方面的。从《全集》中可以看出，他涉猎的领域很广，诸如对政治制度、经济发展、社会道德、国际交往、科学普及、民族团结、宗教信仰、新文字推广、环境保护、计划生育等等均有精辟的论述。陶行知又是伟大的人民诗人，其诗的大众化"独开风气之先"，《全集》中收入他的诗800余首，仍未搜齐。当然最突出的仍是他创立的生活教育理论。大家熟悉的"生活即教育"、"社会即学校"、"教学做合一"和他倡导的全民教育、终身教育、创造教育、民主教育以及他身体力行的崇高师德，是多么贴近我国的现实与未来的走向啊！

随着我国改革开放的不断深化，现代化进程的长足发展，人们对陶行知留下的这笔精神财富的借鉴意义也愈益有了更清晰的认识。近两年不少读者要求购书，有的省市成立了陶行知研究会，要求供应几十套上百套。而当年印制的新版《全集》8000套，早已罄尽。面对这日增的需求，中国陶行知研究会也希望能尽快再版。在此情势下，四川出版集团、四川教育出版社决定高质量地再版《陶行知全集》（十二卷本），并组成再版的编辑出版班子，对初版进行认真修订。《全集》约 800 万字，修订任务繁重，原来各卷的责任编辑年事已高，有的已经辞世（本套书第一版出版后辞世的编纂、出版人员未在《全集》编辑委员会和出版工作者委员会成员名单中注明）；最初使用的原稿，已交有关的博物馆和纪念馆保存，这更增添了校订的难度。出版社抽出十几位年富力强的编辑分担各卷的编务及协调工作，并请有关专家指导，两位老主编和张行可、吴琴南也全力投入，中国陶行知研究会又寄来陶行知自选集的影印本供校勘用。在共同努力下，终于按计划完成了再版的修订任务。

这次修订的主要情况如下：

一、原体例不变

开初有同志提出不论著作体例，统按时间顺序排列；有的主张前十卷不变，将最后两本补遗卷打散，分类按时序插入前面各卷。多数认为这样做不仅工作量过大，原有特色会消失，且不易查阅，故决定再版仍保持原状。

二、改错字及改正注释中的一些讹误

《全集》出版后，原来的编辑发现一些错处，特别是不少读者陆续来信指出发现的问题，这次都做了认真考证校订并逐一改正。此类改正达几百处，但仍有个别人名无从查考。这里特向来信的热心读者表示敬意和谢意。

三、几项调整

将各卷的人名索引合为一处，避免了重复，删去了该人名出现在书中的页码。人名索引刊在第九卷卷末，将原第九卷中1940年1至7月的书信移入第八卷。

抽去了两首重复的诗歌。另抽去第九卷附录中的《陶行知年表》，部分内容并入第十二卷《陶行知及其生活教育活动纪略》。抽去第十二卷附录中致陶行知的信57封，对《陶行知西旅长编》作了删节。另有少量附录因篇幅关系按时间顺序做了移动。

卷首的图片有小调整，第五卷和第九卷各换了一张照片，第四卷增加了一幅手迹。

最可喜的是增加了15篇最近得到的陶行知的佚作。一是1939年写给沈钧儒的信；二是1946年在中国人民救国会第五次大会上的报告记录；还有13篇是香港中文大学哲学博士何荣汉先生提供的英文稿：《一个金陵大学学生的自述》（1912年）、《陶文濬的伊利诺斯州立大学政治学博士入学申请表》（1914年）、《中国的道德和宗教教育》（1916年）、陶文濬致德芬道夫的4封信（1915~1917年）、《祈先生的新贡献》、《中国在转变中》、《中国的乡村教育运动》（1927年）、《生活即教育》（1932年）、《创造的教育》（1933年）、《小先生和识字运动》（1934年），这些均已翻译为中文编入第十二卷。这里，特向何荣汉先生致谢。

这次不仅认真校订内文，对书籍的开本、版式、封面等都提出了高要求，为此还请了北京的装帧设计家宁成春先生做装帧设计，力争出精品。

本书编辑中的不妥处，恳希读者指出，因为陶行知留下的这笔珍贵精神财富是属于我国人民和全世界人民的。

编　者

2004 年 12 月 1 日

《陶行知全集》

编辑委员会

主　　编　戴自俺

副 主 编　孙传华　苏辛涛　郭　笙　陶晓光

分卷主编　理论卷（第 1~4 卷）　孙传华　苏辛涛　洪　桥　祝德顺　周正章

教材卷（第 5 卷）　戴自俺　陶　城　陈贻鑫

英文著译卷（第 6 卷）　温致义

诗歌卷（第 7 卷）　聂大朋

书信卷（第 8 卷、第 9 卷）　张邦民

衔备忘卷（第 10 卷）　庞曾漱

编　　辑　（按姓氏笔画为序）

王超英　刘有声　江长风　李　冬　陈　思　杨立义

张　颖　张德生　姚启安　鲁　风　裴未如　韩忠祥

程翊德　储朝晖

审　　定　陆静山（主任）吴树琴　楼化篷　徐明清

丁　丁　龚思雪　李能寿

特邀主编　胡晓风

新版

《陶行知全集》

出版工作委员会

顾　　问　聂荣贵

主任委员　冯元蔚

副主任委员　许　川　韩邦彦　康振黄　李培根

胡晓风　卢铁城　张　锋

委　　员　(按姓氏笔画为序)

王可植　王敬夫　文　甫　尹　平　卢自德　冯国元

古润清　伍　尧　向国灵　李　致　李光炜　吴汉家

吴代伦　汪兴高　杨启泉　张子云　张仲炎　陈焕仁

单基夫　金成林　罗由沛　洪宝书　徐文锜　徐春轩

袁学林　黄德昆　蒲家驹　熊清泉　廖世洁

秘书长　张仲炎

副秘书长　冯国元

总编辑　金成林

办公室主任　蒲家驹

办公室副主任　张子云　周良玉

编审组　胡晓风　金成林　马　骏　顾　亚　蒲家驹　廖世洁

钱学文　游仲伦　吴正贤　伍　尧　李能寿　龚思雪

吴纪真　王屏汉　周良玉

编辑组　罗智超　文　龙　邹　青

编辑说明

一、陶行知（1891—1946）是我国伟大的人民教育家、伟大的共产主义战士。他为中国教育改造、普及人民教育、争取民族解放和建立人民民主的新中国奋斗了一生，留下了大量的著作。他的著作，散见于1913年到1946年的国内外报刊。生前曾以各种形式出版各种专集，流传甚广，影响深远。延安也曾出版《行知教育论文选集》。1946年，延安各界追悼陶行知筹备委员会倡议出版《陶行知全集》，但因限于当时条件，未能实现。1957年7月，张宗麟曾在《人民教育》发表文章，公开建议人民教育出版社编辑出版《陶行知全集》。1959年原中央教育部所拟定的《教育科学规划》曾有出版《陶行知全集》的项目，但因当时各种阻力尚未排除，终未实现。中国共产党第十一届三中全会以后，研究陶行知的活动又活跃起来。1981年，由邓颖超同志主持的陶行知诞辰90周年纪念大会在北京市全国政协礼堂召开。安徽、上海、江苏、四川、北京等地相继成立了陶行知研究会。1982年，华中师范学院（现华中师范大学）教育科学研究所和湖南教育出版社，在征得安徽、上海、江苏、四川、北京等省、市陶行知研究会赞同和陶行知先生亲属的大力支持下，组成《陶行知全集》编辑委员会，由华中师范学院教育科学研究所主编，湖南教育出版社于1985年出版了六卷本《陶行知全集》，在抢救我国民族文化遗产、促进我国教育改革、建设具有中国特色的社会主义教育体系等方面作出了有益的贡献。

二、1985年9月，中国陶行知研究会、中国陶行知基金会成立，对陶行知的研究开始了新的篇章。随之，中国陶行知研究会陆续收到了陶研工作者，陶行知生前友好、学生以及部分读者的许多宝贵建议，要求中国陶行知研究会争取时间，趁陶先生的一些老朋友和学生以及部分陶行知研究的老专家尚健在的时候，组织力量，在原有的基础上，重新编辑出版一部较完备的新版《陶行知全集》（以下简称《全集》），在1991年陶行知诞辰100周年时出版，以应时代及广大读者的需要。

三、本版《全集》的编辑工作，本着求“全”、求“真”的原则，增补了迄今为止收集到的佚文、佚诗、佚信等，并作了认真的校勘；在考订的基础上加了注释；对作者用外文所写著作均作了新的校译；各卷插图有了新的补充和调整。特别要指出的是，本版增补了作者自1936年4月至1946年7月所用的小笔记本55册，以作者所题《衎备忘》为名全部整理编入第十卷，约40万字，系首次发表，是研究陶行知最后十年战斗生涯的极为珍贵的史料。

四、本版《全集》按文章体裁分类，共成十卷。各卷保留了作者原有自编专集的原貌；专集外的文章，再按时间顺序排列。第一至四卷为论著卷（包括论文、演讲记录、谈话、提案等）；第五卷为教材卷（包括各类教材及编辑手稿、儿童科学读物、寓言、歌曲等）；第六卷为英文著译卷（包括英文著述、英文书信；著述中译、书信中译；中译英、英译中等）；第七卷为诗歌卷；第八、九卷为书信卷；第十卷为《衎备忘》。

五、本版《全集》的编辑原则为：（一）尽可能做到“全”；（二）保持陶行知著作的原貌；（三）所收文稿，均经慎重的考证、核查。

六、本版《全集》的注释要求是：（一）以具有中师毕业以上文化程度的广大教师及其他读者为对象；（二）注释条目的选择，以有助于理解原文为准；（三）文字力求简明扼要；（四）对人物、事件，介绍历史背景，力求客观真实，不带政治帽子；（五）人名索引根据其与原著及作者的关系而确定其详略。

七、本版《全集》的编辑和校勘，除充分利用中国陶行知研究会所珍藏的资料以外，并专门组织了力量，到江苏、上海、安徽陶行知纪念馆，中国第二历史档案馆以及华中师范大学近代历史研究所，浙江湘湖师范学校等单位查核大量原件，还尽量查阅手稿及各种版本的专集，多方比较、考证，以求臻于完善。凡有增删或改动者，均采用注释加以说明或以其他方式处理，以便对照。

八、本版《全集》的编辑工作是由中国陶行知研究会领导下组成的编辑委员会主持进行的；出版工作是由四川省党政领导及有关人士组成的出版工作委员会主持进行的，特别是中共四川省委宣传部在多方面给予了大力支持。

九、在编辑过程中，得到南京中国第二历史档案馆，北京中央档案馆，广东省档案馆，北京图书馆，华南师范大学图书馆，南京大学图书馆，南京图书馆，北京师范大学图书馆，上海图书馆，上海辞书出版社图书馆，中央教育科学研究所图书馆，安徽省图书馆，四川省图书馆，四川大学图书馆，广东省图书馆，广州中山大学图书馆，华中师范大学近代史研究所，江苏晓庄陶行知纪念馆，上海陶行知纪念馆，安徽陶行知纪念馆，四川教育学院，各省、市、自治区陶行知研究会以及陶行知先生生前友好、学生和亲属的赞助及支持，在此谨一一深表感谢！

十、由于水平及各种条件所限，本版《全集》疏漏、错误在所难免，敬请读者教正。

《陶行知全集》编辑委员会

1990年12月

凡例

一、本全集编入迄今收集到的陶行知的全部文稿，有文章、诗歌、教材、书信、演讲、小说、谈话、章程、提案、文电、广告、备忘录等2530篇（其中教材13本、小说1部、备忘录55册）。凡有作者手稿，有作者个人署名，或虽未署名但有根据可确认为作者所著者，均收为正文；合署而非作者起草，或虽有个人署名但不能确认为作者所著的文稿，均与其他参考材料一起作为附录。附录共314篇（包括附在第九卷末的年表），一种为文末附，一种为卷末附录。

二、作者的自编集共17本（其中小说1部），大体上按出版的年代排在有关卷的前面，作为第一部分。自编集以外的集外文汇、集外诗汇、集外书信等均按写作或发表的时间逐年编入有关各卷，作为第二部分。有的诗文收入几种自编集内，此次只在一本集子中排印，其余均存目。第六卷英文著译卷，分类按年编排。第十卷《衔备忘》用手稿影印，一册为一篇，在篇末加少量的译文与注释。

三、除少数姓名和文言文中的个别字外，统用简化字，以国家语言文字工作委员会1986年重新发表的《简化字总表》为准。

四、陶行知原著中的纪年、数字、译名及章节标题的分层序码等均保持原貌。纪年多系民国纪年，如三年、廿一年、卅二年（即公元1914年、1932年、1943年）等。数字则汉字与阿拉伯字并存。翻译的人名、地名与通译不同的，在注释中注明通译的名称。编者所写的注释文字统用公元纪年，数字用法按国家语委等七部门公布的试行规定。

五、论著、诗歌、教材及儿童读物的标题用原题，个别有变动的在题注中说明。书信的标题，除作者自编集外，多系编者从信中摘取原话为题。

六、原著无标点的，由编者加添标点；原著用旧式标点或标点不规范的，重新标点。

七、改正了原稿中的错字，删除了衍文，漏字在〔 〕内添补，无法辨认的字用口号代替。通假字、古今字、异体字等，除文言文中的少数字外，均按有关规定处理。

八、编者的题注为脚注。书信及一些档案资料现存放何处，均不作注。

九、作者本人的署名，1934年7月16日前为“陶知行”，现一仍其旧。编者所写注释中则一律称“陶行知”。

十、第十卷和课本、小说不作人名索引，其余各卷正文中出现的人名，均按姓氏笔画作索引，附在卷末。附录不作人名索引和注释。

本卷为书信卷（上），收入作者自编集《知行书信》1 册（信 97 封），集外书信（1915—1940 年 7 月）430 封，以上合计书信 527 封，另收附件 62 件。本卷只有少量题注，均放入注释中，未放在题目页的页末。

1

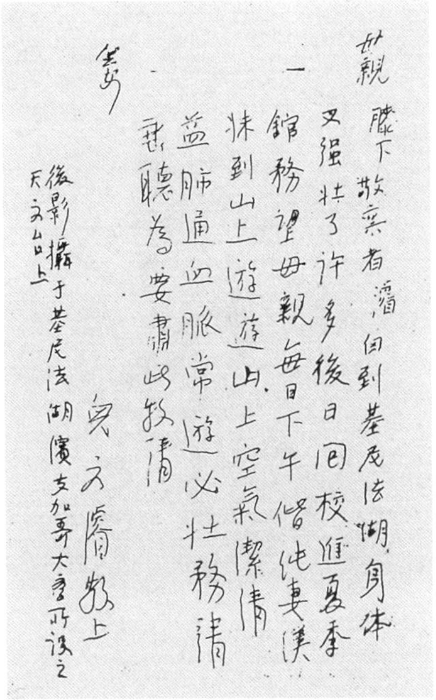

母親
膝下敬禀者濬自到基虎法湖，身体
又強壯了許多，後日回校進夏季
館務，望母親每日下午偕純吏漢
妹到山上遊遊。山上空氣潔清
益肺通血脈，常遊必壯，務請
慈聽為要。肅此敬請
金安
兒文濬敬上
後影攝于基虎法湖濱支加哥大學所設之
天文台上

2

3

1　留学美国时摄

2　1915 年留学美国时的家信手迹

3　1915 年随家信寄回留美参观天文台时的照片

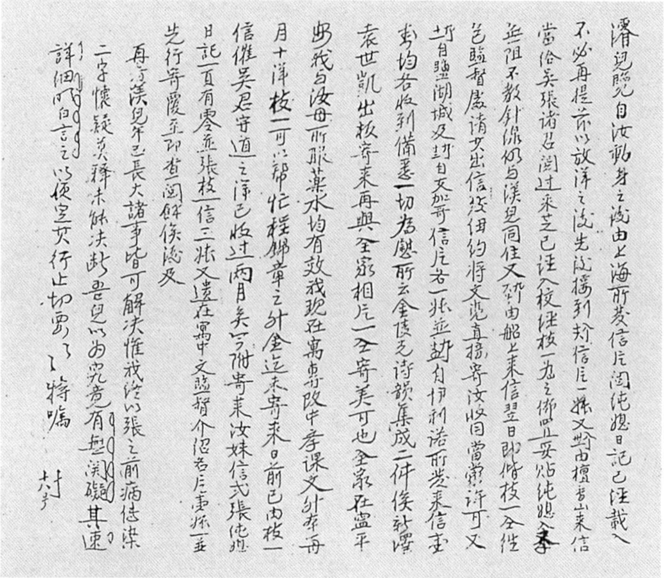

4

4 1914 年陶位朝给陶行知的信

5 1923 年 11 月，陶行知给妹文渼写信道：“知行近日买了一件棉袄，一双布棉套裤，一顶西瓜皮帽，穿在身上，戴在头顶，觉得完全是个中国人了，并且觉得很与一般人民相近得多。”图为此时留影

5

6

6　陶行知（左二）在锡兰科仑坡留影

7　1937 年冬，陶行知（中）在加拿大宣传抗日援华

8　《耳朵先生》手迹

7

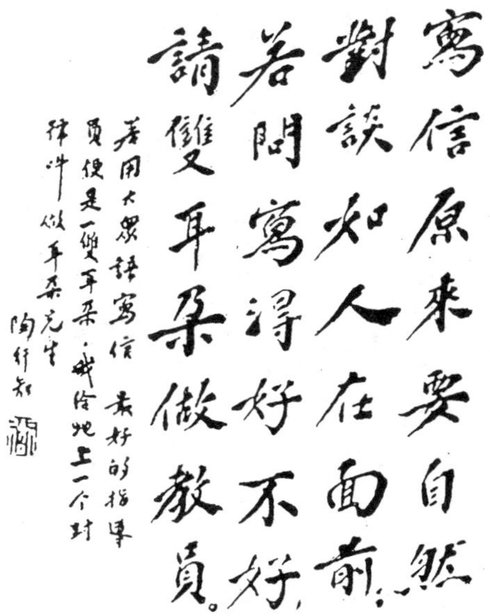

寫信原來要自然，
對談如人在面前：
若問寫得好不好，
請雙耳朵做教員。

若用大眾語寫信 最好的指導
員便是一雙耳朵。我給他上一个封
號叫——做耳朵先生
陶行知

8

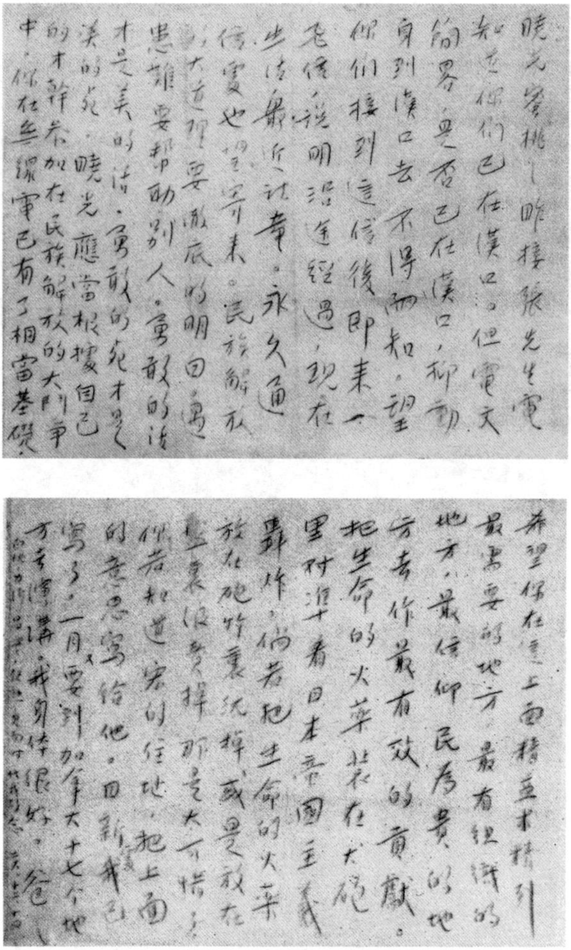
曉光蜜桃：昨接張先生電
知道你們已在漢口。但電文
簡略，是否已在漢口，抑動
身到漢口去不得而知。望
你們接到這信後即來一
長信，說明沿途經過，現在
生活最近計劃。永久通
信處也望寄來。民族解放
是大道，但要徹底的明白過
患難要幫助別人。勇敢的活
才是美的活。勇敢的死才是
美的死。曉光應當根據自己
的才幹參加在民族解放的大鬥爭
中。你在無綫電已有了相當基礎

希望你在這上面精益求精，到
最需要的地方，最有組織的
地方，最信仰民秀貴的地
方去作最有效的貢獻。
把生命的火藥裝在大砲
裡對準著日本帝國主義
轟炸。倘若把生命的火藥
放在爆竹裡玩掉或是放在
土裏很容易掉那是太可惜了
你若知道密的住址，把上面
的意思寫給他。回新我已
寫了。一月要到加拿大十七个地
方去演講。我身体很好。爸

9

9　致晓光、蜜桃信手迹

目 录

1926年

1927年

1928年

1929年

1930年

1933年

1935年

1936年

1940年

知行书信

编者按

《知行书信》收入1923至1928年书信97封，上海亚东图书馆1929年出版。此次编入全集时，将《操震球给陶知行函》《杨继宗给陶知行函》和胡适《拜金主义》一文选入作附录。

1934年8月16日作者曾在《生活教育》第1卷第13期刊登《为编辑〈行知书信〉启事》云："行知近年写与亲友之信，多未留稿。现拟编《行知书信》一册，深望亲友赞助，将信稿抄一份寄下。如蒙许可，出书时，当照寄来信稿篇数，赠书若干册，以答厚意。"但最后未能编成出版。

杭州大学之天然环境

——一封公开信

未来的杭州大学[1]校址，在凤凰山[2]下面，是从前的敷文书院[3]。大学范围，并不限于书院旧址。凡左近之山脉，都包括在内，约有一两千亩的面积。后面四五个山峰，并立如掌扇；东边的之江，西边的西湖，都近在咫尺。登高一望，杭、嘉、湖、绍四属数百万的生灵，还有那无边无际的东海，都在眼中，不住的引人向那远处、大处默想。我一面看一面问，中国还能找出第二个像这样好的大学校址吗？不独在中国，就在世界上，像这样的校址，能有几处呢？我方到敷文书院面前的时候，还不觉得十分奇特，但越走上去，越觉得它的妙处。选择这个校址的人，能从敷文书院大胆的将它一直伸到凤凰山顶，包到凤凰山后，这是何等的魄力，何等的目光！

近一二年来，国内预备要设立的大学，不下十多处，关于筹备重要问题之一，即为校址之选择。因为天然环境和人格陶冶，很有密切关系。省立大学为一省人才教育之总枢，校址一层，更不容忽略。

我对于选择大学校址，亦曾受过一二次之委托，虽始终未曾实现，心目中却悬过几个目标，以为寻访之依据。我心里所悬的目标有五：一要雄壮，可以令人兴奋；二要美丽，可以令人欣赏；三要阔大，可以使人胸襟开拓，度量宽宏；四富于历史，使人常能领略数千百年以来之文物，以启发他们光大国粹的心思；

五便于交通，使人常接触外界之思潮，以引起他们自新不已的精神。我拿这五种标准参观过国内大学二十余处。比较好一点，国立的有东南大学，外国人设立的有之江大学[④]和香港大学[⑤]。这三个学校校址，各有所长，就中天然环境，要推之江大学为第一。但要想看一个尽善尽美、完全令人满意的大学校址，却没有找到。

听见杭州大学校址已经选定的时候，即想过来看看。这次陪张仲述先生来杭，参观学校，并得大学董事何炳松先生指导，用了半天的工夫，特为的去看杭州大学校址，不料数年来梦寐中之理想大学校址，居然有亲见之机会，可谓有眼福了。杭州既有这样近于理想的一个校址，又有沪杭铁路为它与外界沟通，应该能够罗致第一流的导师，培养第一流的人才，创造第一流的学术。杭州大学的前途岂可限量？岂可限量？

杭州大学是中国省议会第一次自动建议置的大学。我希望浙江省议会，不但建议，还要使它实现。听说因为经费困难，省议会怕增加人民负担，尚在犹豫不决。人民代表体谅人民的经济能力，是应当的；但他们的责任不是为人民省钱，是为人民用钱用的得当。我深信杭州大学是浙江人民未来幸福之泉源。用钱办这个大学，不是为人民耗费，乃是为人民保险储蓄作最有益的投资。这种代人民服务的机会，是不容易得的。若让它空空的失去，未免可惜。

现在校址已经选定了，如同做母亲的怀了孕，已经把未出世的小孩子所要坐的摇篮都预备好了。我们来做客人的，只望它早日添丁，使得我们也可以得几个红鸡蛋吃。若只为省钱的缘故，就不惜将已成之胎打将下来，这就要叫我们大失所望了。

将来的趋势，每省恐怕至少要有一个大学。我郑重的对现在和将来各省省立大学筹备员介绍一句话，在校址未选定之前，最好来看看杭州大学的校址。虽然不能省省都找到这种好校址，但看了之后，对于大学校址的要素，总能得些具体的观念，至少可以不致走错路了。

十二年春

注释

① 杭州大学　1921年浙江省议会建议筹办，次年推定蔡元培、蒋梦麟等人为筹办杭大董事。后因浙江动荡等原因，杭大终未建成。

② 凤凰山　在浙江杭州东南面。北近西湖，南接江滨，形似飞凤。

③ 敷文书院　始建于清代，地址在浙江杭州。书院为中国古代的一种特殊教育组织形式，常设在山林名胜、风景秀美处。

④ 之江大学　美国基督教教会在中国办的大学。前身最早为1845年设在宁波的崇信义塾。1911年改为之江大学。

⑤ 香港大学　1912年3月11日英国人在香港创办的综合大学。

西湖之危机

——给杭州朋友的公开信

西湖的危机，已经到了不可不注意的地步了。这危机就是上海化的趋势。我每年必到西湖游览一二次，觉得这种趋势，咄咄逼人，近来更甚。如果再不说几句话，心里实在有些不安了。

上海化是什么？

上海化第一是忙。人生要忙也要玩。上海的忙人到西湖里来玩玩，我们是很表同情的。但是最要紧的是，忙的时候忙，玩的时候玩。若是忙的时候玩，玩的时候忙，都是错了。我们到西湖里来，最重要的是看风景。西湖里的景致，随处都有，必定要从容的去欣赏，才能得到它的妙处。但是上海来的人，忙得很，嫌自己的腿慢，要坐东洋车；嫌洋车慢，又要坐汽车。我们觉得走马看花，比他们所得的还要多些。我们只觉得最不上算的事，无过于坐汽车游西湖。这还事小，我们游湖的人，看见汽车来了，也就跟着它忙个不了。身体忙让，眼睛忙睐，鼻息忙停，心头忙跳，直到汽车尽过，才慢慢的复原。一人豪放，使得大家都受累不安，实在说不过去。世界文明国的公园里，多不许坐汽车。西湖全部都是个公园。为维持同乐起见，湖滨大路，是应然绝对禁止汽车通行。听说自汽车通行以来，已经冲死了十几个人。我们为维持公安尊重人命起见，希望永久的停止它们才是。湖滨的路是人的路，不是马路，更不是汽车路。我们防止上海化的第一件事，就是要禁止汽车在湖滨路上通行，就是要使人玩的时候不能忙。

上海化第二是俗。怎样叫俗？凡不合美术的调和观念的就是俗。灵隐寺里新上任的财神菩萨，是一个例。最俗的无过于西湖里红顶装烟囱的洋房了。西子①穿西装，总不相称。西子穿上不中不西的装束更不称了。我希望杭州大学将来的校舍，外表采用中国式的建筑，为与环境调和做个表率。人工只可增进天然的美感，断不可将它败坏。我还希望以后在湖边造房子的人，未造之先，必求自己的房子和四周风景联为一气；目光要射在四周，不可专注在自己的房子上。所以，防止上海化的第二步，是要提倡符合风景的建筑，使一切俗的房屋自己害羞。

上海化第三是私。十座哈同式的花园②，可以把西湖封锁起来，我们曾经注意到吗？我提议环湖大路要筑在房屋和西湖之间。如此，方可免于封锁的危险。所以，防止上海化的第三件事，就是严立规章，使凡应公开的都不让私人占去。

防止上海化的责任，要谁担负呢？第一是杭州人，第二是上海来的人。上海人只可带些西湖化到上海去，决不可带点上海化到西湖来，我们愿意有西湖化的上海，决不愿有上海化的西湖。杭州人，以地位说，是西湖的主人翁。他们应该一面防止上海化进口，一面削除上海化的根株。防止削除的方法：一要舆论，二要实力，运用舆论和实力，以保存西湖本来之真面目而光辉之，是杭州人不可推卸的责任。

十二年春

注释

① 西子　即西施。春秋时越王勾践献给吴王夫差的美女。旧时把她当作美女的代称。苏轼有“若把西湖比西子，淡妆浓抹总相宜”的诗句，故西湖亦称西子湖。

② 哈同式的花园　指英籍犹太商人哈同在杭州西湖白堤所建的“哈同花园”，又名“罗苑”。它面湖临水构建，三面围高墙，游人不得入环湖大路。

送长城砖

——给程仲沂先生的信

仲沂先生：

今天一个人独游八达岭参观万里长城，离开人群的生活，别有一番滋味。知行渐觉人生必有出世之精神而后可以入世。

游览之后，回到青龙桥候车，遇车站工人刘君畅谈，知行忽对刘君说：阁下府上是安徽。刘君惊异说个是。我又说：阁下住在合肥，刘君更以为神奇。其实，我有学生数人，属合肥籍，故合肥话甚易辨别。于是彼此认同乡，颇相得。并且饭好茶香，待我不薄。否则我在青龙桥，不免有在陈之厄[①]了。最后，刘君出示长城砖，上有"中部"二字，是明朝永乐年间的东西。刘君说外国人要向他买，他不愿卖，定要送我。我想四女师新校舍不久总要建筑，用此砖来点缀点缀，也是千载一时的盛事。想到这里，我就不客气，把它收下来，并送了他一元钱的回礼。

教育是共和国的保障。我们四女师既得万里长城之砖，自能在造就人才、保障共和的路途上进行了。不过为这块砖计，既入黄山，就不能出洋了。要说它是为贵校牺牲，亦无不可。务必请先生好好的待它。

知行不久要到杭州，拟亲自带去交该处船行运上。

这封信是在候车时写的。候车三个钟头，若不是写这封信和与刘君谈话，真要寂寞不堪了。

十二年九月十二日下午八时

注释

① 在陈之厄　孔子被陈蔡大夫发徒役，围于陈蔡之野，蒙受绝粮之厄运。见《史记·孔子世家》。

学问之要素

——答程仲沂先生的信

仲沂先生：

……　……

先生所说做学问有三要素：一体健，二天才，三财力。很有见地。

知行以为体健是人生的一个最要目的，也是学问的一个最要目的。学生是学习人生之道的人。学以厚生则可；学以伤生是断断乎不可的。天才是做学问的根据。有几分天才做几分学问。大概天才有十分八九之势力，教育的势力只占十分之一二。教育万能之说是教育界自欺欺人的话。但是天才有时很不容易看出来。时机未到，天才隐在里面，专靠主观、武断，以致差之毫厘，失之千里的，是常有的事。

第三点恕我不大表同意。我不承认财力是学问的要素。我以为，只要有志学问或是有志于子女的学问，经济的难关是可以打破的。后代的学问是有社会关系的。自己倘若十分困难，就号召社会的力量成全子女入学也是应该的。这是就求学必不可少的经费说的。我还有一点意见，就是：穷苦和学问是好友；富贵和学问是仇敌。那天天轻裘肥马，炫耀于同学之前的，究竟的学问如何？

十二年九月二十日

我脚迹所到的地方

——给文渼的信

渼妹：

最近一星期来，我脚迹所到的地方就是平民教育所到的地方。店里，家里，旅馆里，饭馆里，学堂、私塾里，甚至于和尚庙里，我都去劝过平民教育，并且很有效验，很有乐趣。我过几天还要到军队里，工厂里，清节堂里，监狱里，济良所里去推广平民教育。这许多地方我都要亲自带学生去试验。照这样办法我就可以一面干，一面研究出好的方法来。空中造楼阁是没有用的。我也很希望你约集同志在北京这样去干。我现在这个连环教学法是很有效力的。详细的情形可以从我写给胡适之太太那信看出来。

昨天我们定规把歙县试馆所有收入全用在歙县的平民教育上，不久就可以开办了。

本月十八日，我要到安庆作全省的平民教育运动。很希望熊太太可以一同去，不晓得她在北京忙得怎样。我对于安徽负有特别责任，不能不勇猛进行。

试验班毕业送礼可由教员自己做主。就送墨盒、信纸、故事三事而论，自以送故事为最好。这种送礼既有教育价值，又可以使教员与学生发生一种很好的感情。我非常赞成，请与李女士[①]商决办理就是了。

十二年秋

注释

① 李女士　即李浩然。

杭州过中秋

——家信

母亲、纯妻、渼妹、大、小、三桃：

前夜在烟霞洞里过中秋。和尚复三和他的太太请适之，我做陪客。很有特别意味。昨天坐船到花坞游览，复三和尚全家、适之、适之的表妹、高梦旦先生和我同去。花坞有几十万根竹子的大竹林，真是见所未见，我那时身外的清景和身内的清心两两相照，兴致十倍。

明天到海宁[①]看潮。明晚回沪。

十二年九月二十七日

注释

① 海宁　县名，位于浙江省北部，南临杭州湾，是观看海潮的胜地。

连环教学法之发现

——给桃红、小桃的信

桃红、小桃：

你两个人很有功劳。我看见你们两个人，哥哥教弟弟读《千字课》[1]，就发现了一个好法子，叫做连环教学法。这个法子是用家里识字的人教不识字的人；我教你，你教他，他又教他。一家当中，先生教师母，师母教小姐，小姐教老妈子；每人化不了多少功夫就可以使全家读书明理了。我在南京试验这个法子很有效验，特为写这封信来感谢你两个人。我在南京平安快乐，请你们禀告老太太、你们的母亲和阿姑知道。

十二年十月八日

注释

①《千字课》　指《平民千字课》，共四册，为陶行知与朱经农合编，以一千多个字汇为基础的普及平民教育的识字课本。

建议聘晏阳初为总干事

——给朱其慧先生的信

其慧先生：

知行这次到沪，和岫庐[1]、梦旦诸先生交换意见，甚为愉快。我说：大家对于平民教育都是初次试验，都是外行，都有奋斗精神、冒险态度，都不免有些错误。因为是初次试验，所以彼此要忍耐，要原谅。他们觉得这话不错，所以对于平民教育还是依然的热心。

关于总干事一事，闻青年会[2]已有复信说明该会不能让晏阳初先生应聘之理由。知行觉得此职除晏君外实无相当人才，务请再具恳切之函向青年会交涉。该会对于平民教育如此热心，实堪钦佩，但究属局部之进行。故为国家教育计，为充分运用人才计，晏君应该舍青年会而就总会之职。

总会经费进行效果如何？甚为怀念，便中务请示知为祷。

敬祝康乐！

十二年十月三日南京

注释

① 岫庐　(1888—1979) 即王云五。

② 青年会　基督教青年会的简称，基督教（新教）社会活动机构之一，1844年创立于伦敦，19世纪末由美国传入我国。

南京平民教育运动

——给朱其慧先生的信

其慧先生：

这几天阳初、伯秋二先生和知行以及南京各位同志在此地积极进行，很可乐观。现在知行要把这几天进行的事撮要报告于左：

四日，伯秋宴教育局长孙阆仙先生、县署第三科长凌卓之先生、学务委员陈学仁先生于山东馆。伍仲文、晏阳初二先生和知行均在座。结果每一区立学校担任开办平民学校一班以上。

五日二时，开干事会议，讨论进行方法，阳初先生演讲《干事应有的精神》。知行演讲《活的平民教育运动要有活的干事》。四时，开董事会，伯秋先生报告会务，知行报告新发现的连环教学法。公决向省署呈请经常补助费。吴士翘科长、蒋竹庄厅长均以为可以成功。七时三十分，伯秋、阳初和我三人在女子师范演讲，默君[①]先生病，冯君巽伯主席，结果公推罗汉[②]十一人组织罗汉委员会，推广平民教育。

六日，公共演讲厅演讲平民教育。伯秋、阳初、知行三人主讲。因组织不周到，到的人不充分，结果由各校学生回校组织委员会，再由各委员会公推主任出席下星期四会议，共商进行。

七日九时，平民教员会议商议改良教学问题。十一时，知行赴金陵大学孔子纪念会演讲《孔子纪念日与平民教育》。校长包文先生很主张极力提倡平民教育。三时，开全城私塾教员会议。

南京全城有私塾五百六十余所。此次到会有六十余人，很有精神。他们有一千七百多学生。这是平民教育到私塾里去的第一幕。南京现在已设平民学校三十一所，学生实到二千余人。

除了上列各事外，知行还请郭秉文夫人，姚文采先生，郑晓沧先生在家里试验连环教学法。我住的成贤学舍里面有斋夫、厨子共八人，也一同拿连环教学法教他们。知行准于十八、十九、二十、二十一四天在安庆提倡平民教育，先生如能同去，最为感激。倘若不能，务必请由总会具函安庆〔徽〕省长，说明推本会安徽董事陶知行到省襄助提倡。知行不日即有私函致安庆各界领袖，请其先事筹备，俾能在最短时期之中收最大之效果。

挂图一层，知行建议第一册图、课、生字全印，第二册以后只印图与生字，经费既可节省，效力并不过于减少。今天接到岫庐先生开来挂课、挂图代印价目表二纸，务请早日决定合印或代印，以便进行。现在各省急须推广，非早订办法，必有供不敷求之患。

敬祝康乐！

十二年十月八日

注释

① 默君　即张默君。

② 罗汉　佛教名词。上座部佛教（小乘）理想的最高果位。佛寺中有十八罗汉五百罗汉的塑像。此处“罗汉”和后面信中的“活罗汉”、“新罗汉”，系作者借指乐以知识传人、从事平民教育的积极分子。

能使全家识字的连环教学法

——给胡适之夫人的信

胡太太：

知行在杭州烟霞洞和适之过中秋，第二天同游花坞的竹林，十八日又同到海宁去看潮，很觉得愉快。适之精神比在上海的时候好得多，身体也差不多复原了。他想回到北京来，我劝他暂时不要回京，把《努力》[①]停办，把书搬到西湖上来继续办《读书杂志》[②]。你看这个法子如何？

我在西湖上的时候，和适之谈论平民教育的事体，并把我新近发现的简捷推行法告诉了他，他很赞成。他并且希望我寄几本书给你在家里试试。

这部书是经农[③]先生和我两个人编的，一共有四本，每本二十四课。学的人每天读一课，用九十六天就可以读了。读了这部书就可以认识一千二百多字，会看白话信，会写白话信，会记家常账目，会读浅近书报。书价也很便宜，每本定价三分，全部只须一角二分就够了。平常人是买得起的。我们要愿意学的人都能买书读。因为书是自己用钱买的，就觉得它宝贵。倘若是人送的，恐怕今天送来，明天就要到字纸篓里去了。所以要学这书的人，最好不要白白的送给他。

我们现今发现了一种教学方法，可以把平民教育推广到家庭里去。这个方法叫做连环教学法，利用家里已经识字的人教不识字的人。就是不识字的人也可以一面学，一面教。只要家里有一个人识字，就可以教全家大大小小、男男女女一齐读书明理。一个人会读了，必得要温习才能记得长久。他温习的时候就可以一面温习，一面教别的人。等到他温习好了，在旁边的人也学会了。别人学会了又可教别人：如此你教我，我教他，先生教太太，太太教小姐，小姐教老妈子，老妈子教小大子，只要四个月，全家的人都能把这书读了，不但识字，并且对于做人做国民的精神也可以得到好多。

适之曾经谈起府上的车夫吴二可以做教员，就请吴二教别的佣人好不好？我以为不但吴二可以教，祖儿或者也可以教几课咧。我家桃红教小桃，很有效力。桃红一面学，一面就教小桃。我看见这事，就推想到利用识字人教不识字人，就想出了这个连环教学法，岂不是很有趣吗？

现寄上《平民千字课》六本，以后当陆续寄来。务请随时将府上推行平民教育情形指教。

敬祝康乐！

十二年十月八日南京

注释

①《努力》　胡适主编的周刊。1922年5月在北京创刊。1923年10月停刊。

②《读书杂志》　为《努力》周刊在1922年9月至1924年2月出的增刊。

③ 经农　即朱经农。

作十万新民 寿六旬王母

——给程仲沂先生的信

仲沂先生：

我这一个月来立了志愿：就是每天要写一封好书信。今天又是写信给先生的日子了，看我写来：

现在外面有一个平民教育运动，简单说起来，就是在四个月里面，每天用一点钟便能教人认识一千二百个字，会读四本《平民千字课》，对于平常信札文件都能领略，并能明白些做人做国民的道理。中国现在危亡之祸逼在眼前，万万等不及国民小学的学生长大之后，再出来为国家担当责任。我们必定要努力把年富力强的人民赶紧的培植起来，使他们个个读书明理，并愿为国鞠躬尽瘁。教育界同志如熊秉三夫人、袁观澜先生、晏阳初先生、王伯秋先生都觉得这件事的重要，就同我发起了一个会，叫做“中华平民教育促进会”。

这个会已经成立，总会设在北京，各省各县都是要设分会的。南京、北京、武昌平民教育分会已经组织就绪。南京发起最早，现在更加猛进。这些地方所用的课本，都是朱经农先生和知行编的那一种。我们编这部书的时候，曾经设了三个试验学校，从事研究教材究竟适用与否。照试验的结果看来，很可乐观。三个试验学校当中，有一个是为女子设的，由舍妹文渼和李浩然女士担任。这个班上的女生，到了中秋（那时舍妹已进京）只学了三个月，已经有二十几人会写信寄到北京给舍妹。平民教育的能力真出人意想之外！前次南京本城十一个平民学校行开学礼的时候，这班学生只读了一个月书，就能在二千多人的面前高唱赵元任先生所编的那首《尽力中华歌》，听众莫不受感动，这是何等的精神啊！由此我们深信：中国不是没有希望，只看我们干不干，就可以推定国家命运。

伯秋先生是南京平民教育的总司令。因为南京是总会第一个试验，南京的成败影响全国最大，所以晏阳初先生从上海来，我从北京来帮他的忙。伯秋先生很有奋斗精神，现在还有馀勇可贾。他想今年办两万人的教育交卷，我想他加到十万。所以他的老太太六十岁做寿的时候，我送了一副寿联："作十万新民；寿六旬王母。"这副对联并是知行亲手写的。但是初次写对联，写到夜里两点钟，写坏了两副，勉强把第三副送到他家里去。伯秋先生这次会见知行的时候，即以作十万新民自任。他的勇气，几乎可以把个狮子山吞下去！先生也是他的老友，可以为他喝采喝采。

我在南京除帮助伯秋先生外，还做些小小的试验。这些试验我都要亲自去尝尝滋味的。我亲自把平民教育送到大方栈，送到小乐意，送到万全楼。店里试验了，又送到人家里去：姚文采、郑晓沧、陆志韦、徐则陵、廖茂如、陈鹤琴诸先生的家里都决定要把全家的人都化成识字的。我又到私塾里去劝他们把《平民千字课》拿去替代《三字经》[①]、《千字文》[②]、《百家姓》[③]。我劝他们教过了《平民千字课》，再教《论语》、《孟子》。我昨天简直把平民教育送进栖霞寺去了。这寺里还有四五个和尚不识字。我走进正殿的时候，看见一个和尚叫做慧空的，在那里看《封神榜》。我对他说："和尚要修行成佛，不会念经，可以吗？"他说不可以。我再问："要念经念得好，不会读书可以吗？"他说不可以。我说："你们庙里还有四五位和尚不识字，就不会念经；不会念经就不能成佛；大和尚何不去超度超度他们呢？"我然后对他说《平民千字课》的效验，并告诉他，如果他能把全庙的和尚、俗工教得个个识字读书，考过及格，我要给他一张平民教师的证书。他很情愿担任。我们的平民教育，从此就进和尚庙里去了！

知行这三天以来，立志凡我脚迹所到的地方，就是平民教育到的地方。我们不久就要把平民教育输入军队里、善堂里、工厂里、监牢里、尼姑庵里、济良所里。我们要叫黑暗的地方大放光明。佛不入地狱，谁入地狱！

贵校教员在京之时，曾数次参与平民教育会议，临行时知行曾托金先生带赠挂图一套，教科书一包，以备试验之用。现在进行如何？至以为念。查四女师社会环境中，以家庭为最多，商店次之。兹寄上“中华教育改进社对于羊市大街之推行商店平民教育办法”及知行“致胡适之夫人说明家庭适用之连环教学法”各一通，以备进行之参考。我以为教育上最重要的事是要给学生一种改造环境的能力。平民教育是改造社会环境的一个最要方法。四女师的教职员似宜在隆阜[4]这个社会环境当中训练学生一种改造的能力。最能引起他们兴味的就是大家同心合力，叫不识字的隆阜化为识字的隆阜；叫黑暗的隆阜在一定时期之内大放光明。我想有几件事可以做的：

（一）在学校左近划分一条街道，请男教职员去办商店平民教育的运动。

（二）在学校左近划分一个区域，请女教职员率领学生去办家庭平民教育的运动，每三人一组，担负一家完全识字的责任。

（三）凡家在隆阜的教职员、学生，应负一年内全家识字之责。（十岁以上之小学生在内。）

（四）凡家不在隆阜的教职员、学生，于冬假、暑假回家时，应在本乡选择聪明妇女数人，用一个月工夫，教毕四本《平民千字课》，等到冬假完毕，就叫这数人在本乡传授别的妇女。

（五）开一平民学校，使本校所有男女佣人以及邻居无人教学之人都能得上学的机会。

（六）劝私塾采用《平民千字课》。

上列六条系第一期的办法，是否可行，还希慎重考虑。经费一层，只须书价。能就地筹款，集腋成裘最好；倘若困难，知行可以设法。第二期的办法容后再谈。

歙县方面，我们已经决定把南京歙县试馆每月收入拨作提倡歙县平民教育之用。知行并订于本星期六赴沪筹商他县提倡平民教育经费事宜。十八日至二十一日，知行在安庆襄助平民教育之组织并会商推广安徽全省平民教育之办法。同时倘能为四女师永久基础稍尽绵力，当无不效劳。现在已经夜深了，只好下次再谈。

祝先生康乐！

十二年双十节

注释

①《三字经》　中国旧时的蒙学教材。相传为宋朝王应麟著。书中涉及社会伦理、封建道德、自然地理、历代人物、史书、古籍等多方面的知识，为三字韵语构成，朗朗上口，流行较广。

②《千字文》　中国旧时流行的蒙学教材，为南北朝时周兴嗣著。全书共1000个不重复的单字，组成四字韵语，叙述有关自然、社会、历史、伦理、教育等方面的知识。

③《百家姓》　中国旧时流行的蒙学教材，北宋时编，集姓氏为四音韵语，便于诵读。

④ 隆阜　地名，在安徽屯溪附近。

请和尚教你

——给栖霞山乡人张大哥的信

张大哥：

昨天承老哥带领罗先生和我游山，非常感激。我看老哥行事，听老哥谈话，觉得你是一个很明理的人，也是一个很顾家的人。老哥虽不识字，却是比那些识字的人好得多。临别的时候，你说愿读《千字课》，并愿意读会之后还教一个别的人。这个意思很好。我现在寄上《平民千字课》一本。老哥读会了，就请再教一个别的人。谁要读这部书，一定要立志再教一个别人读。老哥自己可以请一位和尚教你。老哥读了四本之后，务必请你自己写一封信告诉我。我的通信处是：北京西四牌楼中华教育改进社。

祝老哥平安，康健，快乐！

十二年十月十日

劝慈母读《千字课》

——家信

母亲、纯宜、文渼、大小三桃：

昨夜由沪回宁，今晨又将赴皖，因招商船[①]未到，在迎春楼吃点心等候，乘暇将在上海已办和到安庆拟办之事，撮要报告如下：

前日十时，许隽人，柏烈武[②]二先生约集旅居上海安徽各界领袖，会商推广平民教育进行方法，并公电本省官厅、社会合力提倡。下午三时，承余鲁卿老先生之招，出席徽宁同乡会，演讲平民教育。公决由干事部向评议部建议，赠送旅沪不识字同乡《平民千字课》，使一年之内旅沪同乡无不识字。同时划分一部分收入，为推广徽宁两属平民教育之用。前次报告歙县试馆收入作为推广歙县平民教育之用，现在从县而府而省，均已稍有头绪，以后可以为全国效力了。

昨日车上遇旧友祁暄兄，彼现任久大精盐公司及协和贸易公司经理。知行与谈平民教育，彼甚为注意。已决定限一年之内，厂中一千余人不许一人不识字。即时托知行为之代定课本一千部。祁君并表示，可以设法减少工人作工钟点，俾能求学，尤为难能可贵。

明日到皖，先与各界领袖开会，继开全体教职员、学生会议，继开私塾会议，继开店主会议，继开牧师会议，最后开平民教育教师会议，定二十三日回宁，然后再到芜湖及武昌去。

现尚未得熊太太信。安庆一行，大约是由知行孤军直入了。昨日省长已来电表示欢迎。社会方面亦已接洽妥贴，进行当能顺利。知行近来精神十倍于前，虽千军万马不能与知行抗衡。

知行希望母亲抽空学这部《千字课》，可由文渼教，一来当作娱老之法，二来可以有提倡之效，三来知行写信，母亲自己也会看了。岂不好吗?

十二年十月十七日

注释

① 招商船　指轮船招商局的船。

② 柏烈武　即柏文蔚。

平民教育下乡

——答金鸣岐先生的信

鸣岐[①]主任：

前天接到先生的信，晓得第四女师教职员对于平民教育积极进行，不胜钦佩。本想即日奉复，奈因昨天为安徽省会全城运动之日，襄助一切筹备，连五分钟的空闲都抽不出来，并且先生所问的话，很有研究价值，不是片刻可以想得出，也不是几分钟可以写得了。与其草草了事，不如且等一两天作一较为详尽之答复。这是我迟到今天才回信的缘故。

（一）先生问四女师的周岁纪念宜如何办理。光阴过得快得很，十一月十一日已是四女师的周年纪念日。听见这个好消息，当然要皆大欢喜。况且四女师虽然只出世了一年，成绩已经大有可观。如果中国个个学校能如此进步，岂不是很可庆贺的吗？这都是因为贵校教职员有鞠躬尽瘁之精神，才能办到这样成绩。

大凡纪念日有两种感想：一是回顾既往；二是进规未来。我以为第二点更加重要，因为这是进步的原动力。我们似宜乘纪念日的盛典，唤起一种勇往直前、改造社会的精神。学校是为社会设立的。学校而没有改造社会的能力，简直可以关门。现在社会要改造的地方很多，我们改良社会的法子无穷。比如用平民教育来改造不识字的社会，使它成为识字的社会，也是一桩很重要的事体。贵校教职员中对于平民教育有经验的很有好几位，可否拿推行平民教育为周年纪念的第一件大事？周年纪念是学校里的喜事。我们做喜事的时候，应当向社会送礼，使大家都快乐。学校里送社会的礼物，没有再比平民教育好的了。所以我建议：

一、每一个学生家里，送一部《平民千字课》。那家里无人教的，由学生于寒假时带回去教家里的人。

二、学校所在地（隆阜），每一个店家送《平民千字课》一部，以该商店家庭有人教为条件。无人教的可到平民学校来上学。

三、邀约六县知事、劝学所[②]长、县署第三科科长、县视学、教育会正副会长、高等小学校长、主任教员、公正绅商领袖到校参与纪念典礼，并参与平民教育运动。

四、本校男女工人限六个月内一律读完《平民千字课》，校工多则开班，少则用连环教学法，即日开始读书，使各地来校参观的人，可以得些“烟士披里纯”[③]。

五、准备关于不识字之警世画，于是日遍贴隆阜全埠。

昨天陪程仲翁游菱湖公园，我即拿这几条提议和他讨论，他一听就赞同，并且十分的高兴，要把这个意思转达诸位先生考虑设法，见诸实行。这几条意思都是临时想出来的，未必尽善尽美，不过为诸位菩萨们做做参考罢了。

国庆纪念是十月十日。十字代表十字架。十字架有牺牲之意义。我们每逢双十节，就应当想到国家的危险，要立志为国家背双倍的十字架。中国国民倘肯为国家背十字架，没有铁肩可以吗？是万万不可以的。我们不可以不宏毅，因为任重而道远。四女师恰好是十一月十一日产生的。两个一字就是代表两个铁做的肩膊，上头背了两个十字架。我们每逢十月十日，都要想到十字架；我们每逢十一月十一日，都要想到十字架是要铁肩背的。我们纪念的时候，就要立志硬起肩膊来，为国家背双倍的十字架。

（二）关于休宁北乡推行平民教育问题。先生拟在北乡推行平民教育，欲将不识字之北乡化为识字之北乡，将黑暗之北乡化为光明之北乡。志愿之宏，爱乡之切，最可钦佩。现今办教育的人总要在城里热闹，那冷静的乡村，实在没有人过问。但是中国以农立国，一百个人当中有八十五个住在乡村里。平民教育是到民间去的运动，也就是到乡间去的运动。先生肯把乡下人的幸福放在心里，尤有远见之明。这是平民教育到内地乡村去第一幕。先生尽力去做，有什么地方愿意我们帮忙，我们是没有不帮忙的。请你告诉我，使得我们好准备。我想最好从府上的西村办起。对于进行方法，我有几条意见供先生参考：

一、假使西村有小学校，就可通信与校长，说明平民教育的效用，请该校担负全村平民教育之责，拟订全村人民分期识字之计划，令十岁以上的学生带《平民千字课》，用连环教学法到自己家里去教家里的人，请本校教员在家里教自己的师母、女儿和女仆，再由教员在家里的师母、女儿、女仆去教别人家的师母、女儿和女仆，劝乡村里凡识字的人都愿教不识字的人，劝人出钱送书，多寡不计，把《平民千字课》当善书送人。

二、假使没有小学校，只有私塾，就请私塾采用《平民千字课》代替《三字经》、《千字文》、《百家姓》。读过《平民千字课》四本之后，再读他书。并请私塾先生和学生仿照第一条小学校办法酌量进行，不过比学校里进行要难些。私塾教员如办此事，四个月后学生考试及格，教员可得平民教育教师文凭一张。

三、假使本地又无小学，又无私塾，再怎样办呢？第一步通信于初通字义之亲友，请他们用连环教学法在家里试验。第二步，先生今年年假回家的时候，可偕同令兄、韵芬以及别的受过教育的人，一同回去从事平民教育运动。把村乡里聪明、好学、热心的人找几个来，特别的训练他们一个月，每天教四课，就可以把四本书教了。同时指导他们教人的法子，叫他们每天回去的时候也教别人一课。如此一个月下来，先生们回校，村乡里就有好几位教师。从此一人教三人，三人教九人，全校的人不久都能识字明理了。对于上列方式，无论采取哪一种，提倡的人只要送书就够了。教的人纯粹要请他们尽义务。教的人尽义务就能和学的人发生一种很宝贵的友谊。如果教的人受报酬，久而久之，就成了做买卖的情形，把平民教育的精神完全消灭掉了。

我很诚恳的为你祈祷，愿你成功，愿这个内地乡村的平民教育成功。

在京开会时承诸位同乡不弃，推知行为中华教育促进会总会安徽董事之一，惭感交集，深恐无以副诸先生之厚望。此次来省，即想稍尽绵力，为我三千万兄弟姊妹开一求知之路，并无负于诸先生之推重。动身时有人劝我，说皖局不宁，最好不去。到皖时，一班小人放谣言说我此来有政治作用。到皖后三日，适逢学生为伸正气与警察冲突。但我们当仁不让，勇往直前的进行。十九日，安徽省会平民教育促进会成立。二十日一时，对第一女子师范学生演讲女子领袖对于平民教育之使命；七时，对全城学校讲社会服务的精神。二十一日十时，对于圣公会学生讲平民教育；二时，对于全城牧师布道团讲平民教育。二十三日一时，约集热心平民教育之同志十七人讨论进行方法；三时，对全城小学教员讲平民教育；七时，对省立小学讲平民教育。二十四日十时朱文公[④]纪念，对徽州同乡讲促进徽州平民教育方法；四时，对全城商董一百余人讲商界对于平民教育之使命。二十五日，安徽省会平民教育促进会开第一次董事会。二十六日七时，对于全城各机关学校代表讲笑嘻嘻的平民教育运动。二十七日九时，开第二次董事会；三时，对苦儿院学生和全城警察讲平民教育和警察与平民教育之关系；晚上，对私立学校学生讲平民教育，对私塾教员讲私塾与平民教育，对和尚讲演平民教育与宗教。同时我们向省公署和其他官厅、陆军、警察、海军、监狱当局接洽。到了二十八日，大家对于平民教育真是人同此心，心同此理，一致提倡平民教育。这日整队出来游行的有省署军乐队、吴团长的军队、湖隼舰海军、本城警察、三路商团、教职员、学生共一万七千人。果真成了一个笑嘻嘻的游行。此外我还做了些小小的试验，我在江裕轮船上，找了一个四川茶房戴永，教三个别的茶房；在菱湖公园，找了三个识字的人，教六个别的不识字的人；在教育厅里，找了六个识字的夫役，教十二个别的不识字的夫役，并叫了一个夫役去教我的临时车夫。这事证明：（1）随时随地随人可以办平民教育；（2）有一分力量做一分事，就有一分效果；（3）社会对于平民教育，只要我们使它谅解，是没有不万众一心去提倡的；（4）门不敲不开，最后胜利都由奋斗得来。

因为先生热心提倡平民教育，所以我很情愿详细的向先生报告最近的经过。还望先生转告别的同志，并且随时把先生和其他同志所得的经验报告总会及知行。

十二年十月三十日

注释

① 金鸣岐　时为安徽第四女子师范英语教师兼教导主任。

② 劝学所　教育行政机构。创设于1906年，全国各府、厅、州、县均设。辛亥革命后废。1915年各县又恢复。每所设所长一人，劝学员二至四人，佐县知事办理教育行政事宜。1923年后改称教育局。

③ 烟士披里纯　即Inspiration的译音，意为灵感、启发、鼓舞、激励。

④ 朱文公　即朱熹。

女子平民教育

——给胡自华先生的信

自华女士：

许久不通信了，你现在近状如何？甚为怀念。我到安庆来了十六天，帮助此地组织了一个大运动，预计两年之内安庆的平民教育可以普及。上星期日，一万七千人游行：陆军、海军、警察、商团、教员、学生都在内，可见得他们对于平民教育是万众一心的。我有两件事向先生报告：（1）令尊已被举为董事；（2）令兄公司里的总经理祁暄先生，已承认担任二千工人的平民教育。

中国二万万女子，恐怕就有一万万九千万没有受过教育。要想把她们都化为读书明理的人，非是受过教育的女子出来万众一心的提倡不可。这是孔子己达达人，耶稣爱人如己，释迦超度众生的事业。先生于此事素来热心，现在进行如何，可得闻乎？敬祝平安！

十二年十月三十一日

创造一个四通八达的社会

——给文渼的信

渼妹：

前在安庆接到家书，承嘱于修改后奉还，此事拟于到武昌后办理，一二日之内即可寄出。家中所需物品可以带京，请函冬弟[①]购办。

知行一点钟内可以抵汉，拟于二十三日回安庆，二十四日赴芜湖。回京日期当在十二月初。

知行近日买了一件棉袄，一双布棉套裤，一顶西瓜皮帽，穿在身上，戴在头顶，觉得完全是个中国人了，并且觉得很与一般人民相近得多。

我本来是一个中国的平民。无奈十几年的学校生活，渐渐的把我向外国的贵族的方向转移。学校生活对于我的修养固有不可磨灭的益处，但是这种外国的贵族的风尚，却是很大的缺点。好在我的中国性、平民性是很丰富的，我的同事都说我是一个“最中国的”留学生。经过一番觉悟，我就像黄河决了堤，向那中国的平民的路上奔流回来了。

平民教育的宗旨是要叫种种人受平民化。一方面我们要打通层层叠叠的横阶级。如贫富、贵贱、老爷小的、太太丫头等等，素来是不通声气的，我们要把他们沟通。又一方面我们要把深沟坚垒的纵阶级打通。纵阶级的最昭著的是三教九流七十行，江南江北、浙东浙西、男男女女等等都有恶魔把他们分得太严。这种此疆彼界也非打通不可。民国九年，南京高师办第一次暑期学校的时候，胡适之、王伯秋、任鸿隽[2]、陈衡哲、梅光迪诸先生和我几个人在地方公会园里月亮地上彼此谈论志愿，我说我要用四通八达的教育，来创造一个四通八达的社会。我这几年的事业，如开办暑期学校、提倡教职员学生之互助、提倡男女同学、服务中华教育改进社，都是实行这个目的。但是大规模的实行无过于平民教育。我深信平民教育一来，这个四通八达的社会不久要降临了。

我这一个多月来随便什么地方都去传平民教育。四天前，我到南昌监狱里去对四百个犯人演讲，我说人间也有天堂地狱。若存好的念头，心中愉快，那时就在天堂；若存坏的念头，心里难过，那时就在地狱。我说到这里，忽然得到一个意思。这个意思就是天堂地狱也得要把它们打通。后来我想了一句上联送自己："出入天堂地狱。"下联没有想出来，请你给我对起来罢！

这次在轮船上觉得很安逸。记得前年我们到牯岭去，轮船上一夜数惊。我们生在此时，有一定的使命。这使命就是运用我们全副精神，来挽回国家厄运，并创造一个可以安居乐业的社会交与后代，这是我们对于千万年来祖宗先烈的责任，也是我们对于亿万年后子子孙孙的责任。

这时我在汉口南洋宝酒楼。这是个徽州馆。我在这里吃牛肉面，吃的饱得很，只费了一角五分钱。

再过半点钟，我就要渡江到武昌去了。我现在康健快乐。敬祝你和全家康健快乐！

十二年十一月十二夜写起

十三日早晨写了

注释

① 冬弟　即曹子云。

② 任鸿隽　即任叔永。

土话与平民教育

——答胡自华先生的信

自华先生：

你的十一月五日的信，从徽州跑到安庆，从安庆跑回徽州，又从徽州跑到北京，又在北京等了好多天，才跑到我的手里来，好不辛苦啊！我这两个月来东奔西走，尝饱了风尘滋味，设身处地，很能体谅这封信的劳苦。因为我东奔西走，所以连累了这封信也跑来跑去。我应当对这封信道歉，尤其要对写这封信的人道歉。

从你的信里得到许多关于隆阜平民教育的消息，很可宝贵。

隆阜人士公推先生为隆阜的平民乐师，我谨为隆阜庆得人。我希望先生不独为隆阜的平民乐师，并且要做全徽的平民乐师——全徽的平民卡露锁①。

先生问内地上《平民千字课》要用国语还是用土语教。内地有两种：一是说普通语的内地，一是说土语的内地。我们徽州六县简直是六国，所以说的话至少有六种土语。在徽州这种情形之下，除用土话教别无办法。

先生和勤若②先生想出来的那个训练教师的办法，很可以试试看。平民学校里的教师顶少要有几个钟头的训练。我晓得没有受过训练的教员上班费时太多，而得的结果反少；受过训练的教员费时既少，效果反大。这是千真万真的。

平民学校学生居然能救火，即此就是最好的平民教育。

多谢你的信。祝先生

康乐！

十二年十二月五日

注释

① 卡露锁　即Caruso Enrico（1873—1921）意大利歌唱家。

② 勤若　即程勤若。安徽第四女子师范教员。

活罗汉

——答王伯秋先生的电报

伯秋吾兄：

昨晚一点钟的时候，我睡在床上，听见叮咚叮咚的敲门声，就下了一个断语说："这大概是伯秋催我到南京去的电报来了。"电报翻出来一看，果然不错。南京这样的盛举，我实在渴望参与，但实在不能抽身南下，只怪我福气不好。诸君筹备第一次毕业典礼，必定很忙，我不能为诸君稍分辛苦，实在抱歉得很！

北京的平民教育已经开始进行了。但是北京的情形和长江流域不同，所以进行的方式也不能同。恐怕吾兄还记得我所说的那个罗汉故事。我们的入手办法就是征集五百尊活罗汉，分道扬镳的去干。这几天已经征集了三十多位活罗汉，他们一面干，一面介绍新罗汉，我想等不多时，就可以征集齐全。如果每尊罗汉每天开一个平民读书处，甚至于每星期开一个平民读书处，当有惊人的成效。

此刻天气很冷，平民学校很难开办，并且寒假时快到，更有困难。但是平民读书处不怕风，不怕雨，不怕霜，不怕雪。当这天寒地冻的时候，平民读书处居然能和松柏并茂，岂非一大快事。

到京后对于平民读书处已由同志小规模的办了十几个。任公[①]、适之[②]、梦麟[③]都做了平民读书处的处长。昨晚熊秉老[④]回京，也担任了一处处长。松坡平民读书处，设在北海松坡图书馆第一馆内，任公先生自己训练助教。祖望平民读书处的处长是适之兄，他昨天告诉我"已经教了三课了"。梦麟兄近来忙得很。我昨晚到他家里去劝设平民读书处的时候，他颇露难色。我问他说："中国最高学府，北京大学代理校长家里可以容得不识字的人吗?"他笑笑说："错是不错。"我说："既是不错就要干。你如无暇，我来代你训练助教，只须老兄下一命令：'从今天起，家里的人不识字的都要读书，识字的都要教书。'我就有办法。"他先后找了他的世兄蒋仁裕和门房李白华进来，我就一五一十的教了他们一回。他们即刻去教老妈子和车夫，高兴得很。蒋大哥摸摸胡子说："你很有传教的精神。"这是三径平民读书处成立的一段趣史。舍下也设了一个笑山平民读书处。这是纪念先父的。我想祖母最喜欢孙儿。孙儿教祖母，祖母一定快乐。所以就叫桃红、小桃教家母，现在已教了四课，现象很不错。

敬祝康乐！

十二年十二月十二夜十二时

注释

① 任公　即梁启超。

② 适之　即胡适。

③ 梦麟　即蒋梦麟。

④ 熊秉老　即熊秉三。

贵州失守

——给朱经农先生的信

经农吾兄：

大事不好了，贵州失守！能救贵州的只有老兄一人。请你快快的出兵罢。如果迟延，我们就要老兄负卖国的责任了。哈哈！老兄克复之后，还望详示为感。老兄万一不懂，请看看信笺上的红字，或想想老兄病时干了什么事，或与岫庐先生谈谈，便可明白。

十二年十二月二十九日

（《平民千字课》里之《中华疆域歌》是朱经农先生编的。今天发现他把贵州遗漏掉了，我急得很，却要写封信去和他开开玩笑）

一个月的效力

——祥阶是武昌模范小学黄校长的车夫，读《千字课》一个月后，我根据第一册生字写这封信与他，他完全能懂。

祥阶：

你我有一个多月没有见面了，你可好么？想到去年十一月里，我到你们那里去的时候，多谢你为着我一天忙到晚，我心里很不过意。只得等到后来再回报你。

十一月二十八夜我坐下水船对着东方走，走了一天两夜才到南京。再从南京坐火车对着北方走，路上走过山东泰山，一共走了一天一夜，才到北京。我的家就住在北京。我在外面两个月，天天想回家看看我家里的人。所以一回到家里就如上了天堂一样，快乐的不得了。

可是这里天气没有南方好，风大得很，家家都要生火，不生火就不好过。春天很好，我们很想春天早早的回来。

我在你们那里带来的洋钱票，在这里都不好用，只得等到明年再带回你们那里去用。

我回家之后，就在北京开了一百多个平民读书处。我家里也开了一个平民读书处：三个人教，三个人学。家母今年五十七，也在这里读书。我家里没有一个人不读书。你一天读几点钟书、写多少字？你已会记账、开发票么？我很想看看你写的东西。

听说日本人在你们那里杀害了一个工人，这是天下很不平的事，千万不可轻轻放过。

今天过年，大家都要快乐，对着人都要笑。我在这里拜你的年，要你万事如意。中华大学[1]和你们那里的先生们，都请你给我问候问候。

十三年一月一日

注 释

① 中华大学　当时设在武昌的私立大学。初名中华学校，1913年4月改为大学。

又是一个月的成绩

——永汇、金祥，是芜湖的学徒，读了一个月的《千字课》会看我这封信。

永汇、金祥：

今天看报，知道你们两个人都在那里读书写字，我心里快乐得很。我又拿你们读书的事一五一十的说给我的母亲听，她听了也很快乐。我们中国四万万人就有四万万个心。好好的一个国家弄得一点生气也没有。我们要想中国一天好一天就要四万万人只有一个心；要想四万万人只有一个心，就要四万万人都读《千字课》。你们以为如何？如果中国个个人照你们这样用心读书，那就好的了不得了。我在北京很好，请你们放心。过年的时候快到了，我要你们事事如意，年年进步。你们那里的先生们也请你们为我问候、拜年。

十三年一月二日

请看《三字经》之流行

——给朱经农先生的信

经农吾兄：

得手书，藉悉南京平民教育的好现象，甚慰，甚慰。承询熊太太曾否允许天津翻印《平民千字课》数万本一层，确有其事，但其中颇有不得已之苦衷。平民嗷嗷待哺，仁慈如府上的五娘，能无动于中吗？

知行前向岫庐先生建议加印《千字课》二十万部，在武昌得回信，允许加印十万部，至为欣慰。今得来书，说已印出三十万部，更令人十分欢喜。销路一层，不必过虑。只看那稍微认识字的人读了又要读就可以放心了。我从前说过，如果《千字课》只能推销一百万部，就要算平民教育失败。我现在渐渐的觉得希望加多，失望减少；明春各校一动，只怕不够卖，不怕卖不了。我容或看错，不过自信没有看错。

中国现在销行最多的书是什么？就我所观察还是《三字经》、《千字文》、《百家姓》、《大学》、《中庸》、《论语》、《孟子》这一类的书。我时常想，这些书如何还是这样畅销，得了两个缘故：一是长久的历史；二是普遍的分销。《千字课》对于第一点是不能和上列各书抗衡的；但《千字课》亦自有它的长处，尽可以和它们相抵，并可以胜过它们。但是第二点，很可以做我们推广平民教育的一个很重要的参考。那些老书什么地方都有得卖。如同我们的屯溪一镇，卖这些书的很有好几家。万安街只是一个大村落，也有好几家卖这些书。人民对于这些书天天看得见，说买就买，所以销路最广。我们要想普及平民教育，第一件事就要便民。平民读书处既把平民教育做成家常便饭，第二步就是要叫人到处可以买米，到处可买《平民千字课》。如何使《千字课》分销处普遍于全国，是很重要的一个问题。这一步做不到，平民教育万无普及的希望。

知行渐渐的觉得，模范平民教育的偶像也要打破。各处平民教育的影响，一百分之九十九只限于本地。他们对于别的地方的影响，微乎其微！我们要想普遍的影响，就须普遍的办，就须放弃模范的偶像。一盏灯，不能照几间屋里人读书（壁上打个洞是可以的）；一个火炉，不能暖到邻居家里人身上去（接一套铁筒过去是可以的）。知行自从亲自到民间去打了几个滚，觉得我们有好多主观的意见都是错的，没有效验的。吾兄以为然吗？

我今年得了两张最美的贺年片，一张是君允先生送的，一张就是吾兄送的。凡从朱家出来的都是艺术的，可喜，可喜！

十三年一月三日

预备钢头碰铁钉

——给吴立邦小朋友的信

立邦小朋友[①]：

接读你的好信，如同吃甘蔗一样，越吃越有味。

世上有十八岁的老翁，八十岁的青年。要想一世到老都有青年的精神，就须时常与青年人往来，所以我很愿意和青年人通信，尤其欢喜和小孩子通信。平时得了小孩子一封信，如得奇宝；看过了即刻就写回信；回了信就把他好好的收藏起来。每逢疲倦的时候，又把它打开一读，精神就立刻加增十倍。小朋友的信啊，你是我精神的泉源！

国家是大家的。爱国是个个人的本分。顾亭林[②]先生说得好："天下兴亡，匹夫有责。"我觉得凡是脚站中国土地，嘴吃中国五谷，身穿中国衣服的，无论男女老少，都应当爱中国。不过各人所处地位不同，爱国的方法也不能尽同。小孩们用心读书，用力体操，学做好人，就是爱国。今天多做一分学问，多养一分元气，将来就能为国家多做一分事业，多尽一分责任。你说等到年纪长大点也要服务社会，这是很好的志尚。社会的范围很不一定，大而言之就是天下；小一点就是国家；再小就是一省，一县，一村；再小就是我们自己的家庭。大凡服务社会，要"远处着眼，近处着手"。学生在学习服务社会的时候，就可以从自己的家里学起，做起。一面学，一面做；一面做，一面学。我们在家里服务的事也很多，把不识字的家庭化为识字的家庭，就是这许多事当中的一种。府上既住在学校左近，这就是你自己家里试办平民教育的机会。家庭里的平民教育适用连环教学法，你可请教令亲鸣岐先生。家里办好了，再推广到左右邻居，这事就是治国平天下的入手办法。

你信上说到贵处的老太婆们如何顽固，如何不易开通，这也是自然的现象。我们在社会上做事就要预备碰钉子。我在这几个月当中，也碰了四五个钉子。碰钉子的时候有两个法子解决：第一是硬起头皮来碰，假使钉是铁做的，我们的头皮就要硬到钢一样，叫铁钉一碰到钢做头皮上就弯了起来；第二是要把我们的热心架起火来，把钉子烧化掉。我们只怕心不热，不怕钉子厉害，你看如何？

你说隆阜平民学校有个六十九岁的老太太也报名了。这是我们平民教育的大老了。陈鹤琴先生的老太太现在六十五岁，也读《千字课》。安徽教育厅里，夫役读《千字课》的也有二位六十五岁的老翁，我亲自教了他们两课。晏阳初先生说他最老的学生是六十七岁。所以隆阜那位老太太是我们平民教育最老的学生。请你把她的姓名告诉我。我要叫天下人都晓得这件事，好叫那些年富力强的人都发奋起来。再请你代我向这位老太太表示敬意。从前中国有七十岁的老状元，现在有七十岁的老学生，老识字国民，岂不是一件最可庆贺的事吗？如果你能时常的去帮助这位老太太学习，那就更加好了。你说徽州没有好的男学校，所以暂在隆阜读书。歙县第三中学办得不错，教员皆是有学问有经验的，明年可以试试看。

承你的好意，叫我回徽州来帮助大家提倡平民教育。这句话触动了我无限的感慨。我已经离开家乡十三年，恰好和你的年岁相等。每次读渊明公[③]的《归去来辞》，就想回来走一趟，但是总没有工夫。因为来往要一个月，我是个很忙的人，怎样可以做的到呢？今年夏天，南京来了四个飞机，我就想借用一架飞回徽州，半天可以来往。管飞机的人说徽州平地少，不易下来，只好将来再谈。现在休宁金猷澍慰侬先生制造一种浅水艇，如果办得成功，从杭州到屯溪只要十八个钟头。我现在一面学游水，一面等金慰侬先生的计划成功。我想我不久总要回来看看我的亲戚朋友，特别要看的是小朋友。不过小朋友们看见我怕要像下面两句诗所说的景况：

“儿童相见不相识，笑问客从何处来。”

现在已经夜深了，后来再谈。敬祝康健！

十三、一、五，在联和船上写的

注释

① 吴立邦　安徽屯溪隆阜推行平民教育的积极分子。时年十三岁。

② 顾亭林　即顾炎武。

③ 渊明公　即陶渊明。

十六天的功效①

——吾母读了《千字课》十六天的时候，我正在张家口推广平民教育，便依据十六课的生字，写了这封信与她，她完全能懂。

母亲：

我前天晚上三点钟到这里。这几天来，天气都很好：没有风，也没有雨。吃的东西也很好：饭，菜，点心，都吃得来。关外的人很客气，他们也很爱国。这里平民读书处已开了五处，我心里很快乐。米先生在这事上很用心。家里大大小小都好么？

十三年一月九日

注释

① 此信曾在1924年7月26日《申报·平民周刊》发表。

美国人读《千字课》的成绩

——推士夫人是位美国朋友，读了《千字课》一个月，我便写这信与她，她能懂得其中的大意。

推士夫人：

我到口外[①]去了五天，十一日才回来。口外的人很好，很客气，很是可爱。他们很会骑马。我看他们骑在马上一天跑来跑去，真是快乐。他们都想读书，三天就开了二百多个平民读书处。那里有好的羊皮卖，也有好的东西吃。我住在那里几天很是快乐。我家里的人对我说，你那天所照的那个平民读书处不大好，我们可以再照一回。万先生、万太太在家里好么？请你为我问候问候。我的母亲、陶小姐、陶太太、大桃、小桃、三桃都很好，他们都想再看看你。

十三年一月九日

注释

① 口外　指张家口长城以北地区。当时陶行知曾去口外推行平民教育。

我们送的寿礼

——给温佩珊先生和他的夫人的信

佩珊先生、尔淑夫人：

今天接到二位二十五周年结婚纪念请帖，非常欢喜，只因舍下现已全体移居北京，不能亲自到府恭贺，最为抱歉。现为表示贺忱和存留纪念起见，特在北京石驸马大街设立平民读书处两所，称为世珍尔淑第一第二平民读书处。今晚已经组织就绪，特请熊太太之侄女朱骕先生为处长，舍妹陶文渼为副处长。两处共有助教三人，读书者五人。读书之人当中最长的七十三岁，最少者十五岁。四个月后，这两家的人个个都能看白话书信、报章，并且都能得些做人做国民的精神。

平民读书处和平民学校不同。读书处不收外面的学生。它是以一家、一店、一机关为单位。读书处的助教教师也不是外面请来的。它的方法是用内里识字的人教不识字的人。详细的办法和说明，可以在我们的二周纪念会刊[①]里看出来。我现在寄一份给先生、夫人，还请指教。所有两个世珍尔淑平民读书处用的表册和情形，也寄上两份，俾知底细。

古人说："岁寒三友。"我要说个"岁寒四友"。这第四个朋友就是平民读书处。当这天寒地冻的时候，一切学校都要关门了，平民读书处还是像冬笋一样，一个个的从地里冲出来。它什么东西都不怕，风不怕，雪不怕，所向无敌。中华教育改进社的职员在羊市大街一条街上，三天办了六十六处。张家口五天成立了二百多处。知行很希望先生、夫人在这个最可纪念的日子，做一桩最可纪念的事体，还请一切宾客做一桩最可纪念的事体。这事就是多多的照规定的方法开办些平民读书处，从自己家里干起，渐渐的推行到亲戚朋友的家里、素有往来的店铺机关以及前后左右的邻居。

我们中国是个四万万人的国家，但四万万人就有四万万条心；中国又是个五族共和的国家，但是五族简直是五条心，甚至于一家当中各人有各人心，父子、兄弟、姊妹、夫妻、主仆，都有很深的人我〔之〕见。我深信，如果我们要想建设五族一心的国和全家一心的家，只有赶快推广平民教育一个法子，特别的要利用平民读书处来培养他们。

家里办平民读书处有三要素：一、主人重视读书；二、不分亲疏尊卑，一律读书；三、须使愿读书者觉得有荣，并且饭碗十分稳固，不愿读书者觉得可耻，并且常有失掉饭碗的危险。如果三个目标达到，平民读书处没有不成功的道理。我们很希望先生、夫人在南京试试看，当有无限乐趣。

敬祝皆大欢喜！

十三年一月十六日

注释

① 二周纪念会刊　指中华教育改进社成立二周年纪念会刊。

希望于县知事的

——给歙县知事汪镜人先生的信

镜人先生：

今天得到歙县公署第一卷第二期的《教育月刊》，非常快乐。先生所发表的《歙民五训》[①]，实是治歙的入手要策。先生到歙演讲，尤为亲民要举，想全县将按着次第亲去演讲了。知行谨为五十万歙民庆幸。今日最有可为的官无过于县知事，而县知事毕竟无能为的有两个缘故：一是任期太短，不能充分发展长才；二是愿力薄弱，不肯切实去干。如果做一天官干一天事，不必两年，定有奇效。知行很希望先生至少能在歙县三年，更希望全国一千八百四十三县，有先生这样肯干的人做知事。

《歙民五训》中之造林，最好鼓励人民普及种树，每人每年必种一树。教育界素有植树节的办法，但清明种树有些地方似嫌太迟，吾歙不知如何？种树最要紧的问题是选种类，此事于未推行之前，宜征集专家的意见。中国造林有一个最大的困难，就是树未长成的时候，乡人已经把它们砍下来当柴火烧了。种树不难，难在保树。

禁赌，禁烟，首在劝告，先生不忍不教而诛，很是有理。但为政贵在刚柔并济。劝告之后，必有雷厉风行、罚一儆百的禁令。先从强的下手，必定可以肃清。初罚不处极刑，以示生生之道。但根本之谋在“遂民之欲，达民之欲”。民不能苦而无乐，忙而不玩。我们既要除他玩赌玩烟之乐，就必须用较好的法子使他们乐，使他们玩。这却是个很费脑筋的问题，也非一朝一夕所能办得到的；但我们时常要把这事放在心上。

天足一事，关系人种康健，先生把它放在五训当中，最为明见。大凡做父母的不惜损害女儿一小部分身体的缘故，是因为天足可以做女儿终身大事的阻碍。现在要提倡天足，最要紧的方法就是倒过来叫小足做婚姻的阻碍。山西学生每人挂一布条，上面写着"不娶小脚女为妻"字样，大有成效。其次就是小脚捐：预先六个月，通谕各乡二十五岁以下的妇女一律放脚，凡六个月后，每月每人征收小足捐一角，作为女子教育经费。再其次，各乡举行天足演讲，使大家觉得小足是可耻的。

对于教育，知行有一件事可以报告。浙江省公署冯教育科长告诉我：一位县知事，四个月当中开办一百多个学校。他和先生一样，亲自到各乡去劝学。他到一个地方，必把当地有实力的家主一同找来，令他们组织，等到捐款足够一校之用，他才离开该村。除经费外，村人对于教育上有须介绍或指导的地方，他无不帮助。这一百多个学校，就是这样来的。歙民对于歙官的信仰很重，先生不妨进一步做一个强迫设学的试验。先拣那较有把握的地方入手，等到风声传出去了，进行必定势如破竹。

先生曾经提到注重平民教育，知行曾将平民教育办法，函请房道尹②通令皖南二十三县采择施行，此刻谅想已经达览。现在把其中之重要的提出来③，以供先生参考：

（一）县公署劝学所内一切人等，必于六个月内读毕《千字课》，不愿读者停职。

（二）令各公私学校附设平民学校一所以上，并担任最近环境普及平民教育之责任。

（三）令私塾采用《千字课》，不采用者，加以取缔。

（四）令劝学员视学带图书分赴各乡劝学。

（五）令全县人民知悉，一年以后，凡入城者，必须会读《千字课》，不会读者纳铜元一枚；一年半以后，不会读者纳铜元五枚；两年以后不会读者纳铜元十枚。

（六）令凡会读书者均有教导本家、本店、本机关内之人之义务。

（七）订平民教育奖励办法。

知行此次到察哈尔④推行平民教育，深觉北方有好几省比南方便利得多。这是因为他们都有村长佐⑤的制度。保甲制度⑥很为人民所轻视，远不如村长佐的效力。最好就每村公正热心有实力之人选任为村长、村〔长〕佐，为村政之负责人。有此制度，先生之五训更易收效，不知先生以为何如？保甲不必废，可以供村长佐奔走之劳。

中华教育改进社《二周纪念会刊》中有《普及羊市大街平民教育之计划、经过及方法》等篇，不知已收到否？尚望指教为祷。

敬祝康健！

十三年一月二十日

注释

①《歙民五训》　指当时安徽歙县知事汪镜人在官署公报上发表的治歙的五点政策，即造林、禁赌、禁鸦片烟、天足和教育。

② 房道尹　即房秩五。道尹为官名。1914年5月，民国始设。隶属巡按使(后改为省长)，当时皖南道辖23县。

③ 1923年底陶行知曾以《徽州推行平民教育办法》呈报，歙县公署批答为："呈悉。已照另呈，核取第二条办法，通饬施行矣。"

④ 察哈尔　旧省名。1952年撤销，分别并入河北、山西两省。

⑤ 村长佐　村长的助手，相当于副村长。

⑥ 保甲制度　始于宋代王安石。国民政府从1932年8月开始在三个省实行，以后推行全国，以保甲制度作为基层政治制度。10户为甲，10甲为保，设甲长、保长，施行连坐法等以统治人民。

深入蒙古教育之梦

——给朱其慧先生的信

其慧夫人：

前五天曾写一信，正拟付邮，忽而百索不得；这几天又为东原图书馆忙个不了，没有机会重写，真是抱歉得很。尊电、尊函均已收到，承示各节，均是至理名言，自当遵照进行。

此次在察哈尔进行一切，精神上得未曾得的愉快。知行七日与米君同往，当晚三时半到张家口，八日开筹备会，九日与政学各界领袖开会，十日特与蒙古学生开会。察哈尔全区平民教育促进会也在这天成立，通过章程，选举职员。午后蒙古学生开欢迎会，知行说明五族一家之精神，蒙生深能领略。最后蒙古学生奏《满福》、《彩云花》军人还乡之曲，感人最深。十一日向张都统、张道尹、郑教育厅长建议施行平民教育办法十四条，均蒙采纳，不久可以通令施行。内中一部分，已于当日令行。十时回京，热心平民教育诸君和全体蒙古学生，均到站送别。前五天得信，蒙古平民教育第一先锋队，已于十三日出发了。他们先在自己的蒙古包中办起，逐渐推到亲戚朋友那里去。知行现已深入蒙边教育之梦，志不在中原了。夫人闻此消息，得毋笑他野吗？

至于张家口本城的平民教育，有两种困难：(1) 该地属于直省与察区，须由双方合作，故宜从容进行；(2) 商会因选举问题，尚无正式职员接洽。有这两个缘故，大家都主张先组织全区平民教育促进会，从事试验，时机一到，再组织张家口分会。这是应当取的方针。

关于蒙古的平民教育，知行建议努力去干，暂不发表，非其人均不轻谈。十年后办有头绪再说。伯秋老友可使知道。

敬祝康乐！

知行现在已经得了一个蒙文名字，写出来请先生看看：麦勒根亚布达拉图[①]。

十三年一月二十日

注释

① 麦勒根亚布达拉图　蒙语的音译，意即“按智慧行动的人”。

谈诗

——答吴立邦小朋友的信

立邦小朋友：

我接到你的第二封信，立刻就想写回信给你，只因我要说的太多，要写的太长，所以等到现在还没有写。现在再不能等了，写得短些总比不写好。所以我决定先写一封回信，短点不妨，等到有空的时候再和你畅谈畅谈。

你信上说要拜我做老师，本来是不敢当。不过古人有相学相师的道理，如果你愿意做我的老师，我一定愿意做你的老师。我现在最小的学生是四岁，最老的学生是六十六岁。他们都是我的学生，也都是我的老师。他们教我，我教他们，别有兴味。我现在的老师和学生，北至蒙古，南至南洋群岛，西至德国，东至美洲都有。不过徽州除你以外，还没有别人愿意教我，并且从我学。你是我在徽州第一个老师，第一个学生。欢迎！欢迎！一定欢迎！

你出给我的第一个难题目，就是要我教你做诗。啊呀！诗这个艺术是教不来，学不来，做不来的。就拿我来做个比方。我虽然比不上李太白的斗酒诗百篇，但在一点钟之内，也曾写过十几首的。现在简直一首诗也做不起来，就是勉强凑成几句，也是不会好的。有的人说我向诗神请了假，有的人说诗神向我请了假。总之，诗神不来，随便怎样学总是三不像；诗神一来，一学就会，不学也会。等到你觉得肚子里有块东西，不得不吐到笔里，笔里有点东西，不得不写在纸上的时候，那时你的诗就自然而然的来了；那时你再看看《诗经》、《古诗》、唐诗、宋诗、白话诗以及种种好诗，都是你自己要说的话了。诗兴未到，诗是诗，你是你，读诗虽多，终不相干。等到你是诗，诗是你，你和诗分不开了，才有好诗出来。世界上诗做得多，好的少，就是因为做诗的人，不能把生命放在诗里，不能把诗放在生命里，不能把诗和生命合而为一，换句话说："没有诗的生命，决做不出生命的诗。"

第三中学方振民先生和许敦士先生的介绍信，我已经写去了。我并且请他们直接回你的信，省得误事。我现在还送上介绍片一个，以便到校时应用。

祝你和全家平安，康健，快乐！

二月六日

南下

——母亲读《千字课》后第二次给母亲的信

母亲：

我昨（做）①天早上五点钟动身，你还没有起来。今天下了一点雨，不很大。六点钟可以到南京（斤）②。我要去看看伯秋和冬弟。明天到上海。我很平安，快乐。小桃好了吗？愿家中大小都很快乐。

十三年二月八日

注释

①② 陶行知怕陶母不认识“昨”、“京”二字，以“做”、“斤”附其后，作为注音。

希望您做一位三千万人的教育厅长

——给安徽教育厅长卢绍刘先生的信

绍刘先生：

我们听说先生已就安徽教育厅长职，心中非常快乐。当这安徽教育存亡绝续之交，得公出而主持一切，我们可以放心了。

车上没有事，旧日的联想一个一个的浮出脑际。其中恋恋不舍的有两个联想：一是数年前，先生送我那本《茅亭讲学刍议》；二是去年十月间在沪宁火车上，我们两个人请钱强斋议长用十个字试做一篇课文。从这两种很快乐的联想上，我就对于先生发生了一种希望。我希望，先生不但要做数万学生之教育厅长，简直要做一位三千万人民之教育厅长。换句话说，我希望先生做一位平民教育厅长。

公从江苏来，自知江苏事。江苏教育界现在有一个最有价值的礼物。这礼物就是平民教育。我希望先生把这礼物带来送我们安徽，送我们安徽三千万的人民。当南京开始制造这礼物的时候，知行曾经以厨子的资格参与其事，曾经陪着江苏的军民两长、熊夫人、王伯秋先生和其他之江苏父老，流过两个月的汗。那时知行回看故乡饥民嗷嗷待哺，不忍之情，油然而生，就帮助本省父老在安庆、芜湖两个地方，立了两个平民教育的厨房。各县正在闻风兴起的时候，安徽马少甫[①]将军诬为过激党，暗示停顿。他不念我在江苏的微劳也罢，何故毁我们已成的事业呢？从前一般饥民都是睡着的，虽饥而不觉得饿；现在我们已经把他们唤醒了，更觉得饿了，但是饭吃到嘴边，忽然饭碗又给人夺了去，公看他们苦不苦？我觉得现在对于安徽送些平民教育的礼物，最得时宜。先生以为如何？知行对于安徽平民教育有几条具体的建议，很希望先生主持采择施行。

（一）消除马少甫之误解。马少甫，据我所闻，对于平民教育确有误会。请公告诉他："平民教育是平常人民的教育。这种教育是要用最少时间、最少经费，教导年长人民读书识字、爱国做好人。去年，五十二国在旧金山开万国教育会议，各国报告国内读书人数都在百分之九十以上，中国读书人数百人中只有二三十人。相形之下，很伤国家体面。如果我国家家读书，人人明理，外国也要恭敬我们了。如果平民教育是和过激党有关系的，那么齐抚万[②]督军、韩紫石[③]省长、袁观澜先生、熊夫人等也和过激党发生关系了吗？"

（二）恢复安徽省公署之平民教育。安徽省公署是全国第一个省公署开办平民教育。办了两班，很有成效。这件事在平民教育史上，要占很重要的位置。如已停顿，请马将军即日恢复。

（三）恢复安徽教育厅之平民教育。安徽教育厅是全国第一个教育厅施行公役的平民教育。公役二十一人中有吴干臣、韦明等五人都是很好的助教。年长的人有两位老到六十五岁的都在那里读书。我第二次到安庆的时候，他们已经读了一本多。如果厅长注意公役读书，如中途不停顿，现在该毕业了。这是在公职权之内，当然可以做到的。

（四）视察监狱的平民教育。安徽高等检察厅袁厅长和熊典狱官对于平民教育都很热心。犯人读《千字课》，当推皖狱为开创者。大概不致停顿。不过也很希望先生看看他们办的成绩如何？

（五）恢复平民教育促进会。安庆平民教育促进会以教育厅长为会长。公为当然会长。请召集董事会督促或改选贤能干事继续进行。从前捐款五千余元均未收足，请嘱会计剋日收足。教育厅年拨一千元为购书分送各县提倡之用，请维持原议。财政厅年拨经常费二千元已由省长定案，请与财政厅订定按期领款办法。芜湖平民教育促进会为皖南之总枢，前曾呈请给予皖南茶厘捐款补助，务请促成，俾能进行。

（六）训令省视学分赴各县提倡平民教育。去年省视学曾开一次会议，决定随带图书分赴各县提倡。查省视学为最有力之宣传指导人员，务请恢复提倡平民教育为他们职务之一种。

（七）训令县知事提倡平民教育。县知事为亲民之官，对于人民享有历史上的特权与信仰。各县人民自动提倡平民教育的有黟县、休宁、歙县、绩溪、巢县、潜山、合肥、郎溪等。但得县知事的登高一呼，进步必能一日千里。务请训令各县将平民教育列入计划与预算，并以此为考成。

（八）训令全省学校兼办平民教育。全省省立、县立、公立、私立学校皆为文化中心，即为平民教育中心。请通令各校担负普及各该校所在地之平民教育之责任。自奉令日起，一个月内至少必须开办平民学校一班，读书处十处。

（九）现在中国最多的教育机关还是私塾。既是一时除他们不掉，就当改良他们。知行深信《千字课》为私塾一种很好课本，请通令私塾一律采用，不听者一律取缔。

（十）召集全省会议。关于平民教育实施事宜，应由教育厅仿照江苏、察哈尔等处办法，召集全省中等学校校长及县教育行政人员、县教育会代表会议取决，以资集思广益。凡平民教育之方针及分期进行办法，均由此会议解决。安徽全省平民教育促进会即在此时成立。知行希望先生于一个半月内召集此会，否则春季怕要耽误了。

以上十条，系就知行个人车上想得到的写将出来，以尘清览，内中难免不妥的地方，还望先生指教。先生还记得民国七年公做主席我一天演讲六小时那件事吗？公如有我来皖必要，我就在一万里外也是可以赶回来的。无论如何，熊夫人和我已经约好，一两个月内必定要到安庆、芜湖及其他长江各埠参观一次，以便领略各地平民教育之特别贡献。相见不远，很为欣慰。

我很希望先生为做一件大事而来，做了一件大事而去。这件大事就是变形的茅亭讲学，就是平民教育，就是三千万人的家家读书，人人明理。到这件事做了的时候，我想顶少也得要两三年，我们一定要在无法报答当中，造个铜像做公万年不朽的纪念！

二月八日

注释

① 马少甫　当时主掌安徽军政。

② 齐抚万　即齐燮元。当时任安徽省督军。

③ 韩紫石　即韩国钧。当时任江苏省长。

送诗集

——给刘廷蔚弟的信

廷蔚[1]：

诗山里的诗人！庐山一山都是诗：树是诗树，草是诗草，花是诗花，水是诗水，风是诗风，月是诗月，云是诗云，雪是诗雪，鸟是诗鸟，兽是诗兽，晴是诗晴，雨是诗雨，……山上有诗，山下有诗，山前有诗，山后有诗，满山都是诗；还有那看诗，听诗，读诗，嗅诗，写诗，一身都是诗的诗人。

诗人！你可晓得诗神要留你在诗山做甚？他一回两回的招你上去做甚？他要你斫诗树，采诗草，葬诗花，捕诗风，赏诗月，逐诗云，弄诗雪，听诗鸟唱歌，看诗兽跳舞，天晴出门游诗山，下雨回家写山诗，……他要我送你诗斧、诗篮、诗笔，……好叫你待山如诗，写诗如山。诗山的诗人啊！千万不要忘记了诗山外的诗人望眼欲穿的要看看诗山里的诗人的诗山诗。

十三年三月十一日

注释

① 廷蔚　即刘廷蔚，时在江西九江。陶行知称他为庐山小诗人。

说书人韩庆鼎

——答王伯秋兄的信

伯秋吾兄：

你问我要文章，有，有，有。你究竟要几篇？一篇？两篇？三篇？我告诉你，我不寄则已，一寄惊人。我怕你登不了，所以还不敢寄。你既一次、两次、三次催我寄稿，我若不寄呢，怕你讲我不会做文章；我若寄呢，又怕把你的报胀破。我左右为难，只好寄一回来试试看。

昨天熊秉三先生给我一张慈幼院的布告看，我即刻就要写封信给你。无奈这封信写得太长，我想南京以外也有应当晓得这张布告的，所以我就把这封信换了一个名目，叫做《读香山慈幼院布告的感想》，分寄给各地办平民教育的同志。你如果照这张布告字的大小登载，你的报一定胀破。我并不是说大话。我的稿子一来，你的报如果不胀破，也得要变成罗汉菩萨那样大的肚子了。

韩庆鼎实在可爱。他既把我们两个人说得这样轰轰烈烈，我们也得要为他表扬表扬。我做了下联，请你赐一上联送他。我的联语是：

"苦口婆心，说书给人听，还劝人读书。"

家母已经读了四十课了，请根据这四十课生字写一封信给她。只要嘴里说得出，耳朵听得懂，总可以看得明白。

祝你康健！

十三年三月十六日

到庐山去

——给胡适之先生信

适之吾兄：

日前听说吾兄旧病复发，不胜悬念。人生第一要事是康健，第二要事是康健，第三要事是康健。学术不是一时研究得了的，学生也不是一时教得了的。先顾到身体，身体好了，再慢慢的去研究，慢慢的去教学，尽有机会。老兄倘使照现在这样牺牲下去，真是拿自己的性命和学术的前途做儿戏。我觉得休养并不是费时，现在用适当的方法休养几年，可以多做几十年的事业学问，与其把一切事业学问挤在几年内匆匆忙忙、劳劳苦苦的做了，何如把它们匀在几十年——六七十年——内，从从容容、舒舒服服的去干？照第二种方法，不但身体有无上的快乐，那时造就之大，贡献之宏，更是不可思议的了。

我现在要向兄提出一个最重要的建议，替老兄开一个百年康健的药方。我的三味药就是：（1）辞去大学教授；（2）停办《努力》；（3）带着图书家眷，搬到庐山去住。这就是我的三味药。若觉得生活太寂寞，那吗可以允许几位得意门生跟随入山。谈学也是好的。不过休养是主，谈学是宾，断不可喧宾夺主。如老兄赞同这个办法，庐山有一位小诗人刘廷蔚是我们的朋友，可以托他代兄安排一切。吾们都爱老兄，请兄听我们极诚恳的建议。

看书是如同吃饭一样的要紧，也是生活所必需的。有书自然要著，比如有块东西在肚子里想吐不吐，反要伤生。不过这两件事只是要有节制，并且要在好的环境里干的。我不劝你停止看书，也不劝你停止著书。在庐山的万松岭上著书，看书，是何等的快乐啊！庐山是一座诗山，山里充满了诗境，也得要像你这样的诗人去把他的精华开采出来。

十三年春

徽州土货

——答吴立邦小友的信

立邦好友：

接读正月二十七日的信，晓得你和新善哥已经进了第三中学，很好，很好。方校长也写信告诉我了，他说你们还有一位弟弟一同去的。这位弟弟姓甚名谁？你可以告诉我吗？

你所说徽州的土产一层，我倒想和你谈谈。我以为我们只问好不好，不问土不土。你现在新拜的那位老师，身子虽在外面，骨子里也是徽州的土产。我们徽州的土产本来不错。你看朱晦庵[①]、江慎修、戴东原[②]诸位乡先贤，哪一位不是土产？现今的胡适之先生，从头到脚也只是我们家园所出的土产。我深信，他们来做你们的老师，你们是一定欢迎的。譬如，茶叶是家乡的土产，我们徽州人是没有不喜欢吃徽州茶的。

你说随地随时都可以做诗，这句话是很对的。我只想补充两句：随时随地都是诗；随时随地都可以做诗；随时随地都不可以勉强做诗。诗贵自然，充天地间都是诗的材料，诗人随意拈来都成好诗。

你问诗的功用，我先拿诗对于诗人的功用回答你。你试站在河西桥上，望着十寺或别的好风景：尽量呼一口气出来，忍住，忍到不能再忍了，那时你就明白诗人读诗的功用；尽量吸一口气进去，忍住，忍到不能忍了，那时你就明白诗人做诗功用。至于诗的普通功用，孔子说得好：“诗可以兴，可以观，可以群，可以怨。”我不必细说了。

我昨天在徐州旅馆里没有事体做，就做了一首诗。抄来给你们看看：

自勉并勉同志

人生天地间，
各有所禀赋：
为一大事来；
做一大事去。
多少白发翁，
蹉跎悔歧路。
寄语少年人，
莫将少年误。

你如有诗，也请送我几首读读。

这封信是火车上写的，所以很不整齐，请你原谅。

三月二十六日

注释

① 朱晦庵　即朱熹。
② 戴东原　即戴震。

在开封落土的种子

——给朱其慧先生的信

其慧先生：

知行于二十六日到开封，当夜与王幼乔厅长、何日章、刘濛甫二先生商定日程。二十七日下午三时，对九十余县教育局长演讲平民教育；六时赴王厅长宴会，对各界领袖演讲平民教育。二十八日，代表总会参与河南全省平民教育促进会会议。本来陶琅斋先生回省时已经把本省促进会成立，这次是把范围扩充。除学界执行董事外，加推政绅警商界执行董事六人，并各县董事每县二人，都在这天下午选定。各县教育局长在会场认定，训令全县学校附设平民学校者，共有七十三县；认定设法使全县人民于一定时期之内都受《千字课》教育者，有六十四县。倘按每县平均一百所学校都设平民学校，每所平民学校平均四十人，三十万人的教育种子可算是已经撒了。二十九日上午，开全城平民教育演讲会，到会者三千余人，连昨天计算认定设立平民学校的有七百二十八人，设立平民读书处的一千五百八十九人，合起来怕也有三万人的关系。此外还有六百零四人愿为平民教师。这些数目只可以说是落土的种子。将来能否开花结果，是要靠本地人士时常去施灌溉、加肥料、防虫害，才能有相当之收成。幸而教育厅长和地方上的几位领袖都很热心，或者总有几分收成。

知行明日赴沪。徐州至洛阳和郑州至北京的车票，请即办就，快函赐寄南京东大[①]洪范五先生转交。照今天情形看来，洛阳一行，或不可免。

敬祝康乐！

三月二十九夜

注释

①南京东大　即南京东南大学。

教小桃写信

——给小桃的信

小桃：

你的信，我收到了，谢谢。这封信写得很好，可惜没有写日子，也没有写自己的名字。你如果写了日子，我就晓得这封信是什么时候寄的；你如果写了名字，就用不着我费力猜谜了。

万孚叔叔送你的洋画，我要恭喜你。他一共送了你几张？有哪几张是你最喜欢的？请你告诉我。

我回来的时候，一定要带几件好玩的东西来送你，送桃红，送三桃。桃红一天很忙吗？他没有写信给我，大概是忙得很。太太好吗？妈妈好吗？阿姑好吗？桃红、三桃都好吗？舅公的事体，你没有告诉我。他老人家也好吗？请你代我请安，请安。

老太太已经读到《除三害》[①]，我听了很快乐。你还要用心教她才好。这封信你读过之后也教老太太读读，好不好？

我很欢喜读你的信，你一礼拜写一封给我，可以吗？妈妈、阿姑、桃红好久没有写信给我了，你能请他们写信给我吗？老太太如果能写一封信给我，我更加喜欢了。你教她写，好不好？

十三年四月十三日

注释

①《除三害》《平民千字课》第二册的课文，为第41课。该课本4册共96课。

请双耳朵做教员

——给西村平民学校学生胡映莲的信

映莲：

我昨天接到你三月二十九所发的信，非常欢喜。

你读了两个月书，就能写这样好的信，真是难得。西村平民学校现在既有三十多位学生，我希望他们个个人都能写这样的信。写信如同谈话一样。写的时候，必须要觉得好像有一个人坐在那里，你和他对谈。谈一句，写一句；一面谈，一面写。写好，再一句一句的读出来，请你自己的耳朵做先生。若是耳朵听不懂，就要改；听得不好听，也是要改。总之，你的耳朵要怎样就怎样，要耳朵都喜欢听了，才算是好信。我有一首教人写信的诗，也是这个道理：

写信原来要自然，
对谈如人在面前；
若问写得好不好，
请双耳朵做教员。

我想，你们三十几个人还有一件事可以做：最好每天回家，个个人都教家里的人读书。若是一个人教两个人，三十个就可以教六十个人，要不了两三年，全村全家都会读书了，岂不好吗？家母今年五十七，也在这里读书。我家桃红九岁，小桃六岁，都可以教《千字课》。我家里的人都读书：男男女女、大大小小、老老少少没有一个人不读书。我不久要写信来给你们全体学生，那一个家里完全会读《千字课》了，我们要送他一副对联或是四个字的匾额。请你先告诉大家听听。

十三年四月十四日

《平民周刊》

——答朱经农先生的信

经农吾兄：

接到二十八日手书，晓得新闻报馆汪、严二先生对于《平民周刊》的态度。我现在要把我的意见贡献给吾兄考虑，并请吾兄于考虑后再与汪、严二先生作一度之接洽。

（一）平民教育现在已从宣传时期进到实行时期。议论方面多半已经应发尽发。关于平民教育之论文，我想任公、适之、伯明、晓沧诸公未必能够应允；即使应允亦未必源源而来。阳初先生和我的议论，大概都已经发表在演讲当中，此后或亦有见到之处，但不可必定何时有。吾兄或亦有同样的感触。此后，关于平民教育之材料，多半属于事实的新闻，另立《平民教育周刊》名目固可，即不另立这个名目而包含于《教育周刊》，亦未为不可。本会对于平民教育的宣传事业，现已有南京平民教育促进会出版之《平民教育》和北京之《平民新报》办理。《新闻报》[1]若欲得最近之新闻，本会亦愿尽力帮助征集。但这不是我们此次与该馆接洽之主要目的。

（二）我们所需《新闻报》出来担当责任的，就是给一般粗识字义的人民以相当之读物，并要为他们开始创造些真正的平民文字。我们的目的是《平民周刊》，不是《平民教育周刊》。（甲）办《平民周刊》，可以得到第一流的文稿，不但汪、严二君所提的几位可以向他们请稿，此外还有好多位第一流的人才，都可以请他们做文章。若办《平民教育周刊》，他们实在没有好多文稿可以投。（乙）《平民周刊》开始的时候两千字亦够了。但须有一定大小，可以裁下另送平民阅览。（丙）内容必须有平民诗歌及其他文艺作品。（丁）酬金每期十四元一定不够，但《新闻报》只须担任此数，不足之款由促进会或改进社担任。稿费报酬必须大于其他各报对于创作之报酬，使平民文学可以吸收第一流之作品。（戊）主笔只好请吾兄就近偏劳，我必罗致同志以为兄助。（己）《平民周刊》可以附在《教育周刊》上，但须标明《平民周刊》字样。（庚）双方议定后一个月或一个半月内出版，但至迟六月二十左右必须出第一期。

《新闻报》所处地位最为相当，务请再代全国平民前途磋商一次。如能成功最好；万一不成，即请与申报馆开始交涉为祷。倘若两家都不能了解此事之重要，我们只好自己来干。

敬祝康乐！

五月三日

注释

①《新闻报》 旧中国商业界有广泛影响的报纸。1893年2月17日由英国商人丹福士在上海创办，1899年转给美国人福开森，1929年又转入史量才、吴蕴斋等组成的华商有限公司。

改良《平民周刊》之建议

——给朱经农先生的信

经农吾兄：

好久不见了，康健如何？悬念之至。吾兄赴浙之前，知行有千言万语要和你面谈，只因误会了你到沪的日期，所以无缘见面，真是懊悔得很。屈指计算，吾兄现必将近回沪，我们可以笔谈笔谈。

接到兄信之后，就与信卿[①]先生商量在《平民周刊》上增加《大事记》一栏，现改为《国家大事》，权由知行试行担任。这栏采取记事、议论、解释三者合一的体裁，借时事发挥平民精神，培植国家观念。知行自从担任了这事之后，就不得不多读书，多会朋友，真是继续自修的一个绝好机会。但是甘草里头夹了黄连，每次总要到了最后一夜才动笔，早上起来还要亲自送到东车站去赶特别快车寄稿。但我只有感谢，没有埋怨，很愿继续的帮着你干到底。我还要声明一句，在这件事上帮助你的是韵秋[②]，不是知行。其中的意思，你看见我今早寄来的《秋的命令》就明白了。我想我们要把《平民周刊》办到有精神的地位，不能单取"对平民说话"的方针。除此以外，还要加上"代平民说话"一条。我们就是平民，也得要说平民的话。吾兄以为然否？《平民周刊》里面的小说最不能满意，怕要特约，兄看如何？

量才[③]先生和我约好，一个月以后俟新印机到了，就加印单张，使各处学校、机关可以另行订购。单张用的字一定要大些。

能印在两面最好。材料只须稍微增加些就够了。我们一方面通知各地办平民教育的人，一方面还要请他从现在起就要在《申报》[④]上登些引人注目的广告。这是知行将寄量才先生信稿的大意。吾兄如有补充的地方，请即就近接洽。

《千字课》急须修改，因兄有湖南之行，权由知行先行办理。俟初稿拟成，即寄沪或带稿来沪商改。吾兄九月初不到别处去吗？

祝兄康健！

八月十二日

注释

① 信卿　即沈恩孚。

② 韵秋　陶行知的笔名之一。

③ 量才　即史量才。

④《申报》　全称《申江新报》，是近代中国出版时间最长的中文报纸。1872年4月30日由英国商人美查与三位友人合资在上海创办，1907年由席裕福出资收买，1912年转让给史量才等，后由史独资经营。九一八事变后，《申报》的政治态度转向进步；1934年史量才遭特务暗杀后，又趋保守。上海沦陷期间曾在日伪控制下出版，抗战胜利后被国民政府接收。1949年5月上海解放时停刊。

师生共生活

——给姚文采弟的信

文采吾弟：

安徽公学[①]用最少的钱办到这样好的成绩，可算是近年来中等教育很有精彩的一个试验，可喜之至。但最危险的时期将要到了！秋期招收新生三班，新生数与旧生数相等，训育[②]上要起最困难的问题。一不谨慎，校风要受根本的动摇。

按诸天演的原则，世间万事之进化都是逐渐成功的。暴长多暴亡，其机很微，不可不预防之。仲明[③]弟拟于招考时，亲行口试，观察其言辞举止，以作去取根据之一种，我很赞成。这是一部分的预防，如果鉴别力强可以达到一部分的目的。梁漱溟先生说，办学校是和青年做朋友。做朋友之前，当然要加一番选择。所以，我很赞成仲明的建议。

但最重要的是：教职员和学生共甘苦，共生活，共造校风，共守校规。我认为，这是改进中学教育和一切学校教育的大关键。所以从学生进校之日起，全校教职员要偕同旧生以身作则，拿全副精神来同化新生。如果只招一班学生，这事体就要简便多了。现在是要拿一百多人来同化一百多人，确是一件最困难的事。我们对于这件事要小心翼翼，如临大敌，才有成功的希望。我希望，诸弟现在就要准备开学时一切琐碎的手续，使得时候到了，可以把精神集中在训育方面。凡住校的教职员，一定要和学生共甘苦，共生活，共造校风，共守校规，断不能有一个例外。

如有例外，一定失败。我希望你住校一个月，以示表率。在这起初一个月当中，千万要聚精会神对付这个问题。安徽公学的前途都要看这一个月的努力而定。我或者可以帮助你们打头一个礼拜的战。开学期定了之后，请即告诉我。

敬祝康乐！

十三年八月十四日

注释

① 安徽公学　为安徽籍子弟在南京所设立的中学。创办于1923年夏。陶行知兼任校长，姚文采任副校长。

② 训育　指对学生行为、习惯的训练和控制。清末兴办学堂之初称之为“学监”，或称“监学”，五四运动后改称“训育”。

③ 仲明　即杨仲明，时任安徽公学训育主任。

打了胜仗

——答姚文采弟的信

文采吾弟：

连接四封信，惊喜交集。为什么惊？得弟十月一日以前不停战就停办学校的消息而惊。为什么喜？得开伙食、付零用、照常开课而喜。我接到弟暂停学校之信，就要写信来阻止，因美国庚子赔款忙，没有写了，就接到开学的消息，正如所期望，晓得诸弟奋斗力强，十分放心，于是一连好多天没有写回信。其实诸弟布置十分周到，故无须我来火上加油了。

这次江浙开战[①]，胜负未分，但诸弟办学确是千真万真的打了一个胜仗了。希望大家继续的打，敬祝大家继续的胜。中途停学和临阵脱逃是一样的可耻。纵使开花炮把安徽公学炸碎了，我们也是要奋斗到底的。如果有一个教员、一个学生，我们就可照常上课，就算安徽公学不死！老弟说："我们爱安徽公学，如爱自己的亲生子。"这句话真有精神！除非全家人都没有了，才算是香烟断绝。如果还有一个母亲、一个儿子，当然还是母慈子孝，依旧过家庭的生活。从未听过一母一子不能成家。天下岂有一师一生不能开学的道理？因战停学，为学界的破产。诸弟所走的路是对的，尽管向前走去。经费当向董事会、皖教育厅和其他方面设法救济。

敬祝康乐！

九月十五日

注释

① 江浙开战　又称齐卢战争。指1924年江苏督军齐燮元（直系）和浙江督军卢永祥（奉系）为争夺上海管辖权而爆发的军阀之间的战争。后齐胜，上海归江苏管辖。

四个小孩两人分

——家信

母亲、纯妻、渼妹：

纯妻、渼妹、桃红、小桃的信都收到了。

我实在是不对，连自己最宝贵的生日都忘记了。多谢大家给我做生日，我欢喜的很。可惜这日子我不能在家里和大家一同快乐。寿糖两块收到了，谢谢。

小桃早已给了渼妹了，这回生下的小孩儿也给了渼妹。四个小孩，我们两人每人分两个，岂不好吗？

我平安康健，请放心。我近来没有画画，不但家里的图画册子可怜，就是我带在身边的册子也没有工夫看，冤枉吃些苦跟着我跑。我已经到南京，很平安。

十三年十月二十九日

我的生活

——家信

母亲、纯妻、渼妹：

这几天天气稍冷，我请陈妈把我的绸夹袍拿去，找了一个裁缝给我翻了一件棉袍，穿在身上非常暖和。陈妈的算计真好，共总只化了一元三角钱，连棉花一起在内，真是便宜的很。我在外面自己能照应自己，请可放心。我饿了就吃，倦了就睡，事做完了就玩玩，很自然，很快乐。

京中时局如此，大家不必过虑，我也不忧虑。天佑善人，我家是无忧的。

祝全家平安！

十三年十一月四日

心里大乐

——家信

母亲、纯妻、渼妹：

知行深信我家定叨天佑为慰。今日，有一半老妇人携子跪于途，哭甚哀。其夫为军官，此次参与战事，不知下落。母子流落上海，无以归。知行闻其终日只得数枚铜元，实不得了，就给了她一张车票价的钱，母方收泪，其儿已以笑容送我，我心里大乐。

十三年十一月九日

用小桃的笔法写信

——给桃红、小桃的信

桃红、小桃：

你们的信收到了，影戏想必好看得很。阿姑的信也收到了。恭喜你们又得了一个小弟弟。你们可以给他一个名字。好不好？若是好，就请你们取一个名字给他吧。我现在寄几块糖给你们吃。好不好？若是好，就请你们吃吧。三桃的糖请你们转交。请你们代我向老太太、妈妈、阿姑恭喜恭喜。衣服都收到了。

十三年十二月十八日

孟禄夫人送玩具

——给桃红、小桃的信

桃红、小桃：

你们两个人真正好，你们写给我的信都收到了。多谢得很。因为南京打仗，信在南京搁下了，到前天才收到。桃红问我为什么长胖了，我也不晓得清楚。大概是按良心做事，心里快乐，所以身体长胖。

孟禄夫人前天从美国到上海，送了两盒玩的东西给你们。大盒是送桃红的，小盒是送小桃的。大盒难玩些。小桃大些的时候，大桃可以借给他玩玩。你们每人都要写一封信谢谢孟禄夫人，收到了就写，要写你们心里的话。写好了寄来，我给你们翻成英语，一齐寄到斐利滨[①]去给她。斐利滨是什么地方呢？请阿姑教你们。不晓得的就可以写信问问孟禄夫人。好不好？若是好，就问她。你们写给孟禄夫人的信，要自己写，写在好纸上，要写得干净。

新年我不在家里，请你们两个人代表向太太拜年，向你们的母亲、阿姑恭贺。熊先生、熊太太、晏先生、晏太太都请你们两个人恭恭敬敬的代表我去拜年。不要忘记。拜年的时候，脸和手要洗得干干净净；衣服、帽、鞋、袜都要穿戴得整整齐齐；话不在多，却要说得得体，说得好听，请阿姑教你们。

十四年一月十八日

注释

① 斐利滨　通译“菲律宾”。

三花脸的白话诗

——给桃红、小桃的信

桃红、小桃：

你们一月十七号的信收到了。这些日子信走得慢得很，比骆驼还走得慢。我前天晚上和几位朋友去看戏，听见一个三花脸说了几句话，很有意思。我现在把它们修改了一下，写出来给你们看看：

你说你公道，
他说他公道。
公道不公道：
自有天知道。

这首诗只有二十字，生字也只有十个。我们很想把它放在《千字课》里，请你们问问熊太太和晏先生赞成不赞成。

我在十二号以前必到家。现在正等火车。火车一通就回京。我顶怕坐海船。倘使火车不通，我怕还要迟几天来。

请你们代向太太、你们的母亲、阿姑报告一切。请你们代我看看三桃、蜜桃。

十四年一月三十日

女子大学与女子师范大学联合并存

——给邵振青先生的信

振青先生：

读先生《女师大与女大问题》一文，晓得先生主张双方合并改组为女大，实包含女子师范大学为其中之一重要分科。如此我们三人的主张，实有共通之点。这共通之点，即为保存女子师范大学之实际。

女子高等教育不仅为师资之培养，环顾国中，连一个国立女子大学也没有，宁非可耻！倘有人提议建设女子大学，我们将欢呼之不暇，谁忍加以反对呢？女子师范为全国女子教师之策源地，倘若为着停办女子师范之故而创设女子大学，谁又能完全表示同情呢？对于这点，我们也有同感的。

总之，中国现在一百名学生中只有女学生四名半。从四名半女学生办到五十名的女学生，是要女子教师负大部分责任的。赵先生要把全国小学教育的责任放在女教员肩膀上，我也是表示相当赞成的。四千万的小学学龄儿童，至少要一百万教员。假使男教员也有用处，和女教员平分天下，也得要女教员五十万人，造就这五十万女子小学的教员至少要二万人，假使这一〔二〕万人不限定女子，也可打个对折，算他一万人。这一万人是要在女子师范大学造就的。假使四千万小学儿童都入学了，就得有五百万中学生，应有中学教员二十万人。假使中学女教员占十分之一，就要二万人。合起女子初级师范之女教员，乃共有三万人是应当受女子师范大学教育的。这三万人要多少年、多少女子师范大学为她们造就起来呢？又假使每人担任教员十年，不能算短，每年就须毕业三千人去顶补。这每年三千人又要几个女子师范大学去培养她们呢？别人可以说我们是在这里做普及教育的梦想。我们自然要承认这是梦想，但退一百步说，保存一个女子师范大学，却是现在政府、社会所不能推诿的责任了。

再试看受过高等教育之女子的出路，大半还是做教员。这个现象，怕不是短少时间所能有很大变化的。女子教员是国家教育最大的需要，教员生活又是受过高等教育女子最宽的出路，所以我们至少要保持一个女子师范大学，并要渐渐的去图他的扩充。

在平常的时候，女子大学中设师范院固是很好的办法，但照中国现在的情形，如果把女子师范大学变成女子大学的一部分，怕要受别科的牵制，不能充分发展以应国家需要。所以不得不提出两校联合并存的建议。先生说我的建议是“各办各的”，但我原意并非如此。既说联合，自必有联合的办法。应当合作的合作，应当分工的分工。两校应共戴一校长，教员、校舍、设备可合者无不应合，其不能勉强从同者，只有求学的目的与依此目的所必须分订之课程与训练。照此办法，自能保持师范学科独立之精神而又不致消耗重复之经费。至于经费总数，当然要谋相当增加。因学生有所增加，则经费自不能不增加，以今日中国女子教育之需要，政府似不宜吝此区区之数。但实行两校联合并存计划所需之经费，并不必多于双方合组女子大学内设师范院之经费。

我为了要顾全女子大学和女子师范大学学生之学习目的，毕业后之出路及国家师资之特别需要起见，提出联合并存的建议，也不过是想就自己所见到的，给大家讨论时做一种参考。如果大家还有别的法子，能够保障女子师范大学的主要地位，并能逐渐的叫他发展起来，以应国家教育之需要，我个人也是乐意赞成的。

十五年四月

寿六旬慈母

——给文渼妹的信

文渼吾妹：

九月二十三夜的信收到了，读着令人乐而忘忧。关于母亲寿辰一层，您所陈述意见，十分圆满，我完全赞成。你说寿辰是自家亲人的大志喜，这句话初看很平常，骨子里最有精彩。我反复涵咏，而后领会此中意味之深厚。志喜之法，您说是要做母亲喜欢的事情。这是喜上加喜，我们能照这样做去，才算是真的做寿。今人做寿又只限于一两日之热闹，您却要时时常常的为母亲做寿，所以说："总期母亲今后时时刻刻多得新快乐。"这三层意思可当作做寿的金科玉律看，请大家就照这话进行，我当然是遵办的。我为事业所拘，不能常侍膝下，母亲一切起居、饮食、娱乐只得付托吾妹、纯宜及四个蟠桃[1]好好侍奉。我虽在千里之外而无内顾之忧，已立志要乘母亲六秩荣庆之年，为国家教育创一不可磨灭之事业，以作吾母寿人寿世之纪念。

秋节后两天，收到母亲饲蜜桃绿豆图，看着不愿放手，真是好一幅天伦大乐图啊！我要想把母亲爱蜜桃的心，本着"幼吾幼以及人之幼"的精神，推而远之，使凡如蜜桃的都能得蜜桃之爱护，享蜜桃之幸福。小孩子从能走路、能说话的时候起到进小学止是最可爱、最要教导的时期。爱护幼儿的人创设幼稚园，就是要培养四五岁的小孩子，使他们的生活可以丰富。但是国内一般幼稚园有几种流弊：第一，他们仿效外国，不合国情；第二，他们灌输宗教，制造成见；第三，他们费钱太多，非有钱的地方不能办；第四，他们学费太重，非富贵的子弟不能进。有了这几种流弊，所以不易推行。吾国以农立国，人民百人中有八十多个住在乡村里。要想把幼稚教育推广，必须把这些流弊除得干干净净，使他们可以下乡，然后才能收普遍的效果。照现在情形，幼稚园下乡好比是骆驼穿针眼。所以我想打破外国的、成见的、费钱的、富贵的幼稚园，而要创造一个省钱的、合理的、平民的、适于国情的幼稚园，使他可以下乡去为农民子弟谋幸福。此事已经筹有头绪。开办费由江苏省长陈陶遗先生拨。经常费由改进社[②]及明陵小学[③]担任。地点已选定燕子矶[④]。主事已请定陆慎如女士。现在就要兴工建筑，明春即可开办。奉上宣言书一纸，原理办法都可一目了然。我深信，此举可为幼儿教育开一新纪元。且等到建筑完工，筹备就绪，办法有了把握，就要进一步谋普遍推广之法。那时已有具体成绩供人观摩，自能得到相当信用。预备借重吾母寿期，为全国幼儿教育募集百年基金。平日与我发生关系的当在万人以上，拟与诸同志共成盛举。

母亲前不以公开做寿为然，为子女者应当体贴她的意思。一、父亲已经去世，单独做寿要引起无限悲感。二、亲友应酬，杀生必多，母亲不愿为其生日杀生，宅心至为仁厚。这两层意思，都是我们亲自晓得的，断不能违背。但为全国幼儿教育募集百年基金，使一切寿礼尽归训练幼儿师资及开设模范乡村幼稚园之用，事为善举，似属可行。尚望代为委婉请示。我拟于寿辰前四五日进京。近来身体精神都好，请全家放心。母亲、纯妻、大桃、小桃、三桃、蜜桃请代报平安。

敬祝康乐！

十五年十月五日

注释

① 四个蟠桃　指陶行知的四个儿子。

② 改进社　指中华教育改进社。

③ 明陵小学　地址在南京中山门外。

④ 燕子矶　地名，在南京中央门外。

卫生运动

——给凌济东先生的信

济东吾兄：

卫生运动，为前商主要事业之一，务请吾兄积极进行，全权办理。经费一层，亦请勇猛进行。当今社会虽穷，对于确有贡献之事业，尚不致以冷眼看待。弟此次为乡村教育进行捐款，前途不无希望，学校卫生请订定计划宣言书，由兄筹款，由兄主持。山穷水尽之机关[①]，只得各自为战，打出生路。

弟近两星期来，上午做计划，下午拜活财神，夜间访友看戏。前夜与蒋大哥看影戏，人山人海，没有坐位，我们就席地而坐，别有风味，幸亏没有给《晶报》[②]记者看见，否则怕要把大家的肚皮笑痛咧。

闲话少说，学校卫生由兄全权办理，工厂教育也请兄主持。这都是无中生有的事，很值得“试他一试”。

十五年十二月七日

注释

① 指中华教育改进社。

②《晶报》 1919年3月3日在上海创刊，为三日刊。

新使命

——给丁兆麟先生的信

兆麟吾兄：

接读来书，惊悉误中漆毒，不胜悬念。

上海社员①会商乡村教育进行计划，精神气象甚佳。此种会议当在各部中心举行，以期唤起全国同志之觉悟。南京方面订于念六日举行，彼时倘已痊愈，深望出席指示一切。

开原小学来函，对于信条异常赞成，并主张宣誓，以昭郑重。此意甚善，可于下次开联合会时举行。开原小学全体教员五人，拟于本月廿三日来宁参观，嘱将本星期日之联合研究会改在二十五日举行。此日适当云南起义②纪念日，倘得五校同人全到，必可振作精神，为全国乡村教育开一新局面。知行已权为答复，准于廿五日上午九时三十分在尧化门开会，风雨无阻。倘无困难，深望去信欢迎。

四校学生及县师③学生可否于是日举行联合纪念？请与各校同志一商。一切请瑞芝兄代办，以便吾兄可以调养。研究会改期通知，已嘱叔愚兄代发，并以奉闻。

吾辈之新使命为集合一百万位同志，提倡一百万所学校，改造一百万个乡村，使个个乡村都得着充分的新生命，合起来造成中华民国的伟大的新生命。

敬祝早占勿药！

十五年十二月十四日

开原住校招待费由社开支，铺板向公学借妥，请并告知宋先生。

注释

①上海社员　指中华教育改进社在上海的社员。

②云南起义　1915年12月25日，蔡锷、唐继尧、李烈钧等在云南通电，反对袁世凯称帝，组织护国军讨袁，出兵贵州、四川、两广，称云南起义。

③四校　指南京燕子矶小学、明陵小学、尧化门小学和笆斗山小学。县师，指江宁县立师范学校。

山穷水尽

——给凌济东先生的信

济东吾兄：

接读十二月四日手书，有如蜜糖里夹了黄连，令人吃了又甜又苦，真是别有滋味，感谢之至。

来书说到本社经济情形，已是山穷水尽，这是事实，谁也不能否认。本社已是山穷水尽，本社同人应当怎样呢？我们应当在山穷水尽的时候，找出一条生路来！本社之所以山穷水尽，是因为中国教育已到山穷水尽了。我们倘不能为中国教育找出生路，决不能为本社找出生路。所以我们要拼命的为中国教育找生路，即所以为本社找生路。前在京中所谈的几件事，倘能用全副精神干去，必是长生之道。不但是本社长生之道，也就是中国教育长生之道，也就是中华民国长生之道。

我和叔愚兄所担任的乡村教育运动，现正在杀机四伏中努力进行。我们已经看见光明，前途有无穷的希望，我们已经下了决心：要提倡一百万所学校，去改造一百万个乡村，使个个乡村都得着充分的新生命，合起来造成中华民国的伟大的新生命。吾兄所担任的一件，有同样的重要，吾兄的使命是要培养康健的儿童，造成康健的民族。依据杨先生的推算，吾兄还有五十年的寿源去干这件伟大的事业。我主张自筹款，自罗人才，积极进行；与人互助则可，决不可因人成事。如果在这五十年当中，吾兄能把国民的康健立一个稳固的基础，叫个个国民都有血色，有生气，有精神，都能抵抗疾病，扫除障碍，战胜困难，也算不虚生一世了。人生为一大事来，做一大事去。我们就在改进社旗帜之下各人干他一件，也是人生极快乐的事情。倘使我比您多活几岁，到您升天的时候，我就在您的坟墓上立一石碑，上面写着“康健之神”四个大字，叫一切病魔化做一只大乌龟，背着这块石碑直到万万年。倘使我比您早死几年，我可以托付桃红、小桃、三桃、仙桃代我为您办这件事。

山穷水尽！好一个山穷水尽！这是天帝给我们另找生路的惟一机会。我们应当欢欢喜喜的接受这个机会，共同为本社找条生路，为中国教育找条生路，为中华民国找条生路。

十五年十二月十四日

中国翻身有日

——给赵叔愚兄的信

叔愚吾兄：

全国乡村教育运动，就昨天接洽结果看来，可得雄厚之助力及后盾。天啊！中国翻身有日了。来信所说，不必过虑，我们倘有真贡献，必无能撼之者。

十五年十二月二十一日

透明的改进社

——答王西澂弟的信

西澂吾弟：

接到您的万言长信，晓得您肚子里有说不尽的心思。本社进行方针是：筹新款，办新事。您所提的《教育年鉴》及征集教育史料之合作，我都愿观成。所需助理二人，请您自筹一人之薪金，余一人的薪金由我代筹，藉表赞助之意。今与弟约法一章：您什么时候筹好，我的也就在那时候开始实行。您如果真爱这个史姑娘[①]，您先须中得状元郎[②]来。征集材料垫款，暂以五十元为限，日后经费充裕，当另设法。

您信中问到本社色彩，我现在对您郑重宣言说：本社是透明的，不是白的，不是黑的，不是红的，不是灰的——是透明的，水晶样透明，使各种光、各种颜色都能透出真面目。

敬祝新禧！

十五年十二月二十七日

注释

① 史姑娘　对历史科学的戏称。

② 状元郎　科举考试以名列第一者为元，乡试第一称解元，会试第一称会元，殿试第一称状元，也称殿元。唐制，举人赴京应礼部试者皆须投状，因称居首者为状头，故有“状元”之称。中状元者为科名中最高荣誉。

徽州人的新使命

——给徽州同乡的公开信

我们徽州，山水灵秀，气候温和，人民向来安居乐业，真可谓之世外桃源。察看他的背景，世界上只有一个地方和他相类，这个地方就是瑞士。我们有瑞士的天时和地利而没人尽瑞士之人事啊！瑞士虽小，处于列强之间，岿然能成一个独立不倚的国家。虽在欧洲大战当中而不转入漩涡，这都是因为他的人民能团结而有自立、自治、自卫的能力，所以才能颠扑不灭。

我们呢？平日各人自扫门前雪，从不为徽州做一个全局的通盘筹划，到了兵临城下，急得抱佛脚呼和平。殊不知和平是要出代价的，和平是要自己赚来的。孟子说得好："赵孟之所贵，赵孟能贱之。"给我们和平的人，也能给我们兵祸。惟独有自立、自治、自卫能力的民族，才能享和平的幸福。尼采说："弱是罪孽。"他的学说的坏处是鼓励弱肉强食；好处就在唤醒弱者改弦更张，发奋为雄。

所以我主张，向人讨和平不如向自己讨和平。向自己讨和平的方法只有一条路：徽州全体人民团结起来，创造一个能自立、自治、自卫的新徽州。这个团结是要有普遍性、继续性、永久性的。这个大团结不但要应付暂时的军事，并且要建立徽州万年不拔之基。他的使命是要振兴全徽的教育，开采全徽的矿产，革新全徽的农林，发展全徽的交通，培养全徽自立、自治、自卫的本领，以谋全徽人民的幸福。他的使命绝对不是部落主义；他要把徽州做成中华民国的一块优美的领土，把徽州人做成中华民国的有智慧、有实力、有责任心的国民。

将来的新徽州很欢迎大家来登黄山，游练水[①]，凭吊朱晦庵、戴东原。将来的新徽州要造成一种境界，使得别人不愿、不忍、不敢在这里杀人放火。我以至诚之意敬告我们最敬爱的父老兄弟姊妹：我们千万不要辜负“新安大好山水”，我们要把我们一个个的小生命捧出来造成徽州的伟大的新生命。

十六年一月四日

注释

① 练水　即练江。新安江在安徽歙县境内的一条支流。

谢允担任自然科学指导

——给吕镜楼先生的信

镜楼吾兄：

手书到时，适因筹款来沪，待辗转传递，已阅旬日，迟迟奉复，不胜抱歉之至。试验乡村师范科学指导员一席，承兄不弃，慨然屈就，弟等谨为全国农家子弟鞠一万个躬，表示一万分的欢迎。前因久不得复示，已决定北上前来亲自劝驾，一次不允，继以二次，二次不允，继以三次、四次、五次，甚至十次、百次，必得吾兄许可而后止。今蒙吾兄体恤，省掉我三千里的风尘劳苦，俾能把整个的心放在校务筹备上，我是何等的感激啊！

本校以农夫的身手、科学的头脑、改造社会的精神培养学生，得兄担任科学指导，就是本校有了头脑了，同人都万分欢喜，只望兄家务料理就绪，早日南下，共同把这个学校创造起来。吾兄所提各节，完全遵办。

专此奉复，敬请新安！

十六年一月二十日

送给国家的寿面

——给母亲的信

母亲：

家中从前寄来的信，如今都收到了，并未遗失，只是来得慢些。

儿从母亲寿辰立志，决定要在这一年当中，于中国教育上做一件不可磨灭的事业，为吾母庆祝，并慰父亲在天之灵。儿起初只想创办一个乡村幼稚园，现在越想越多，把中国全国乡村教育运动一齐都要立他一个基础。儿现在全副的心力都用在乡村教育上，要叫祖宗及母亲传给儿的精神，都在这件事上放出伟大的光来。儿自立此志以后，一年之中，务求不虚度一日；一日之中，务求不虚度一时；要叫这一年的生活，完全的献给国家，作为我父母送给国家的寿面，使国家与我父母都是一样的长生不老。

试验乡村师范开办费要一万五千元，经常费要一万二千元，朋友们都已答应捐助，只要款项领到，就可开办。阴历原想回家过年，无奈一切筹备事宜必须儿亲自支配，不能抽身。倘使款项早日领到，或可来京两星期。如果到了腊月廿七还没有领得完全，那年内就不能来了。好在家中大小平安，儿亦平安康健，彼此都可放心。

昨日会见冬弟[①]，知道金弟[②]在西安尚好，可以告慰。冬弟亦较前强壮。

桃红、小桃、三桃、蜜桃给我的拜年片子都是很有意思、很有价值，儿已经好好的保存了。

敬祝康乐！

十六年一月廿日

注 释

① 冬弟 指曹子云，晓庄学校学生，陶行知的表弟。

② 金弟 指曹伯鸿，为曹子云的胞兄。

得弟胜得百万金

——给杨效春弟的信

效春吾弟：

予与叔愚先生创设试验乡村师范，拟将乡村教育及师范教育作一彻底腾翻之改革，急愿弟同来努力，留学迟数年无碍。叔愚先生来信谓倘能得弟，胜得黄金百万。弟之见信于叔愚兄也如此，安可不佐彼一臂之力！

一月二十日

请为晓庄绘图

——给刘海粟先生的信

"艺术叛徒"①：

试验乡村师范由我创意，由公创境，由全校师生创校，实合三绝而成。今意已创，惟公之境是待。好在神工鬼斧是公家现成之物，只须画神一到，立可一气呵成。我朝夕祷祝画神下凡，愿公亦作同样之祈祷。否则我迎画神，公迎年神，深恐两不接洽，画神给年神赶跑，那就糟糕。我只望画神早来，并非要催母鸡生蛋，幸勿笑我心急。

一月二十八日

〔注〕 海粟先生始终未来，想系画神给年神赶跑了。

注释

①"艺术叛徒" 1912年刘海粟创办上海图画美术院时，聘用模特儿，教艺徒画人体，遭到当时守旧势力的攻击，斥为"离经叛道"。陶行知戏称他为"艺术叛徒"，是对他的革新精神的赞扬。

乡下生活之苦乐

——给清华学生操震球的信

震球先生：

接读您一月五日的信，晓得您愿意离开清华学校投考试验乡村师范[1]，不禁喜出望外。您在清华学校好比是天上的天使，皇宫里的王爷，现在要发宏愿，放弃养尊处优，回到人间，过我们茅草屋的生活，这种“佛不入地狱，谁入地狱”的精神，简直要叫我们五体投地的钦佩。国运盛衰决于一转念间。倘使全国少年的念头都转到各人应当走的路上去，地狱都可化成天堂，还怕中国不能兴盛！

您既有这种宏愿，我就应当把个中的甘苦明明白白的告诉了您，还望您慎重考虑一番，再行决定。田家生活是要蛮干的，您愿意吗？您能打赤脚在烂污泥里奔走吗？您不怕把雪白的脸晒得漆黑吗？您不怕软手上起硬皮吗？您不怕在风霜雨雪中做工吗？您不怕挑粪吗？您愿意和马牛羊鸡狗猪做朋友吗？城里人的眼光看来，这都是苦处；其实乡下人并不以此为苦。纵然这是苦处，乡下人也有城里人想不到的乐趣。乡间山清水秀，尽您游览。您早上可以看旭日东升，引您兴奋；晚上可以待月西山，助您吟咏。到了收成的时候，您手里割着黄金似的稻子，那田家乐的山歌，不断的洋洋乎盈耳。您还能亲眼看见您所栽培的儿童个个桃李似的一年一年的长大，一直到成家立业。您还能亲眼看见全村农夫农妇人人读书明理，安居乐业。您也许可以看见您的村庄和全国的村庄都成为村民自有自治自享的村庄；也许您亲眼看不见，要到令郎令孙的时代才能看见，您能忍耐吗？倘使经过这番考虑之后，您决意要来投考，我们万分欢迎。

我们办这个学校，要把学校里误人子弟的观念一齐打得破破碎碎。无所谓毕业，更无所谓毕年。如果您肯打破文凭迷信，二年级程度，可以通融，认为合格。农事或土木工经验系指农夫耕种或土木操作而言，并不含专门之意义。招考手续已经规定，请向南京安徽公学内试验乡村师范筹备处接洽为荷。

附上《全国乡村教育运动计划》一册，《乡教丛讯》[②]两期，以资参考，务希检收。

专此奉复，敬请新安！

一月十五日

注 释

①试验乡村师范　亦称“晓庄师范”。陶行知和赵叔愚等创办，地址在南京和平门（今中央门）外劳山下的晓庄，后改称晓庄学校。

②《乡教丛讯》　陶行知主编的教育刊物，由乡村教育同志会与晓庄学校合办，创刊于1927年1月1日，终刊于1929年，共出3卷。

附：操震球给陶知行函

知行先生雅鉴：

曩在皖垣，数聆高论，开茅去塞，获益良深。光阴荏苒，匆已六年，钦念之忱，与时俱进。路隔缘悭，终不得再领教益，每每引为深憾。日前于《新教育评论》得读尊著《中华教育改进社设立试验乡村师范学校第一院简章草案》，不禁推案乍起，喜跃如狂！此盖晚年来日夜祈祷之事，忽成之于素所崇敬渴慕者之手，事之快人心意、奋人精神者，莫此若也。晚幼生于田间，长学于私塾，年十七始于皖垣投考第一师范之工艺科，习木工、图画。既已两年余，忽因事受累，转学来沪。时外受经济之压迫，内感知识之饥荒，极力挣扎，颇感痛苦，幸赖师友相助，始能赓续。十四年夏，北京清华学校大学部初立，在沪招收新生。晚冒昧受试，幸承录取。入学后选习专科。自信以我目前状况，欲效劳于社会，事之最急最要者，一为提高农民知识，二为增进农民生产。知识不加高，科学的生产方法无从推行；生产不加多，知识的教育势难普及。两者须同时并进，不能偏废。此种责任，舍中心学校莫能当。此晚所以决意从事乡村教育，创建中心学校，鞠躬尽瘁，死而后已者也。惟清华教育系尚无此种课目。所学既非所欲，是以兴味索然，毫无进益。久欲弃之，恨无所适。幸彷徨歧路之中，忽得乡村师范学校之设，恨不得肩生两翅，立即飞来。惟刚得沪报，知该校将于今岁三月招考。考生资格，大学生以最末一年半者为限。晚现在清华，为二年级生，以资格论，略有不合。该校是否有通融或其他办法，免致有志者受资格之限制，而抱向隅之泣？此晚所欲问者一也。报端所载，考生须有农事或土木工之经验。系就吾国农夫耕种或土木操作之经验而言，抑指农业学校或普通学校手工之经验而言？招考地址与报考手续，已规定否？此晚所欲问者二也。此两点为晚所急欲明了者，恳即拨冗示复，以解渴望。临书神驰，不胜翘足待命之至！特此，敬请道安！

操震球谨上

一月五日于清华大学部

教会教育与私立学校

——答同仁中学校杨继宗先生的信

杨继宗先生：

……接读来信，知道贵校已经照章立案，至为钦佩。

贵校改用“非正式的宗教教育[①]”，于信仰自由及办学原则都很符合，确系全国教会学校[②]应当共采之途径。教会学校之经费，多半是从外国信徒那里捐来的，现在既要废止《圣经》[③]科目及宗教仪式，自然要减少外国信徒对于教会学校之兴味，即不免要减少他们对于此种学校之捐款。贵校情形，既如来函所述，或亦难免受此困难。承以解决办法及步骤垂询，甚愿贡其一得之见，以资参考。

我以为人世幸福是要用代价换来的。享一分权利必须出一分代价。出代价而不享受权利固可谓清高；若享权利而不出代价心岂能安？中国现在之教会学校里出代价的是外国信徒，享权利的是中国子弟，纵使施者源源接济，受者能不惭愧吗？所以自筹经费是办学者之天经地义，初不容有丝毫之推诿。

教会学校是私立学校之一种；私立学校在三种情形之下，可以开办。一、公立学校太少，私人依照国家教育宗旨及学制，得设立学校，以免儿童失学。二、公立学校办理不善，私人依照国家教育宗旨及学制，得设立学校以便儿童受更良之教育。三、私人有科学教育之训练及发现教学新理之抱负，依照国家教育宗旨，得设立学校以资试验，即与学制有所出入亦当容许。

贵校既已放弃宣传宗教作用，则今后贵校办学之立足地，当不外上述三点之一。经费来源亦可以此为开发之方针。第一步，创学同志对于经费，应负筹划及捐输之责。贵校既是公理会[④]所创设，则公理会之中国信徒，自应负大部分之经济责任，为学校谋经济之独立。倘立时不能办到，至少应当下此决心，力图实现。第二步，俟学校办有成绩，渐得家长社会信仰，可以私立学校资格向社会同志募捐或向政府陈请补助。

总之，教育中国子女之学校经费，必须中国人负担；中国教会学校经费，必须中国信徒负担。这是我对中国人说的话。至于外国朋友以己达达人之精神、人类一体的目光，赞助中国教育之发展而无其他作用的，我们应当感谢他们的盛意，断不可一概抹杀。这是我们既负责任之后所应表示之大国民气概。

关于中学的“四二”、“三三”[⑤]问题，学制上原有伸缩余地。办学者尽可根据地方情形、学生需要及经费能力，酌量变通办理。倘使上述各项适用四年制中学，那末在第三、第四年酌设职业选修科目，使毕业生中不能升学者可谋相当职业，用意甚好，可以一试。但究以何种职业为最相宜，及如何训练之法，正须慎重考虑，方可收效。

注释

① 宗教教育　以宗教教义、教规为内容的教育。“世俗学校”的对称。

② 教会学校　天主教或基督教（新教）设立和控制的学校。中国的教会学校，是鸦片战争后英美等国通过教会在中国设立的大、中、小学。中华人民共和国成立后，于1951年接管了外资津贴的学校。

③ 圣经　基督教经典，包括《旧约全书》和《新约全书》。

④ 公理会　基督教（新教）主要宗派之一。主张每一教堂独立自主，由教徒公众管理。19世纪初传入中国。

⑤“四二”、“三三”　指学制中的中学教育分段。“四二”即初中四年，

高中二年；“三三”即初、高中各三年。

附：杨继宗给陶知行的信

陶先生：

……敝校原为保定基督教公理会附设。因教会学校学生毕业以后，与国立或省立各中学校学生不能受同等待遇，所以去年七月间具文呈请教育厅，转恳立案。九月底，奉到厅令，转奉教育部令，准予立案。

（一）敝校自改用“非正式的宗教教育”，废止圣经科目及一切宗教仪式以来，教会方面颇以办教育为失计，屡有停办学校的声浪。这种论调，最近期内虽不致成为事实。然若征诸美国教会兴办学校的历史，恐怕中国教会不久将撤回学校经费，用以扩充布道事业。那时，教会学校能经济独立者或仍可存在；经费无着者，势必停办。敢请示知敝校谋经济独立的办法及步骤。

（二）敝校因经济的限制，现在仅有初中三年以下班次。按民国十一年十一月公布教令第二十三号，中学校可依设科性质定为初级四年，高级二年。近闻各地中学，改为四二制的颇多。敝校拟于现有三年级外再添第四年级，关于三四年级设教育职业各选修课目，使毕业生中不能升学者，可谋相当职业。这种是否适当？请赐教！……

杨继宗谨启

过年信

——给纯妻、渼妹的信

纯妻、渼妹鉴：

马褂和背心都收到了。马褂前天已经上身，觉得新鲜得多，背心是昨天穿起的，暖和得很。年年难过年年过，今年已可安安稳稳过年了，请可放心。小桃送给我的钱袋子，早已收到，代我谢谢他。家人的照片，都已收到。见照片如见人，固然不错；但我见了照片，更要念着人了。

我昨夜回宁，现正积极筹备试验乡村师范，今日地可买定，正月初四行立础礼，同时举行城乡团拜，届时必定有无限乐趣。请帖印好，当送一张来。

母亲、大小三四桃处，请代致念。

十六年一月三十一日

师范教育之彻底改革

——答石民佣等的信

民佣、锡胤、峻宪、小山、仁寿诸先生：

接读诸位先生十二月二十六日之油印信，晓得诸位先生对于我的言论有些不能苟同的地方。这封信给了我一个反省的机会，我是非常感激的。但经过此番反省之后，我并不能作根本修正。实在是抱歉之至。我的言论是根据自己直接的观察，不敢武断，也没有一概抹煞。我尊重诸位先生的态度；但是仁者见仁，智者见智，遇到不能苟同时，当然不必苟同。

师范学校为事造人，造一人必得一人之用。现在倒要借教育行政之力，为师范生谋出路。即此一端，已经给了我们办师范教育的人一个绝大的警告。我应当郑重的说：倘使师范学校里造的是真人才，他的出路断非区区一句话所能塞得住；倘若不然，天才的本领也开不通出路，何况现在一般的教育行政！

来函又以我的言论致疑于我对于师范教育的态度。我从前曾经为师范教育努力，现在正是为师范教育努力，以后仍是继续为师范教育努力。但是师范教育可以兴邦，也可以促国之亡。好些师范学校只是在那儿教洋八股，制造书呆子。这些大书呆子分布到小学里去，又以几何的加速率制造小书呆子。倘使再括〔刮〕一阵义务教育的大风，可以把书呆子的种子布满全国，叫全国的国民都变成书呆子！中华民国简直可以变成中华书呆国。老实说：二十世纪的舞台上，没有书呆子的地位，称它为国，是不忍不如此称呼啊！想到这里，真要令人毛骨悚然。为今之计，我们要从四方面进行：一、愿师范学校从今以后再不制造书呆子；二、愿师范生从今以后再不受书呆子的训练；三、愿社会从今以后再不把活泼的儿女受书呆子的同化；四、愿凡是已经成了书呆子的，从今以后要把自己放在生活的炉里重新锻炼出一个新生命来。我们爱师范教育，我们更应爱全国的儿童和民族的前途。惟独为全国儿童和民族前途打算的师范教育才能受我们的爱戴。中国师范教育之所以办到这个地步，原因也很复杂，大家都在那儿摸黑路，谁也不能怪谁。但是此路不通，过去且有危险。我们今后的责任是群策群力，摸出一条生路来。我所说的话，好像是责人，其实是责己。我也是师范教育罪案中之一人，纵有孙悟空的本领也是脱不掉的。如今只有戴罪立功。同志们，我们一同来干罢！我在《无锡小学之新生命》里所说的那段话，是指我自己一般观察而言，毫无影射第三师范之意。贵校是我平日最钦佩的学校之一，我很希望贵校同志挺身出来，作一个师范教育彻底改革的先导。

十六年二月三日

如何引导学生努力求学

——给正之先生的信

正之先生：

……大凡生而好学为上，薰染而学次之，督促而学又次之，最下者虽督促不学。生而好学与督促不学的人究属少数，大多数得到相当薰染、督促就肯学了。现今青年人所以不肯努力求学的缘故，实由于学校里缺少学问上薰染和督促的力量。薰染和督促两种力量比较起来，尤以薰染为更重要。好学是传染的，一人好学，可以染起许多人好学。就地位论，好学的教师最为重要。想有好学的学生，须有好学的先生。换句话说，要想学生好学，必须先生好学。惟有学而不厌的先生，才能教出学而不厌的学生。同学也互相感化。好学的同学能引起别的同学好学。有时，教员尸位素餐，还要靠着这些好学的同学们为学问暂延气息。所以，在学校里提倡学问的根本方法就是要多找好学的教员，鼓励好学的学生，使不好学的教员、学生逐渐受自然的薰染或归于淘汰。好学的教员与好学的学生是学校里的活势力。至于校外的学者，如能使教员、学生常有接触的机会，也是很有益处的。

人的问题解决了，就须改善扩充学问的工具。要做哪种学问，就需用哪种学问必须的工具。单靠纲目式的讲义和展览用的标本，决不能引起和维持学生的兴味。图书仪器及其他设备，必须应有尽有，应用尽用。

这些条件都达到了，然后加以督促。定期及无定期的考试，如果办法相当，确能辅助大多数学生上进、前进。倘不谋根本解决而单在考试上做工夫，那就没有意思了。

总起来说：一、好学的教师、同学；二、可学的工具；三、必学的督促，是我认为引导学生努力求学的要件。三者具备，多数学生当不致骛外了。……

下乡拜年
——和牛大哥同铺

——家信

母亲、纯妻、渼妹、桃红、小桃、三桃、蜜桃：

最近相片四张都收到了，令人欢喜。“大可可糖好吃”，不错，让我明天再买些来。蜜桃要爸爸回家，好，爸爸就要来了。

正月初四是试验乡村师范行立础礼的一天，同时请城里的人下乡拜年。我初三晚就下乡，住在一位姓陆的[①]家里。晚上打地铺，睡在稻草上，暖和得很，比钢丝床还有趣。我们六个人睡在一铺：一位是我自己，一位是钱尚志[②]先生，三个安徽公学的校工，还有一个，你们猜是谁？猜得着的将来可以多吃一块糖。桃红、小桃、三桃、蜜桃都猜猜看。你们怕是猜不着的，待我说来：他是一条耕田的水牛，睡在我们旁边，脾气很好，也很干净。第二天教育厅长[③]到了，陪客的也是这条牛大哥。初四城里来了一百多人，乡下也到了二百多人，其中有一百多位小孩子。城里人带了五六百件玩物来分给乡下小孩子，小孩子得了玩物，都笑嘻嘻的像个活神仙样。

我是前天到上海来的。身体精神都好得很，请大家放心。

敬祝安乐！

十六年二月十一日

桃红、小桃在家，自己的事要自己干。衣服要学洗，破了要学缝；烧菜弄饭都要学，还要扫地抹桌，有益的事都要做。

注释

① 指晓庄农民陆健祥。

② 钱尚志　当时任晓庄中心小学第一任校长。

③ 教育厅长　指江苏省教育厅长江问渔。

十三位门徒

——家信

母亲、纯妻、渼妹、桃红、小桃、三桃、蜜桃：

昨天接到家信两封，快乐得很，比吃肉还快乐。

乡村师范前天如期招考，居然还有十三位来应试，可算难得。当这风声鹤唳、草木皆兵的时候[1]，只望有三个人来，已是天字第一号。如今三上加十，恰是基督十三门徒之数，大家都为我们庆贺。此外还有二十多人请假补考。来到的人，都非常有精神，真是可喜。

我与南京红十字分会合作，已办收容所八处。现正组织救护队，并在城外设治疗所。除学生外，专为此事工作的有三十人。大家都很起劲。医生、看护、救护员、担夫都准备齐全。公学及中心小学、师范学校[2]都依红十字会规则加以严格的训练。我们不是假借名义，乃是要认真救人。

我是平安的，我们的同事都是平安的。请大家放心。一个月内，把乡村师范基础弄得撼不动了，我再回家与家人聚天伦之乐。

敬祝康乐！

十六年三月十三日

注释

① 指当时盘踞在南京的北洋军阀（张宗昌、褚玉璞部）与城外北伐军对峙、战争状态。

② 即南京安徽公学和实验乡村试验师范第一中心小学（燕子矶小学）和试验乡村师范学校（晓庄学校）。

晓庄开学勉励桃红

——给桃红的信

桃红：

接读你三月十一日的信和《世界进化论》一篇，晓得你进步得多，我非常欢喜。国文长进全靠多做多读，你照这样干去，以后的进步必定格外迅速。

试验乡村师范已经开学，学生虽然只有十六名，但是精神真好。他们自己扫地、抹桌、弄饭、洗碗、打补钉。他们还脱了鞋袜，穿着草鞋种田地。昨天和今天，他们还为乡下小学生种牛痘，医秃头疮。

我很希望你和小桃多学做事。我的主张是：有书读的要做事，有事做的要读书。先生不应该专教书，他的责任是教人做人。学生不应当专读书，他的责任是学习人生之道。我要你们做有知识、有实力、有责任心的国民；不要你们做书呆子。

我平安，康健。现在已经组织两个救护队，为的是要救南京附近的人民。

十六年三月十七日

教小桃不要做书呆子

——给小桃的信

小桃：

你的三月九日的信，已经收到了。知道你已经考取四年甲，我很欢喜。恭喜，恭喜。现在一般学校，只是把小学生一个个的化成书呆子。你可要学做事，学做人，不要做书呆子。做事的时候，要做什么就读什么书。书只是工具，和锄头一样，都是为做事用的。

十六年三月十七日

红十字会救护队之组织

——家信

母亲、纯妻、渼妹、桃红、小桃、三桃、蜜桃：

前日写给桃红、小桃的信当已达到。信里有桃红的文章一篇，是经过我改的。

乡村师范现在选择了一种布做操衣，好得很。这布每匹五丈，只要四元五角，合九分一尺。我用它做了两件长褂，两身短褂裤，两套操衣，又省钱，又经穿。现寄布样两块，家里如觉合用，可以写信给我，我可以寄来。

红十字会救护队，我们组织了两队：第一队由公学[①]组织；第二队由师范[②]组织。现在已由中国红十字会南京分会进行领取通行证，并请上海总办事处通电。各项手续办妥后，即可出发。大家都有训练，都有勇气，都是兴高采烈的。有了这救护队，那无衣无食、无家可归的乡民总可以得到不少帮助。

我平安康健，请可放心。

十六年三月十九日

注释

① 公学　指安徽公学。

② 师范　指晓庄师范。

妇孺收容所

——家信

母亲、纯妻、渼妹、桃红、小桃、三桃、蜜桃：

这几天南京城外的战事很激烈，但是城里秩序比从前好得多。警察和卫戍司令都极力维持地方治安，真是万幸。

公学办的妇孺收容所，已经收了三百多人。我们抱着“救人不救财”的宗旨办理，很是顺利。现在收容所里面有幼儿二十人，小学儿童九十余人，成年妇女二百多位。从昨天起，我们办了一个临时幼稚园，一个临时小学，一个临时平民学校，一个临时看书处。晚上还办同乐会，给大家解闷。幼稚园的桌椅玩具是从鼓楼幼稚园借来的，小孩们玩得快乐得很，大人家看着，可以减少心事。我现在把我作的一篇《敬告妇孺收容所来宾》寄来给大家看看。这是昨天早上五点钟时候作的。看这篇文章，就晓得我们大家在这里干事是多么起劲啊！

敬祝康乐！

十六年三月廿三日

晓庄学校之使命

——给全体同志的信

乡村师范全体同志：

知行于卅一夜到沪，已十一时，四面电网密布[①]，只有邮路一条可通。遍觅住宿地点，无收容者。最后至一老虎灶，与吴夷则、张协南二君同进投宿，幸蒙接待。但经半小时之说情，已是舌敝唇干了。此处有长桌一条，方桌两张，三个人即拼铺同睡，仰面望着"三星茶园"四字。我说："今晚福禄寿三星降临，这个茶园一定要兴旺了。"

昨今两天接洽结果，安徽公学已有解决可能，乡村师范计划且可望充分实现。深望诸同志努力合作，训练真农民使生产力与武力合而为一。我们第一步要谋中国三万万四千万农民之解放，第二步要助东亚各国农民之解放，第三步要助全世界农民之解放。这个学校不但要做中国教育革命之出发点，并且要做世界教育革命之中心。这是我们全体同志的学校，不是一个人的学校。深望大家不要因为我个人受了偶然的打击而灰心。将来的打击比这次十倍百倍厉害的还多着呢。本校既已参加农民协会，当为乡村组织教学做之实例，就是已经开始与土豪劣绅、伪农民短兵相接了。我们必须有百折不回的精神，才能达到我们的目标。

上海杀机四伏，倘使外国炮火把我顺便轰死了，这封信就算作我的遗嘱。倘诸事办理就绪，仍得生还，必当穿着草鞋与诸君共同耕种，并从事增进农民之生产力与自卫力，以为全世界农民解放之准备。

敬祝康健!

十六年四月二日

注释

① 指蒋介石“四一二”政变前的上海形势。

实际生活是我们的指南针

——给全体同学的信

试验乡村师范全体同学：

我今天回到上海，接读四月九日手书，至为欣慰。您们植树节所做工作，正是我所希望做的。纵然我在南京，也是无以复加，怕只能减少大家的主动力。不过我这次失去参加共同种树的乐趣，委实有点可惜。

来信说自我到沪后，您们觉得生活的大船上少了一根指南针。我虽觉得我自己有好多地方可以帮助诸位，但指南针确是有些不敢当。我和诸位同是在乡村里摸路的人。我们的真正指南针只是实际生活。实际生活向我们供给无穷的问题，要求不断的解决，我们朝着实际生活走，大致不至于迷路。在实际生活里问津的人必定要破除成见，避免抄袭。我们要运用虚心的态度、精密的观察、证实的试验，才能做出创造的工作。这种工作必以实际生活为指南针。你们能以实际生活为指南针，而不以我为指南针，方能有第一流的建树。我只是你们当中的一个同志，最多不过是一个年长的同志。

一个多月来，我不能和诸位同在炮火中奋斗，心中委实不安。但是诸位知道，试验乡村师范是赤手空拳开办起来的，经济基础很不稳固。我动身的时候，董事会只有两千五百元存款，初步工程还未结束，预算到本月只有一千元了。未雨绸缪，不得不早为之计。我这个月的主要工作，就是要为本校立一较为稳固的经济基础。此刻十成已经做到六七成，其余的要在上海进行。这个不能十分满足的好消息，谅想是诸位愿听的。现在觉得，非多设免费或贷金学额不足使同学安心求学，所以还要留沪几天，接洽此事。日内或须到杭州一行。

本海[①]弟之中山装当派人送来。王琳弟的信已另复。楚材[②]弟的信已从京中回答，收到了吗？

我近来无大变化，不过脸上比从前白些，前额的阴阳圈渐次退尽，身上多长了几斤肥肉，惭愧得很！

敬祝平安康健！

十六年五月十五日

全校指导员及小学生处，均请代为问候。

注释

① 本海　即程本海。

② 楚材　即李楚材。

解决经济困难

——答王琳弟的信

王琳吾弟：

您的两封信，我今天都收到了。可是看看寄信的日子，令我吃了一大惊。一个多月接不到我的回信，您心里岂不焦急吗？我在您的意想中，岂不成了一个不负责任的人吗？我深信，您必能委曲的想出种种缘故原谅我，但我把您这样告急的信居然搁了一个多月，心里实在是万分不安。

您的经济困难，我深表同情，必定尽力助您成功。您所提的第一条是贷金学额办法，最有道理，可以实现。我要特别筹一笔款来做这件事。利息最好不取。您的第二条办法更令人起敬。可是这样一来，就要打破了我们惟一校工的饭碗，我心里有些不忍。我们的生命里都含有他的气力所变化的血液，他也是我们当中一个，决不可招之即来，挥之即去。我想您仔细考虑一下，也必定赞成我这点意思。此外我还想了一个办法，我们已经买了一百多亩田地，是供给学生生利之用。您要几亩就用几亩，资本可由学校借垫，出产除去费用，尽归耕种者所有。我不久就要拟订一篇《学生耕种校地办法》，使得和您情形相类的同学可以照样办理。但您不妨先行试他一试。总之，学生因经济困难退学是最悲惨的事情。平日以师生共甘苦相号召的乡村师范，见此情形而袖手旁观，也是不可思议的。我们因经济的缘故而失去同志是最可耻的。老实说，从下个月起，我也是和您一样了，半个钱的薪水也拿不到了。我预备翻书过活，日里为乡村教育努力，晚上翻书，这就是我的预定的计划。我决不想走近路。您万一没有别的法子，我每月多写两千字也够助您成功了。您放心，我们二十几个人每人少吃一口不就够了吗?

您第二封信说：“试师①的使命原在救国，说得明白些，就是三民主义的教学做。”这句话，惟独三民主义的真正信徒才能道得出，也惟独彻底了解晓庄式的乡村师范者才能说得这样痛快，我们向前干罢。

敬祝平安康健!

十六年五月十六日

注释

① 试师　即南京晓庄试验乡村师范学校。

晓庄生活

——家信

母亲、纯妻、渼妹、桃红、小桃、三桃、蜜桃：

知行近在乡村师范工作，快乐得像活神仙一样。整日打赤脚，穿草鞋，自由得很。昨天竟这样走进城来和穿马褂的先生们一块儿吃饭，别有趣味。大前天我们自己造了个毛厕，前天自己做了个浴堂，昨天又自己做了个厨房。明天晓庄小学①行开学礼，乡村医院行开幕礼。我们大家抱了一个方针：应守纪律的地方，绝对服从；应当自动的地方，绝对自由。时局太平了，家搬到南方来，一同过这个乡村生活，那就格外快乐了。

十六年六月十五日

注释

① 晓庄小学　亦称晓庄师范第三中心小学。1927年3月5日设立，系陶行知指导钱尚志筹创。校址初在晓庄附近的“长生庵”。同年6月16日，新校舍落成，搬迁并举行开学礼。

第一次下乡的女学生

——家信

母亲、纯妻、渼妹、桃红、小桃、三桃、蜜桃：

乡村师范渐渐的走上轨道了。大家的精神十分充足，对于这个学校都抱了无穷的希望。前四天，厦门大学[①]参观团到我们这里参观，我们就拿学生做的饭请他们吃，他们觉得非常愉快。我们的办公厅已经落成，从外面看来，非常壮丽，下次照个相来给大家看看。第三小学的房子早已造成，是一座最经济、最好看、最合用的茅草棚。我们现在还要造一座男生宿舍，一座女生宿舍，一座俱乐部，为招待来宾之用。

九月一日要招女生。渼妹来做个女学生好吗？这是中国第一次到乡下去的女学生，很值得一试。

我现在平安。祝全家

平安、康健、快乐！

十六年七月二日

注 释

① 厦门大学　1921年由爱国华侨陈嘉庚创办于福建厦门。1937年改为国立，设文、法、商、理、工等学院。中华人民共和国建立后经院系调整，成为文理科综合大学。

拜金主义

——给胡适之先生的信

适之吾兄：

我读了您的近作《拜金主义》，万想不到您做这篇文章会用这个题目，真可谓张冠李戴了。

这篇文章的影响，不但是矫枉过正，而且是火上添油。稚晖先生所提的三个信条：第一，要自己能挣饭吃；第二，不可抢别人的饭吃；第三，要能想出法子来，开出生路来，叫别人有挣饭吃的机会。这是无论什么人都应当赞成的。但是称他为拜金主义，未免是牛头不对马嘴。这是拜己主义，不是拜金主义；是崇拜劳工，不是崇拜大拉[①]。

您说："《硃砂痣》[②]里那个男子因为贫穷，便肯卖妻子。卖妻子便是一桩罪恶。"据我的意思看来，那个男子之所以卖妻子，不但是因为贫穷，乃是因为贫穷而拜金。他爱金胜于爱他的妻子，所以拿妻子去换金。你所列举的种种罪恶——小偷、大盗、扒儿手、绑票、卖娼、贪赃、卖国——都不是单因贫穷，乃是因贫穷而拜金。穷人拜金而不拜己，乃是万恶之源。您提倡拜金，乃是火上加油。倘使人人照您的题目去充分实行，只见罪恶增加，难望罪恶减少。

您说中国人不配骂美国人崇拜大拉，我很表同意。中国人简直是崇拜银角，崇拜铜板。崇拜银角和崇拜铜板的人，当然不配骂美国人的崇拜大拉。但是，连美国人一齐教训一顿可以不可以呢？不料您反说美国“夜不闭户，路不拾遗”，是因为崇拜大拉。美国的“夜不闭户，路不拾遗”，是因为它的政教修明，科学发达，农工业进步；不是因为崇拜大拉。美国崇拜大拉的结果是“金钱结婚，金尽则离”，和崇拜银角、崇拜铜板的卖老婆是同一个妈妈生出来的。你的附注说：“几个城市里自然还有罪恶，但乡间真能夜不闭户，路不拾遗，是西洋的普遍现状。”这种事实与您的断语，恰恰相反。乡下路不拾遗，是因为乡下人拜己胜于拜金，而且路上所遗几何，家家自食其力，简直是不屑拾此区区了。“城里还有罪恶”——岂仅是还有罪恶，简直是罪恶冲天——是因为城里人拜金，已经把金子拜到极点了。只须看看《每日新闻》所载的图财害命的案子，我们还忍劝崇拜铜板的中国人去效法崇拜大拉的美国人吗？至于您所说的那个老太婆，背着一只竹篓，拿着一根铁扦，天天到弄堂里去扒垃圾堆，去寻那垃圾堆里一个半个没有烧完的煤球，一寸两寸稀烂奇脏的破布，我所下的断语也和您相反。您说：“这种人连半个没有烧完的煤球也不肯放过，还能有什么‘道德’、‘牺牲’、‘廉洁’、‘路不拾遗’？”我说：这个老太婆顶可敬。她能利用废物。她的能力小，只能保存一个半个没有烧完的煤球，就保存一个半个没有烧完的煤球。您们能力大，能保存一个半个没有侵略完的国家，就得要保存这一个半个没有侵略完的国家啊！

我赞成您提倡人人要能挣饭吃，决不承认人人能挣饭吃是拜金主义，我所以不承认的缘故也很寻常。胡适之先生有钱的时候，我固然愿意去看他；无钱的时候，我也愿意去看他。倘使我做了“拜金主义”的信徒，岂不是只能看有钱的胡适之先生，而不能看没有钱的胡适之先生吗？此外还有一个缘故，倘使胡适之先生当真成了“拜金主义”的教主，那末有钱的陶知行固然有福气听一声“请进来”，没有钱的陶知行就要尝一尝“不在家”的滋味了。适之，我不愿意您做拜金主义的教主！倘使您以为我是“迷了心头”，还请您指点指点。

敬祝康乐！

十六年九月

注释

① 大拉　英语“dollar”的译音，意即金元。

②《硃砂痣》　京剧剧目。剧情梗概为：双州太守韩廷凤调任东平刺史，值金兵之乱，与妻郑氏及儿子玉印失散，另娶一妇。于洞房中见妇啼泣，问之，始知妇尚有夫吴惠泉秀才，因贫卖妻。韩怜之，赠银送她还家。吴惠泉夫妻团圆，感而拜谢。后适吴外出，知韩无子，代买一子携归。韩询子身世，验其足有硃砂痣，始知即为失散之子玉印，父子重逢。

附：拜金主义

胡　适

吴稚晖先生在今年五月底曾对我说：“适之先生，你千万再不要提倡那害人误国的国故整理了，现在最要紧的是要提倡一种纯粹的拜金主义。”

我因为个人兴趣上的关系，大概还不能完全抛弃国故的整理，但对于他说的拜金主义的提倡，我却表示二十四分的赞成。

拜金主义并没有什么深奥的教旨，吴稚晖先生在他的《一个新信仰的宇宙观与人生观》里，曾发挥过这种教义。简单说来，拜金主义只有三个信条。

第一，要自己能挣饭吃；

第二，不可抢别人的饭吃；

第三，要能想出法子来，开出生路来，叫别人有挣饭吃的机会。

《硃砂痣》里有一句说白：“原来银子是一件好宝贝”，这就是拜金主义的浅说。银子为什么是一件好宝贝呢，因为没有银子便是贫穷，贫穷便是一切罪恶来源。《硃砂痣》里那男子因为贫穷，便肯卖妻子，卖妻子便是一桩罪恶。你仔细想想，哪一件罪恶不是由于贫穷？小偷、大窃、扒手儿、绑票、卖娼、贪赃、卖国，哪一件不是由于贫穷？

所以古人说："衣食足而后知荣辱，仓廪实而后知礼节。"这便是拜金主义的人生观。

一班瞎眼睛、迷了心头孔的人，不知道人情是什么，偏要大骂西洋人，尤其是美国人。骂他们"崇拜大拉"（worship the dollar）。你要知道，美国人因为崇拜大拉，所以已经做到了真正"夜不闭户，路不拾遗"的理想境界了。（几个大城市里自然还有罪恶，但乡间真能夜不闭户，路不拾遗，是西洋的普遍现状。）

我们还配骂人崇拜大拉，请回头看看我们自己崇拜的是什么。

一个老太婆，背着一只竹箩，拿着一根铁扦，天天到弄堂里去扒垃圾堆，去寻那垃圾堆里一个半个没有烧完的煤球，一寸两寸稀烂奇脏的破布。——这些人崇拜的是什么？

要知道，这种人连半个没有烧完的煤球也不肯放过，还能有什么"道德"、"牺牲"、"廉洁"、"路不拾遗"？

所以现今的要务是要充分提倡拜金主义，提倡人人要能挣饭吃。

上海青年会里的朋友们现在办了一个职业学校，要造成一些能自己挣饭吃的人才，这真是大做好事，功德无量。我想社会上一定有些假充道学的人，嫌这个学校的拜金气味太重，所以写这篇短文，预先替他们做点辩护。

平等与自由

——给渼妹的信

渼妹鉴：

你的九月二号，即第一号信已经收到了。你的书法进步得多，我非常喜欢。你说要从此练字，我非常希望你成功。有志而能努力，是一定可以成功的。

大桃、小桃已经上学，甚好。三桃、四桃有你教导，我很放心。

前几天我陪张伯苓、凌济东、查勉仲[1]诸先生到西湖去游了三天，精神格外振作了。我们在刘庄看了一副对联，大家都觉得好，现在写来与你看看：

山水有清音，且向烟波容我老；
春秋多佳日，莫教鱼鸟笑人忙。

你看好不好呢？我近来也做了一副联语，自信还好，也写来请你批评批评。

在立脚点要平等；
于出头处求自由。

上联是中山先生的意思，下联是我自己的意思。脚底要站得一样齐，便是真平等。最大的不平等就是这人的脚站在那人家头上。出头处要有自由。比如树木能长到百尺的，便让他长到百尺；只能长到十尺的，便让他长到十尺。出头处有自由，才能进步，才能生存。不许人出头，或是把人家的头压下去，使得我的头看见似乎比他高些，便是侵犯人家的自由。我这副对联，得意的很。我想你一定是赞成我这个学说的。

桃红和小桃的八月廿七日的信也已经收到了，请你代我谢谢他们。桃红还有九月二日的信也收到了。

我平安康健，请母亲、纯妻和大家放心。敬祝全家康乐！

十六年九月十四日

注释

① 查勉仲　即查良钊。

停止灵隐小学之进行

——给全校指导

吕、邵、杨、马、于、韩、宋[1]诸位先生惠鉴：

今日接杨先生九月十一日来信，具见老成谋校，无任钦佩。

灵隐小学[2]停止进行，已详前函。知行所以不能忘情于灵隐小学，实缘于三年前之一念，今一触而不可遏，殊不可以理解。现毅然停止之故，说来倒很有趣。直接原因，系因为杭州情形复杂；但下意识之潜因，系由于中秋日想到学种山芋之暗示。种山芋要翻藤，所以免多处安根不能长大之弊。联想到此，所以决定停止进行。次日地主出人意外的愿以廉价出售校址，居然不为所动。今接来书，喜所见相同，决照所示步骤定以后之进行。

幼稚师范院所需经费不甚多。此事系促成于鹤琴先生。我们为吸收幼稚园人才起见，不得不一鼓作气的为他办成。幼稚园的建筑费，系前省长陈陶遗先生拨的，地点系以燕子矶请，故本校即不在燕子矶办第二院，该处幼稚园也须成立。此款交下已久，若不赶速兴工，将受社会责备。且宿舍现成，办在燕子矶，比办在别处为轻而易举。幼稚园须办三处，此系第一处，办在小乡镇。试验幼稚园、小学之联络，系可以的。战事[3]不过是暂时的现象。晓庄须加造房子，一旦有警，可以暂移。地址较低，盖房子时应将房基填高。知行所见如此，诸先生以为如何？

叔愚先生未到校来，不胜惊异。知行回宁后，当极力劝驾。现先请效春弟代表进城，劝叔愚先生住校主持一切。我们惟一方针，要集中精神将已成之事做好了再图扩充。幼稚师范院系已成计划，倘非因陆慎如先生病故，早就应该办了。照历史说，这是补办，不是扩充。

西北军[④]要用《军人千字课》，现由王琳弟代为编辑，由我指导，仍用本校民众教育研究会名义出版。续捐四千元，俟领到即回宁。

此次诸先生在枪林弹雨中维持学校勇猛前进，知行未曾稍分劳苦，至为惭愧。这种精神即是乡村教育的生命源泉，诸先生已留下不朽的令人敬爱的纪念。

敬祝平安康健！

十六年九月十五日

注释

① 吕、邵、杨、马、于、韩、宋　指吕镜楼、邵仲香、杨效春，马绍季、于振声、韩凌森和宋鼎，当时均为晓庄学校指导员。

② 灵隐小学　陶行知曾计划在浙江杭州西湖设灵隐小学。

③ 战事　1927年北伐军到南京时，孙传芳所属张宗昌部败退。至8月间，孙传芳残部渡江向南京龙潭进攻，不久被北伐军击败。

④ 西北军　冯玉祥所统辖的军队。1925年，冯玉祥任西北边防督办，所属军队驻于北京、察哈尔和绥远地区，称西北军。

人之所不见处

——给陈昌嵩、徐企周二弟的信

昌嵩、企周吾弟：

昨夜进城，姚文采先生谈及神策门遇二弟时，沈定一[1]先生回头一望说："试验乡村师范学生真的穿草鞋！"说时，沈先生面上颇表敬意。孔子说："君子之所以不可及者，其惟人之所不见乎？"吾校精神当于此种处下工夫，才是实在。二弟足迹所到之处，已将本校真精神留一不可磨灭之印痕，影响所及，决非吾人所能逆料。这段事，必是二弟所乐闻，亦即全校同志所乐闻。我们大家朝这个方向努力前进吧！

敬请近安！

十六年十月三日

注释

① 沈定一　即沈玄庐。当时在南京国民政府大学院任职。

回校与否

——给杨效春弟的信

效春吾弟：

您的九月廿九日的信，昨天才得接读。令堂暑中病危，弟应当立时回家，侍奉汤药，以慰老年人望子之情。倘使我早知此事，校务无论如何匆忙，必当让您回里一行，决无强留之理。这是弟尚未完全谅解我为人，也是我未能使弟完全谅解我，所以才有不告而行的结果。这事只可怪我，不可怪您。我们深望老太太得到您的安慰，早占勿药，使您可以回校继续工作。这是我们日夜祷祝的。

叔愚先生到开封去的影响，您是晓得的。仲香[①]先生辞职的影响，也是您所晓得的。何况吾弟与全校同志是朝夕相依，共过几次患难的人，岂有不因去就而危及学校精神的吗？您可晓得"回校与否"四个字所引起之轩然大波。全校同志精神上受这四字的打击，比受夹江战争炮声之打击还要厉害得几百几千倍。您和同学所发生的关系，只有奶妈乳儿可以比得。您一想到这种关系，就晓得同学们和我们现在所受的痛苦。

昨天，十月二日，的确是本校最可纪念的一日。一面是蔡孑民先生来校就董事长职，他深明我们的工作的真价值，他给了我们无穷的鼓励。正在乐到极点的时候，忽然接到您的信，使我们如同从希马拉雅山[②]之最高峰跌到太平洋之最深处。叔愚与仲香之影响，您是费尽九牛二虎之力，才给他恢复过来。曾几何时，您也来演他一套，我今生已不足惜，徒苦学生，何必呢？为今之计，只得家校兼顾，等到令堂康健恢复，务望迎接到晓庄同住，实为两得。总之，本校前途，至有希望。没有您回来，即不但以前工作付之流水，以后命脉也要斩绝。您是去不得的。

十六年十月三日

注释

① 仲香　即邵仲香。当时任金陵大学教授兼晓庄学校农事指导员。

② 希马拉雅山　即喜马拉雅山。在中国西藏自治区和尼泊尔交界处，海拔8848.13米，为世界第一高峰。

催效春回校歌

——给赵叔愚兄的信

叔愚吾兄及全校同志鉴：

知行昨夜回沪，拟于十八夜车偕萧山东乡教员二人回宁。民众画家许士骐先生亦约定同来指导图画，杭州艺术玩具专家王松林先生亦已快函约其于十八夜同行。倘王君同来，即须加铺位四套，嘱木匠赶速准备，十九日早晨一定到宁。

今日致效春弟信中有白话诗一首，写与诸同志一看。效春弟本校不可一日无，须全校用力始能挽留回来，请积极进行为盼。

催促效春先生回校歌

来，
来，
来，
来喂婴儿奶！
呱呱日已瘦，
奶妈莫徘徊！

十月十六日

第一个乡村幼稚园成立

——家信

母亲：

我们现在晓庄师范的生活，已经上轨道了。大家做事看书，快乐得很。新学生已经考取了八位，还有好几位要来考呢。明天幼稚园行开学礼，我们要热闹一番。儿身体虽较前稍瘦，但精神是十二分充足的。此刻天气饮食都好，每天都要加胖一点，很是可喜。

去年母亲生日，儿曾寄渼妹一书，请渼妹抄一份寄来为盼。明天开学的幼稚园，为中国的第一个乡村幼稚园[①]，是去年发愿要办出来为母亲祝寿的纪念物。所以明天预备请小学生每人吃一碗寿面。

子云弟在晓庄每日进步甚快。

现在天气凉了，前次寄来之棉袍，颇合时宜，现已上身了，舒服之至。棉被也厚，晚上很暖和。

纯妻十月廿四日之信，桃红廿三日之信，小桃廿三日之信，都收到了。我将家里寄来之信都订在一本，现在已有四本了，我希望，家里每逢收到我的信也订成本子，方不致遗失。

家中字帖，除桃红、小桃需用的之外，请一并寄到南京神策门外晓庄学校为祷。先寄几本来，随后可以慢慢寄。

敬祝全家安乐！

十六年十一月七日

注释

①中国第一个乡村幼稚园　即1927年11月11日成立的南京燕子矶试验乡村幼稚园。

活的展览会

——给晓庄全体同志

晓庄全体同志：

无情的船在一点钟内要把我带去了，面前陪着我的蜡烛，正在这里为我流泪呢。我是舍不得晓庄的，虽是暂时的离别，却是人去心不去。

行色匆匆，对于新年的展览会竟没有贡献意见，实在是抱歉得很。我想，我们应当有一个活的展览会。活的展览会，决不是以陈列馆的物品为范围，我们生活所表现的地方，就是我们展览会的地方。最好的展览品，就是我们一个一个的活人。我们大家从现在起，要把自己彻底的改造，使自己艺术化。其次，便是我们所表现的成绩：自己做的仪器、自己种的农产、自己写的字、自己画的画以及种种心灵所流露的出品。其次，就是我们的社会，我们在社会里所表现之精神。我们从社会所得的和给社会的，都可以表现我们的精神。最好的是与农民合作之事业：合种的田、合修的路、合办的消防、合享的娱乐、合编的山歌。新年时家家贴着我们学生所书的春联，岂不是一个最好的展览吗？悬赏征集乡村春联，似是应有之准备。再次，便是晓庄自然环境之缩影：晓庄地质、晓庄昆虫、晓庄野兽、晓庄鸟雀、晓庄农产、晓庄草药以及种种自然品。晓庄十八景、三十六景之照片是很有趣味的。题词要有诗意。最后乃是学校的展览品：学校历史、现状与训划。

好，船要开了。再会，再会！

十六年十二月二日

晓庄并不苦

——给文渼的信

渼妹：

您所寄之《双体千字文》[1]、《赤壁赋》[2]及《云麾碑》[3]，都是我最欢喜的。收到后，快乐之至。家中现存之帖，妹可不寄，最好是随时浏览，眼界自高了。

我们在晓庄并不苦，依我看来，生活比别的学校要快乐得一百倍。时局稍静，深望吾妹来此一游。

母亲与蜜桃近作何游戏，能告诉我听听吗？

我近来将所作论文选编一集，叫做《中国教育改造》[4]，拟付亚东图书馆[5]出版。此书系献与母亲做寿礼的，所得版税亦悉数随时寄与母亲使用。请代禀母亲为盼。

十六年十二月三日

注释

①《双体千字文》 即用楷书和草书所写的千字文。

②《赤壁赋》 宋苏轼在被贬期间游览黄州赤壁时写的赋体散文，有《前赤壁赋》、《后赤壁赋》。

③《云麾碑》 为唐开元年间书法家李邕（即李北海，扬州人）所书“云麾将军李思训碑”。

④《中国教育改造》 陶行知自编的教育论文集，见本全集第一卷。

⑤ 亚东图书馆 上海出版业中出版新书刊较多的机构，安徽绩溪人汪孟邹与其侄汪原放所经营。1913年创办至1953年停业共40年历史。

幼稚园艺友

——给纯宜的信

纯妻：

皮袍已收到，质地甚佳，袍面亦特别可爱，新年穿此，在乡间可以大出风头了。

一月一日系晓庄学校落成纪念日，将有大热闹。深望您及全家均在此同乐。幼稚园已开学，收了徒弟三人，跟着幼稚园教师学做先生，此法非常有效。时局稍静，您是可以享优先权来此学习的。

敬祝康乐！

十六年十二月三日

平等与本分

——给校工高大哥的信

高大哥：

我久想和您细细的谈一回心，只因事情太忙，不能做到，实在烦闷得很。今天在船上念到您，便要写信把我的心思使您知道。

您为人很诚实。我们大家都爱上您这一点。这是做人的根本。我希望您永久保守这个宝贝，终身做个诚实人。但是在世上做人，单靠诚实是不够的。诚实之外，还要尽本分。我们学校里，各人有各人要尽的本分。您的本分是按着一定的时候挑水、烧锅、买菜、清理厨房和别的粗工。做这些事您应当受主管人的调度。

您现在最大的一个毛病便是顽皮，不受调度。您应当痛改。我们主张人类平等：校长和校工一律看待，吃一样的饭，一样的要尽本分。校长不尽本分，校长的饭碗便要打破；校工不尽本分，校工的饭碗也是要打破的。您可知道，这次他们开会限我二十一日前要回校，若是过期不到，连我也要受罚。您看厉害不厉害？大家能罚我，难道就不能罚您吗？我们不愿意受罚，便须尽本分、听调度。我现在不在学校里，一切由赵先生[①]作主。他要您听谁调度，您就听谁调度。

自己的本分尽了，还得用空闲的工夫帮人的忙。您帮人家忙，人家也愿意帮您忙。倘若人家请你帮忙，正在您不能放手的时候，也要和和气气的对人家说明，不可发茅草火的脾气。

您倘若诚实到老，尽本分，听调度，帮人忙，和气待人，那您便是我们晓庄理想的校工，也可以说是校工中之圣人，保您有个铁饭碗，永远打不破。您要不信我的话，那便是瓷器饭碗，随时可以打破的。我相信你是世界上一等好人，一定是肯听我的忠告的。

现在船已靠岸，不能多写。我身体精神都好，请可放心，但时常念着您和晓庄同志。好在只有十六天就可以回来了。再会，再会。

祝您和大家安乐进步！

十六年十二月五日

注释

① 赵先生　指赵叔愚。

到开封去

——给晓庄同志的信

晓庄全体同志：

知行等在郑州候车约两天，于十一晚七时乘民团军兵车赴开封，夜十二时到。此车系该军执法处处长交涉四天得来的。我们三人和处长同在露天铁棚车里坐着谈笑，头上戴着惨淡的明月，脸上刮着锐利的霜风。行军的滋味，得尝万一，实我生一大快事。谈了一个多钟头，疲倦了想打瞌睡，便运用“在劳力上劳心”的法则，把马褂脱下，将脸儿罩住，坐睡到开封。在这种环境之下，能够睡觉，是我一生最大的福气。许、孙二先生眼睁睁地一刻儿也不能闭，只是餐风茹露到汴梁，比我是苦得多了。

这晚住天成栈，仿佛那年杜威先生游泰山时所住的小客栈一样的有趣。店伙引我们到一间屋里去，才踏进门，正碰见一位老者拿着鸦片烟具全副走出来，知道我们今晚所住的房间是这位吸烟老人让出来的。房里是充满了乌烟气。假使我们住在这里一个月，天天惯吸此气，那末回到晓庄，必定要打哈、流鼻涕，一身软得不能动了。后来我们觉得房小人多，有移民必要，于是我就自告奋勇换到另一间小房里去。房里也有灯光，不是美孚灯，乃是本国道地货——乌烟灯。这样，我过去了一晚。

昨早进城，中山门上写着：“一文钱都是百姓的血汗，不准妄用。”我认得这是冯焕章①先生的手笔，这才是真的革命精神啊！

我现在正在这里办即日南下的交涉。深望远叨诸同志宏福，早日突出重围，好与诸君商量过年。

敬祝康乐！

十六年十二月十三日

注释

① 冯焕章　即冯玉祥。

乡村教育入川

——给四川铜梁县县立农村师范彭选三先生的信

选三先生：

今日接读十二月二十七日大札，令人喜出望外。知行虽然没有面领过教益，但一读先生的信，便知道先生进行乡村教育具有百折不回的精神，心里十分钦佩。先生在第四小学内附设师范讲习所，系为空前之创举。依传统派学说，只有师范附设小学，那有小学附设师范？前年知行著《中国师范教育建设论》，内曾有“优良小学之所在，即师范学校之所在”的梦想，如今先生竟化梦想为事实，知行恨不得插翅飞到四川一观规模。

先生问一百万人已足额否？我们自始主张自然发展，现在尚不足千人。我们以至诚之意欢迎先生加入这个小小的团体。

今天早晨未接先生的信之前，有川友数人来校参观。知行与谈乡村教育，以为中国地方广阔，民情各异，必须多立试验中心，以资研究，方能推行无弊。若以一种方法施之全国，便难免削足适履之讥。知行当时表示，四川一省至少有一个试验乡村教育的中心。倘要真正适合川东、川西、川南、川北的情形，恐怕一个试验中心还不够咧。即以敝省而论，适于皖南的办法，未必适于皖北。江苏的江南和江北也不宜一律，浙东浙西也须分别试验，方能适合各地之实际生活。贵校成立不啻为四川第一个试验乡村教育的中心之成立，我们一方面要为先生有志竟成庆贺，一方面还要为四川四千六百万的农民前途庆贺。

先生要我们代为物色一位指导员，既承雅嘱，自当介绍。但此地同学到四川去服务，有两种不甚方便的地方，一是地方情形不熟，不能适应实际生活之需要。二是离家太远，怕难久于其职；任职既不能久，自难见效。有此二难，所以与其请此地教员到四川去，不如请四川教员到此地来。我们现在有一种艺友制，倘大学程度毕业生来校学习半年，即可襄办乡村师范。他从四川来，应知四川事，便可拿四川的乡村教育问题来搜集或共商一个解决的入手办法。只须所选的人愿与农民共生活、同甘苦，视最下层工作为最上层的工作，以最细微的事业为最伟大的事业，继续不断的用心努力，必定可以成功。万一贵处找不到相当的人，敝处或者可以就近代为物色一大学将毕业之学生，到晓庄学习半年，回川服务。但这是迫不得已的办法，最好系由先生从川中派人来学，方为实在有把握。此人来后，再以朋友交谊，邀约同志一二人一同赴川为事当较易。愚见如此，不知先生以为然否？

《乡教丛讯》不全，现拣尚存者尽数奉上，以后陆续寄呈。

乡村教育现尚在萌芽时期，尚望时赐教益，俾得进展，实不胜祷盼之至。

敬颂年禧！

十七年一月二十四日

介绍一件大事

——给大学生的一封信

我最敬爱的同学：

人生为一大事来，做一件大事去。我现在愿向诸位介绍一件大事。本来事业并无大小：大事小做，大事变成小事；小事大做，则小事变成大事。小人居高位，如在厅里挂画像，挂得愈高，愈见其小。我们试把一部《二十四史》[①]从头数，便知道有多少人是把大事小做了。巴士德当初研究那人眼不见的微生物，便好像是一件很小的事情。但是等到痨病虫发现以后，因他得救的人足足可以装满一个南京城。这是小事大做的效果。

我所要介绍给诸位的也是一件小事，不过诸位要将他大做起来，也就可以变成一件大事。请看，三家村，五家店，当中办了一个小学校，在这个小学校里面当一个教员，初看起来是何等一件小事。有许多人简直当他为一件不得已而为之的职业。但是一个小学校，少则有一二十位学生，多则一二百。老百姓送他们进学校，便是不知不觉地把整个的家运交付给小学教员。小学教员教得好，则这一二十、一二百家的小孩子可以成家立业。否则，变成败家子，永远没有希望了。所以小而言之，一个小学生之好坏，关系全村之兴衰。国家设立小学，是要造就国民以谋全民幸福。因此，全民族的民运都操在小学教员手里。德国战胜法兰西，归功于小学教师，这是人所知道的。中国之所以受不平等条约的束缚和帝国主义之宰割，追到根源，也要算教书先生为罪魁。这也是我们所不能否认的。所以小学教师之好坏，简直可以影响到国家的存亡和世运之治乱。我记得一个土地庙前写着一副对联说：“庙小乾坤大；天高日月长。”小学校便有如此气魄。

这都是说小学虽小，是应当小题大做的。但是为何想到诸位头上来？说穿也很简单。要想小学办得好，先要造就好教师；要想造就好教师，先要造就办师范学校造就教师的教师。中国以农立国，住在乡村的人民占全人数百分之八十五，约计有三万四千万。乡下学龄儿童以四年教育计算，约有三千四百万。每位教师教四十小学生，全国便要一百万小学教师，其中乡村教师就要占八十万人。用九年工夫训练这些乡村教师，便要二万八千位乡村师范指导员；用三年工夫训练他们，便要八万五千位乡村师范指导员。晓庄学校已经决定，自本年秋季开始乡村师范指导员之训练。我们很希望抱着兴味的大学生看清国家未来的需要，早日下乡来和我们共同挑起这个担子。晓庄学校对于诸位没有多大贡献，但在下列四件事情上，情愿尽心竭力帮助大家进修：

（一）生活农民化　我们做乡村工作的人，必先农民化，才能化农民。我们与农民共生活同甘苦，才能了解他们的困难，帮助他们解决。这是《大学》“新民”的道理，我们可以引导大家实行的。

（二）学术儿童化　乡村师范的职务，是训练小学教师；故他的指导员和普通中学的教师不同，必须明白儿童生活才能胜任。诸位所学的高深学问，必须向儿童需要折腰。儿童是诸位的总指导，我们只是儿童的助手。

（三）团体行动纪律化　我们民族最大的病根，是数千年传下来的无政府脾气！那凿井而饮、耕田而食的农民，连团体里都充满了这种脾气。要想铲除这个病根，非有严明的纪律，则一盘散沙之民族断难幸存，我们可以帮助大家，放弃个人的自由，以谋公共的幸福。

（四）建设工作下层化　种树栽花，要下面可以安根，上面可以出头，才有活的可能。人生如此，立国也如此。但有好些人只顾向上出头，忘了向下安根，所以枯死。我们应当明白，最下层的工作是最重要的工作。这种工作，又须彻底去干。一次，工人为我们凿井，没有挖到泉下就中止了，临行，要我写字送他。我就送他八个字："下层工作，务须彻底。"我们愿意同大家一齐下井，挖到活泉与止。

我们中国已经堕入老八股和洋八股的深渊里。抱着伪知识当宝贝的人，譬如在水里向着反光跑，愈跑愈近死路。惟有放弃虚光，才是走向生路。诸位如愿加入我们的团体，和我们共找生路，我们的诚恳请求是："出空脑袋里的伪知识。"我们又要报告我们并没有什么真知识奉送诸位。真知识是要自得的。但必须出空伪知识，才有获得真知识的可能。这是我们欢迎大家下乡时所要特别说明的。

十七年八月十五日

注释

① 二十四史　清乾隆时，《明史》定稿，诏刊出廿二史，又诏增《新唐书》，并从《永乐大典》中辑出薛居正的《旧五代史》，合称二十四史。

武八股

——给冯焕章先生的信

焕章先生：

承派刘队长及六位同志多方指导，至为切实得益。人只知道中国有文八股，不知他还有武八股。寻常学校中，学了数年军事，立正、开步、举枪、行礼般般会，遇了土匪，已是闻风而逃，还谈得到御外侮吗？学军事比如学吃饭。从前军事功课好比是学举杯敬客，虽是拂桌、正位、倒酒、打躬、作揖，无一不能，但于充饥渺不相关。这叫做武八股。我们昨天一天便学会了拆枪、擦枪、装枪、打靶，甚至于民团与土匪野战以及守卫进攻的方式，都大略知道了些。这好比是外国客人初吃中国饭，上了桌，非学会拿筷就要挨饿。他虽把筷子拿得三不像，但是只要他努力，能把筷子和饭送到嘴里，便可以吃饱。他学的虽有限，但不是空架子，乃是真本领。我们虽不能步伐整齐，但是土匪来了，便可以拿枪瞄着他们大胆射击。我们从刘队长及六位同志那里学来的，不是武八股，乃是真本领。这是要向先生申谢的。我们办晓庄学校的宗旨是要提倡真知识打倒文八股。昨天才知道，文八股之外还有武八股。这是要希望先生把他彻底腾翻地干掉的。

晓庄军事训练开办伊始，深望借一军事家，指导数月。如蒙明日同来，尤为感激。

敬祝康健！

十七年八月十六日

附　录

文言信六通

小学理科

——给吕镜楼先生的信

镜楼先生：

惠书及理科仪器目录、五六年级小学理科讲义，均由小儿桃红交到。捧读之余，至为钦佩。

日前参观先生教课，处处能引学生入胜，叹为生平所未曾见。画家有化工，先生之理科教学非化工而何？翌日即请科学考察团李耀邦、钱雨农、祁天锡、窦维廉、波林诸先生趋前参观，亦有同感。儿童好奇，科学教育应从儿童时代下手。知行十年前即怀此见解，不图于偶然间得遇实行之同志，幸何如之！

小学理科之不振，其故在小学教员漠视科学，而自命为科学家者，中学科学尚不屑谈，何况小学！先生之所成就，实足以矫正小学教员与科学家之夙习。小学与科学四字得联为一个名词，先生之努力实有以成之，可贺，可贺。

京中同志主办之《新教育评论》[①]定于月初出版。拟请先生作理科教案一课，将该课之教材、教具、教法，依据上课时之次序，述其始末，以资全国小学教员之参考，即用知行参观之《游泳》一课亦可。如蒙俯允，最为感祷。

专复，敬颂诲安！

十四年十一月十四日

注释

①《新教育评论》 教育周刊。1925年底创刊，主编有陶行知、赵迺传、高仁山、王西徵等。

退学的理论

——给安徽公学退学学生的信

高级中学上期二年级退学诸生[①]鉴：

顷接来书，知爱校情殷，至为可喜。惟存心虽善，手段未择，爱之适以害之，滋可惜耳。书中所述与级长六月底所陈，大致相同。其中主要事实，则教务主任已于事前向余详细报告矣。余对于诸生之遭遇，深致悲悯。但退学之判决，未能稍有变更也。

余受董事会之付托，依校章而招生；诸生受父兄之命，志愿之使，依校章而入学。故校章者，实学校所与立之大本，而余与诸生共守之约言，非经法定手续，莫能擅废。学期之终，必缴成绩，此校章之要求也。今诸生到期而相约不缴成绩，则是擅废校章矣。为之校长者，坐视而莫之睹，或既睹而莫之正，则亦擅废校章之人矣。何以对校章，又何以对董事会之付托耶？

然以事关诸生前途，不忍独裁，爰召集校务会议，付诸公论。诸师长皆赞成退学。持异议者一人。其人为谁？即诸生所反对之教员也。彼盖不忍以一人之功课，累及诸生之前途；殊不知此犹有人我之见存，而未尝为学校大本计也。

询谋佥同矣，然以事关诸生前途，不忍不为诸生设身处地以想。余尝自问：使级中有吾亲子弟者，将何以处之？使全级皆吾亲子弟者，又将何以处之？余曰：退学无疑也。何以故？曰：学校遇此大故而不能纠正，则是校格破产，吾子弟所身受之教育，可知矣。即学校敷衍，余必令吾子弟退学，如避蛇蝎。苟学校而欲纠正之也，则是吾之同志，余安忍不以子弟退学为不幸中之幸事耶？余为良心所驱使，岂能效乡愿之行，而以姑息误诸生哉！

来书以退学比枪毙，未免过甚其词。退学虽为校中最重之处分，但细察之，不过解约而已。诸生不肯依章求学，实为解约之发动者；校长依章令诸生退学，实为解约之完成者。国内中学多矣，优良者亦不少，转校升学，不无机会。诸生经此一番挫折，因而困心衡虑，发奋向上，前途正未可限量。勉之！勉之！

来书陈述校内情形，颇有见地。其应行者，或已见诸实行，或在计划进行中，或未曾想及。要之，余必尽力所及，循心所安，与诸师长谋其实现，以无负于父老昆弟之雅望。吾校虽病，病在皮肤；苟能诊断及时，调养得宜，不难恢复康健，以期有为。幸董事贤明，全校协作有加，改革之业，必当进行无已，虽百折而不回。余方以安徽公学为大前提，个人之毁誉、利害、成败皆所不计，好恶、亲疏、恩怨之见，更无所容心。至于来函责备之辞，有当改之，无则加勉。嘉言良药，益我甚多。愿申谢意，并志不忘。

十五年八月二十日左右

注释

① 1926年上半年，南京安徽公学高二学生因不满语文教师方园甫的教学，采取了驱逐、罢考等行动，被学校勒令全班退学（高二仅一个班）。事后，退学诸生致函陶行知请求复学，此信为陶的复信。

劝南开大学开办小学

——给张伯苓先生的信

伯苓吾兄惠鉴：

昨日到津，适为贵校举行二周年纪念之第一日，荷蒙仲述兄引导参观，如登泰山观日出，一脉清新朝气，令人发奋忘食。公以半生心血经营南开，中学、大学相继成立，皆别具精神，卓有可观。弟髫龄稚子，犹未沾公时雨之化，不为无憾。此必已在夹袋计划之中，知行愿观厥成，故请兄速设小学校及幼稚园，以慰同志之渴望。吾兄笑而不答，甚似默许，喜也何如。知行近年考察小学以百计，如燕子矶小学者，北方尚未经见，今欲引燕子飞渡黄河，遍访人间院宇，非南开不足以托庇。倘先生有意于此，则二十五周年纪念时，我公掀髯谈笑，听幼儿唱歌，观幼儿舞蹈，受幼儿庆祝，当别有一番乐趣也。

专此布达，藉申贺悃。敬祝继往开来。

十五年十月十六日

惟有学校负社会
没有社会负学校

——给宋调公先生的信

宋主任[①]鉴：

按读大札，敬悉《新教育评论》所载《天将明之师范学校》一文业已达览。

承嘱代筹二百元为增加设备之用，自当竭其绵薄，以副雅望。兹拟由敝社及教育厅合筹此款。敝社所任一百元当即通知洪范五先生尽先拨发。教育厅一百元即拟函请江厅长[②]设法筹措，谅想可达目的。凡事只要有精神，不怕没有钱。贵校只须秉着已往精神，毅然前进，社会赞助必可源源而来。就弟所见，中国兴学三十年，惟有学校负社会，没有社会负学校。吾辈办学只求自己无负学生，无负国家，必能得到社会的同情。贵校前途远大，不胜祷祝。

专此敬复，并请诲安！

十五年十一月七日

注 释

① 宋主任　即宋鼎，字调公，时任南京尧化门小学教务主任。

② 江厅长　指江问渔。

乡村幼稚园之需要

——给陈省长的信

陶遗[①]省长赐鉴：

日昨为创设乡村幼稚园事，曾上一书，说明方针、办法及请求补助之意，谅已达览。今尚有未尽之言，请为我公陈之。

村中生活，随农事为转移。农忙之时，村中妇女或须下田工作，或需准备茶饭，无暇照料幼儿。此时年龄稍长之兄姊，为小农生计所逼，亦须襄助农事，不能充分陪伴弟妹。故农忙时，乡村幼儿实为大累，父母徒唤奈何。村中有小学者，父母有时竟欲以之付托乡校管理，其校长、教员或因学校原无相当设备，或存“教师非保姆，学校岂育婴”之见，辄严词拒之。苟校中明了六岁以前为人格陶冶最紧要之时期，物色相当之人才，设备相当之工具，以应此天然之需要，则其造福村儿，便利农民，岂有限哉！乡村小学夺农民之助力，共势逆；幼稚园予农民以便利，其势顺。势逆者难办，势顺者易成。倘所办幼稚园能成为平民的、经济的、适合国情的组织，则一方提倡，全国响应，幼稚教育且先小学而普及矣。

夫普及之计，端赖人才之培养。乡村幼稚园试办有成，即进而谋师资之训练，期在招收村中资质聪明、同情心富厚之妇女，教以试验成功之结果，则薪俸之给，可以适合乡村财力，一切设施自不难持久，且可为乡村妇女辟一职业之新途径矣。岂非一举数得哉。

今各种准备已有把握，所缺者，惟开办费之七百元而已。务请在预备费中拨给，以便即日兴工，克期开学。如蒙俯予照准，则全国儿童幸福及乡村生活，不难开一新纪元。甚愿我公有以成之。

方今政局混乱，杀机正盛，人民救死不暇，知行乃进此迂缓之策，颇似不知时务，故惟有德者能闻之，不足为他人道也。

专此奉商，鹄候复音，敬请

钧安！

十五年十二月

注释

① 陶遗　即陈陶遗，时任江苏省省长。

请试就小学办师范

——给潘一尘先生的信

一尘[①]吾兄：

试验乡村师范之主旨，系就小学办师范。故优良小学所在之处，即优良师范所在之处。当日侯保三先生之建议，弟顷刻不能去诸怀。以愚见度之，开原小学就现在情形而论，只须加农事教员一人，即可附带训练师范生十人（贵精不贵多）。开原小学根底甚厚，弟甚愿兄与仲怀[②]先生一商。倘兄等以为然，弟愿助一臂之力。前日与江厅长[③]谈论师范教育改革方略，偶而论到此意，江厅长甚以为然。改革乡村学校，专靠观摩，收效甚迟。必须优良小学皆起而量力训练师资，则优良小学之种子可以布满大地矣。或以为与三师分校重复，弟以为从小做起，正可以补三师分校之不足；而两校在实际生活教育上竞进，尤能令人奋发，打消暮气，未始非无锡教育前途之幸事。是否有当，务请与仲怀先生熟商示知。时机未熟前，尚希不必宣布，免起误会。

县立师范经袁公[④]提倡，已有五十处之多。江宁为四师分校所在之地，而有江宁县立师范，则无锡援例设立，实有充分之根据。不识吾兄以为然否？

专此奉达，敬请新安！

十六年二月九日

注释

① 一尘　即潘一尘，当时任无锡开原小学校长，晓庄小学主任，晓庄学校指导员。

② 仲怀　即蒋仲怀。曾创办开原第一小学。当时任无锡县教育局局长。

③ 江厅长　指江苏教育厅厅长江问渔。

④ 袁公　指袁希涛，字观澜。

集外书信

劝母游山健身[1]

——致母亲

母亲膝下：

敬禀者，濬自到基尼法湖，身体又强壮了许多。后日回校进夏季馆。务望母亲每日下午偕纯妻、渼妹到山上游游。山上空气清洁、益肺、通血脉，常游必壮。务请垂听为要。

肃此，敬请

金安！

儿　文濬[2]敬上

后影摄于基尼法湖滨支加哥大学所设之天文台上。

注释

① 此信是陶行知在美国伊利诺大学研究院学习时写给母亲曹翠仂的信。约写于1915年夏季。

② 文濬　陶行知原名文濬。

敦请杜威来华讲学

——致胡适

适之吾兄请看：

三个礼拜前听说杜威先生到了日本，要在东京帝国大学[①]充当交换教员，当头一棒，叫我觉得又惊又喜。为何惊呢？因为我两三年后所要做的事体，倒日本先做去了。既而又想到杜威先生既到东方，必定能帮助东方的人建设新教育，而他的学说也必定从此传得广些。且日本和中国相隔很近，或者暑假的时候可以请先生到中国来玩玩，否则就到日本去看看他也是好的。想到这里，又觉得大喜了。所以即刻就把这事和郭先生[②]谈了一下，当时就决定由他经过日本的时候当面去请。现在又有你欢迎的信去，我看杜威先生十分有六七分能够来了。我不久也要写一封信去。总而言之，这件事我们南北统一起来打个公司合办，你看如何？上海一方面等写信和省教育会商量之后再看下文。

《新中国杂志》[③]发现很是件好事，看来信的笔气似乎是由老兄主持的，若是果然如此，那我就勉力去做一篇《杜威的教育学说》[④]以副厚意。不过四月一号以前就要交卷，却没有十分把握，万一第一期赶不上，第二期一定寄来。

前几天报上有个谣言，说你什么要出北京大学[⑤]，我们正在预备写信欢迎你到南方来，哪晓得报上又有更正的新闻了，可惜可惜。

陶知行写

三月十二日

注释

① 东京帝国大学　日本国立大学。1877年成立于东京。

② 郭先生　即郭秉文。

③《新中国杂志》 创刊于1919年5月，至1920年8月停刊，共出2卷，每卷8期。

④《杜威的教育学说》 载1919年3月31日《时报·教育周刊·世界教育新思潮》，第6号。

⑤ 北京大学　1898年创立，初名京师大学堂，1912年改名北京大学。

杜威将来华讲学

——致胡适

适之吾兄：

现在有一件可喜的事，一件可悲的事报告：

今日接到郭秉文先生的信，他说到日本已经见过杜威先生，杜威先生并不是帝国大学交换教授，不过游历的时候带着演讲就是了。郭先生请他到中国来，他就一口答应，说四月中就可到中国，打算游历上海、南京、扬子江流域，一直到北京。杜威先生曾发表他的意思说，除今年之外，还愿留中国一年。既然有此很好的机会，这一年光阴自然不能轻轻放过。怎么办法，要等郭先生和哥仑比亚大学[①]商量后才可定当。杜威先生到华接洽事宜应由北京大学、江苏省教育会、南京高师[②]三个机关各举代表一人担任。敝校昨日已推定兄弟担任此事，请老兄和蔡孑民[③]先生商量推举一人，以便接洽。附上敝校所拟办法数条，请与蔡孑民、蒋梦麟、沈信卿[④]三先生（蒋、沈二君现在北京）磋商，并请赐教。杜威先生来期已迫，请从速进行为要。杜威先生通信地址一纸，请留存尊处。

可悲的事就是许君怡生〔荪〕已于二十二日下午逝世，病是Influenza（流行性感冒）转为Pneumonia（肺炎）。自去年此病发现以来，朋友中因此逝世的，中外共计已有七人了，真是可惜得很。上上星期六日河海工程学校[⑤]开四周纪念会的时候，还见过一面，当时面容并无病状，弟于二十二日下午从上海回来始而闻他病重，不到一刻，电话就报他的死信，真是当头一棒，叫人吃惊，丧事已由孟邹[⑥]先生来宁主持，老兄得此不幸的消息，也免不了伤感一番。

陶知行谨启

三月卅一日

注释

① 哥仑比亚大学　美国著名私立大学。1754年成立于纽约，原名皇家学院，1912年改现名。陶行知于1915年秋至1917年夏，在该校师范学院教育系研究部学习教育。

② 南京高师　即南京高等师范学校。后并入东南大学。

③ 蔡孑民　即蔡元培。

④ 沈信卿　即沈恩孚。

⑤ 河海工程学校　现为河海大学，校址南京。

⑥ 孟邹　即汪孟邹。

附：杜威来华接待事

——致胡适

适之：

麟今晨自杭归，你的信都收到。知行亦自宁来沪。今先将徒威（即杜威——编者）的办法回答你，他事另函详。徒威留一年，甚好。南京、上海方面准合筹四千元。来信所谈计划，我们极赞成，照办就是了。

知行
梦麟　同启

六月廿四日

须做一番明辨功夫[①]

——致胡适

适之吾兄：

我们现在对于皖事[②]，黑幕固要打开，好人也要顾全。近来各方议论纷纭，不免有颠倒是非、偏于刻薄的危险。北京《安徽旬刊》颇有价值，但近来有人利用，中伤善类。务请转达主持诸公，以后对于各处来信，须做一番明辨功夫。因为善恶不能分明，一切效力都要失去了。譬如三中校长是知行保荐，成了事实之后，再四敦劝，方先生[③]才允担任。他何尝去运动？我们保荐他，是纯粹为教育的，并不是为私利的。方先生去后，高师如失左右手，是牺牲的，并不是争权的。我以后当有信来为他更正。

知　行

十一月八日

附上《北京大学沿革》抄写费洋四元，乞检收，请付收条壹纸，以便报销为荷。

注释

① 胡适收到此信后，即交《旬刊》，并附说明："《旬刊》记者：我接到陶知行先生来信一封，说的很诚恳，故送上请你们看看，不必登出。"

② 皖事　指1919年5月中旬安徽歙县省立第三中学师生响应五四运动，奋起驱除督皖军阀倪嗣冲的爪牙、省议会副议长徐承祐任校长一事。

③ 方先生　指三中校长方新。

抄送关于运动会经费办法

——致刘伯明

奉函敬悉。兹将关于运动会经费办法摘录如下。此上
刘伯明先生

陶知行启

五月廿一日

细则第三项

三、经费　会计据条发款，条上须队干事会长及运动会主任指导签名或评议部盖章

会员每人每年纳会费一元

本会款项与校中款项独立，另行登录，所有账目每年稽查一次，评议部可随时检视

与其攫取人之所有不如培植己之所无

——致郭秉文

秉文先生惠鉴：

昨日行政会议时，闻吾兄已决聘请南开教员钟心暄先生。仔细思量，颇有不安于心者，谨专奉于后，以资参考：

一、吾辈为国家造就人才而办高师，伯苓[1]先生亦为国家造就人才而设南开，同一为国植才，则得于本校而失于南开，故以全国目光观察，此举实属无补。

二、个人应顾全友谊，机关亦应顾全友谊，近而金陵以地方关系，远而北大、南开以宗旨关系，其感情皆当维系，而不容丝毫之损伤。

三、此数校之教员来去，应由自决，而不由一方面学校发动。

四、增加教员，与其攫取人之所有，不如培植己之所无。

知行当此事初发动时，曾已进言，雅不愿以此种言论，屡烦清听而招误会。但逼于爱学校爱知己之心，故敢一再直陈，可挽回则挽回之，不可挽回则作将来之参考可也。邹君办事热心，力图发展，实属不可多得，但总以积极扩张而无损于他校为是。

陶知行启

十一、廿七

注释

① 伯苓　即张伯苓。

请转郭秉文先生裁夺[①]

——致张企文

奥西亚[②]君之介绍如何，最好将此信转送郭秉文先生裁夺。以知行度之，东南与南高[③]一时不须此项人才，即有需要，财力亦难顾到。此复

企文先生

知　行

注 释

① 此信写于1920年冬。

② 奥西亚　亦称威廉士，菲律宾军营学校监督。

③ 东南与南高　指东南大学和南京高等师范学校。1922年9月两校合并，改称国立东南大学。

荐王伯秋主持皖省教育

——致胡适

适之吾兄鉴：

皖省同乡及当局为改革教育事，屡嘱知行回乡服务，知行以现任职务关系五年内不能他就之意谢绝。但皖省教育确有彻底改革之必要，当此人才缺乏之际，不必限定用本省人，借材异地亦无不可。伯秋兄办事魄力，皆为同侪素所钦佩，若得王君主持皖省教育，而吾辈用全力以为后盾，则三年之内皖教育行政必大有可观，吾兄卓识以为然否？如蒙与王抚五、高一涵二先生及京中同乡熟商赐复，尤所祷盼。肃此，敬候复音。即请

教安

陶知行启

二月廿八日

有关暑期教务工作数事

——致郭秉文

秉文先生惠鉴：

知行明早送舍妹到牯岭养病，须一星期始克返校。暑期校事已托孙李二先生进行，将来能以洪芬先生为主任最佳。就事实上论，舍妹如此情形，知行虽尽力，势有不可。故对此事务请从速发表为荷。

教育科毕业生已由科中印刊。教学概况不日发给各省。参观定廿日举行。欢迎门罗[①]先生事由陈鹤琴先生主持。小学教育讲习会由王伯秋、俞子夷先生主持。临时如有事发生请廖茂如先生代决。

东南大学基础已拟有头绪。尚有说明数种，在船上作毕寄吴夷则先生付印。

门罗先生到时恐赶不及欢迎，请代致意，并请力留一年。如不能半年亦可。经济方面教育科如新预算通过，可以尽力设法。再加以公共之款当无困难。

凌冰先生到沪时（十一日），务请极力敦请来宁，以速决为上。法政学校原请其夫人担任英文教员。月薪百元，合附中，共百八十元。现以凌先生不能即定，法政已请他人，但中学仍如前议。凌冰夫人有否他法可设，请竭力谋之。盖其夫妇必同时有事始能屈就也。

门罗先生到沪后，请用下文电陈鹤琴先生，以资准备。

南京高师陈鹤琴门罗　日　午　时抵宁。“大”或“尖”。郭。（如可留宁一日，只开会一次，则用“大”。如可留二日，则大小会均可开，则用“尖”。）

模范村事，陈君托请积极进行。

知　行

六月六日夜

注释

① 门罗　即孟禄。

关于商借教员问题

——致刘伯明

伯明吾兄：

北京高师急需植物学教员一人，已亲向邹秉文先生商量借聘钱崇树先生一年，事关国立学校之联络，如能办到，甚为幸事。务请与邹、钱诸先生一商，速即回李湘宸先生一信为荷。专此。敬请

暑安！

知行启

十一年八月三日

敦请先生加入义务教育组

——致郭秉文

秉文先生惠鉴：

敬启者，前因年会分组会议事，敦请先生加入义务教育组，会同讨论，当荷慨允，至为感激。但分组会议之成效，全视事前之准备如何为断，务请先生对于该组讨论事宜，加以特别注意，并提出关于该组教育发展之具体计划以为讨论之底本。事关重要，务希俯允担任。

专此奉恳。敬候

台绥！

陶知行拜启

十一年十月

请提出高等教育发展之具体计划

——致郭秉文

秉文先生惠鉴：

敬启者，前因年会分组会议事，敦请先生加入高等教育组，会同讨论，当荷慨允，至为感激。但分组会议之成效，全视事前之准备如何为断，务请先生对于该组讨论事宜，加以特别注意。两个月前，曾请先生编制关于高等教育之图表及撰著报告一篇，谅已将准备完竣，最为欣幸。兹更有请益之处，即拟请先生在分组会议中提出关于该组教育发展之具体计划，以为讨论之底本。事关重要，务希　俯允为荷。

专此奉恳。敬候

台绥!

陶知行拜启

十一年十月

吾校不能落人后

——致郭秉文

秉文吾兄：

留汴一星期，眼看开封种种革新运动，殊为可慰。但此刻冯督[1]忽有更动消息，则此种种新事业转瞬又将化为陈迹矣，可叹。东南大学、南京高师社费二四〇〇元，现在只缴过八百元，照比例到十月底应缴到二〇〇〇元，所欠一二〇〇元，务请尽月底补足。现在北高已缴足四分之三，吾校似不宜落人后。前承允将改进社社费与本校经常费一样看待，自是办法。万望照原议按月二百元发，寄南开大学张伯苓先生手收为荷。知行拟十一月四日启程回宁。

陶知行启

十一、十、二八

注释

① 冯督　指冯玉祥，时任河南省督军。

关于筹措东南大学经费问题

——致郭秉文

秉文吾兄：

奉书敬悉一是。汤尔和先生处，知行今日即去奉访。顾少川[①]先生处，拟即约期晤谈。亮畴[②]先生近来牢骚满肚，有否面见必要，俟见少川先生后再定，或竟托少川先生进言，亦无不可。此事有三个难关：一是汤君肯否提出阁议；二是内阁中如王、罗[③]诸公均不甚满意汤，王固不致反对东南大学提案，罗恐不能谅解，汤提案件，恐难免受其攻击。汤或预料及此竟不提出，亦未可知；三是值百抽五之关税，原为归还外债之用，彼时能否得外国债主之谅解，为又一问题。

对于第一关，知行拟向尔和先生说明东南大学提案能助其通过第三关之种种理由，及预为疏通阁员，不致反对提案。

对于第二关，拟请少川先生担任疏通罗钧任，大概财政总长如不反对，即不致有变。万一其他阁员有疏通之必要时，即请适之疏通孙汉尘先生，膺白[④]疏通张绍曾先生，已得多数了。

对于第三关，应由我辈作有计划、有系统的宣传，向美英二使说明教育费之用途，将东南大学的成绩向国内外报告，农科、商科最有关系。因事不能再写，再谈。

陶知行

十一、二

注释

① 顾少川　即顾维钧，时任北洋政府内阁阁员。

② 亮畴　即王宠惠（1881—1958）。

③ 王、罗　指王宠惠、罗钧任。

④ 膺白　即黄郛（1880—1936）。

附：郭秉文致陶知行函

知行吾兄鉴：

径启者，弟本定于日内赴京，浃洽一切，刻以筹措经费，不克成行，殊为怅怅。本校本年增加预算数，拟请教部比照北京八校先例，于关税实行值百抽五以后，在增加之税入项下拨充一事，业已正式呈部，请其核准。望兄且缓回南，代弟与王亮畴、顾少川、汤尔和诸公浃洽，从速提出阁议，并将进行情形，随时报告，是为至感。呈稿抄送一份，希即察阅。

顺颂

旅安！

弟郭秉文谨启

十一年十一月卅日

访财政总长洽谈经过

——致郭秉文

秉文吾兄：

昨晚六时，到罗宅访钧任先生，目的在请他接到教部咨文后，即分令四省财政厅筹措本校经费，并看他对于本校经费的态度。我到时，他还未到。听说他当晚有二、三个饭局，赴饭局前，他除我以外，还有两个客人要会。预料这次谈话必非常匆促。过了一刻钟，他到了，急躁得很，先见廖茂如[①]先生的令兄，次见我，我之后还有一位。我进他的房，他就很急很急问我："东南大学在哪里？"我说："在南京。""中央政府设立的呢，还是江苏设立的？""国立的。""经费由中央直接发呢，还是江苏拨过去的？""经费是应当由江苏、浙江、安徽、江西四省分任的，但现在只有江苏一省出过钱，其余三省，还没有出钱。""那三省恐怕没有承认吧？""照阁议通过的决案，三省是应当承认的（说到这里，他又要插上来问，我是到现在还没有机会说明来访他的宗旨，我不得已抢着继续说下去）。我此来拜访的宗旨就是今年阁议通过的五十四万当中，只有江苏的十八万靠得住，其余的三十六万应由中央另筹的款（没有提及值百抽五之事，因在此情形之下，只好混起来说）。未筹的款以前，希望教育部、财政部分令四省照阁议通过之数目分别担任。此事已由敝校呈请教育部办理。教育部咨文到时，还请先生极力赞助，速令江苏、浙江、安徽、江西四省财政厅切实筹措应该担任的款项。"他说：

"如果教育部咨文来到，我当查核原案，酌定办法。惟各省有各省的预算，未经他们承认，怕不容易催促。"我说："预算是行政的主要工具，各省应有预算，国家亦应有预算。现在各省虽有预算，但没有被中央军费所破坏亏空的究竟有几省？中央在各省滥支军费，并未曾得省民的承认，独于教育经费就要得各省的承认吗？国家经费在各省开支应当依照各该省的财力，这是此时最切要的问题。如果中央有减各省军队军费之决心，各省对于教育经费之接济是很容易办到的。现在东南大学的学生以江苏、浙江、安徽、江西四省为最多，子弟是四省的，而独要江苏担负费用，岂得谓平？现江苏已决计不肯独任并且无能力独任。我们还是让学校关门呢，还是逼令此四省的父兄的代表人担负相当的责任呢？"我想钧任先生对于东南大学很有些隔膜，率性把东南大学的事业计划、教职员、学生的各种情形说了两分钟，并告诉他这个学校就是孟禄先生所说的中国政府设立的第一个有希望的学校。开办以来，从没有闹过风潮，也从来没有索过薪，所以无名(他虽点点头，究竟最后四个字有什么意思，不晓得他这个急躁的头脑懂得不懂得)。我再说："先生看这样的情形，我们怎忍看他关门？"他说："好，等教育部来文时，我再设法。"

这几分钟的谈话，令我气极了。我曾见过他三次，一次比一次坏，好好的一个罗钧任，于今竟变成这样。可惜，可惜。中国如同急水滩头的一个船，这般把舵的人和水手，都只晓得手忙脚乱的瞎急瞎叫，怎样得了啊！

陶知行敬启

十一月四日

亮畴先生处今早去谈过，允嘱钧任注意东南大学经费由财政部行文四省催任，款项关税事彼以为此时提出无补于事，详情再报告。

注释

① 廖茂如　即廖世承。

万万不能失信

——致郭秉文

秉文吾兄：

知行十日抵宁，一路幸叨平善，堪慰近怀。改进社社费，万万不能以千二百元了事。他校均照三社社费总数担任，本校何能独异？若因此牵动他校援例，本校岂能免于破坏改进社之责言。孟禄先生尚如此尽力，吾辈自谋，岂能后于外国之师友乎？南开一私立学校尚且如此慷慨，吾校如吝，岂能免人之窃笑乎？事关学校信用，务请嘱行政委员诸公兼筹并顾，重加考虑。且相差不过一千二百元，只须大家出点力，是不难弥补的。吾校在这个团体中，万万不能失信。吾兄以为然否？

陶知行启

十一、十一、十四

去年十二月各机关代表会议均当场承认三社社费总数，知行承吾兄之嘱并以仍旧担任并无增加担负，即从诸代表之后代为承认（当各省代表受孟禄感动时，吾兄若亲在场，当亦为首先承认之人）。今年沪上开董事会时，吾兄亦已默认。万望维持前议。

由程先生自行酌定

——致刘伯明

伯明先生大鉴：

敬复者，接　台示并安徽教厅公函，知行以程先生[1]为桑梓服务，只得任程先生自行酌定。校中功课可以从缓。兹将教厅公函奉还。即颂

时祉！

陶知行启

十二月十六日

附安徽教育厅公函壹件（略）

注释

① 程先生　指程湘帆，时任东南大学教员，安徽省教育厅拟委以专科视察员。

推举胡适作为中国代表参加万国会议

——致胡适

适之吾兄：

蒙允著作《中国之文艺复兴》，非常感激。字数可不拘，请兄自定罢。作好之后，能就近请人译成法、德两国文字最好。万国会议①本社②代表中已提兄名，沪、宁董事一致推重。京、津董事月底在京开会，当亦一致赞同。兄在中国代表中所占地位，很关重要。我怕你暑假中另有计划，故拿未成熟的消息赶快的告诉你，务必请你把这件事放在心里，不要叫我们失望。

知 行

十二年二月二十四日

请你告诉鸿熙，蔡先生此刻在何处，能否赴董事会。如他在天津，我们就在天津开。

注释

① 万国会议　指万国教育会议，为世界教育联合会（The World Education Conference）的成立大会。由美国教育联合会发起。1923年6月底至7月初在美国旧金山召开。中国代表郭秉文被推选为该会副会长。

② 本社　指中华教育改进社。1921年由实际教育调查社、新教育共进社、新教育杂志社合并组成。该社是以调查教育实况，研究教育学术，力谋教育改革为宗旨的群众性学术团体。总事务所设在北京。主任干事是陶行知，负责主

持日常工作。该社名誉董事有：严修、张謇、梁启超、杜威、孟禄、张一麐等。董事会成员有：

部长	熊希龄	蔡元培	黄炎培
司库	张伯苓	范源濂	汪兆铭
交际	郭秉文	袁希涛	陈宝泉

关于搜集世界教育会议之图表

——致东南大学校长办公处

敬复者：奉到三月二十一日贵处来函敬悉。

世界教育会议及美国纽持赛会所需各种图表，关于本科方面者，当如期搜集送上；至全校图表编辑一层，务请另任专员办理。本科对于接洽上殊不便利，断难遵命，恐误要公，亟行奉达。此复

校办公处

陶知行启

三月廿一日

关于中华教育改进社所编之教育统计

——致友人

敬启者：本国最近教育统计已由本社统计股编成，其中资料足供编辑世界教育会议各种丛刊之参考。

现该项统计由知行亲自带来，于二十六日由京起程南下，二十七日下午可到南京。请先生于二十七日晚八时驾临成贤街文德里对角舍下会商一切，至以为盼！专此布达。并请

文安！

陶知行

四月二十四日

请拟《中国高等教育》之要点

——致郭秉文

秉文先生惠鉴：

尊著《中国之高等教育》一篇，收到后即托商务印书馆赶印，月底可以印齐。届时当由本国代表带赴万国教育会议，分送各国代表。现拟采取各篇之要点，准备一种较短之宣言，每篇以五百字至一千字为度，以便报馆通信员探访时，本国代表得以交付披露此事。仍请　先生迅予拨冗著就，于二十七日以前交知行收下付印。琐费清神，至再至三，寸衷歉仄，莫可名言，专肃奉恳。即颂

教安！

陶知行启

五月廿二日

供关心劳工问题者之参考

——致胡适

适之吾兄：

南京源盛工厂，系休宁①程荷生先生所手创，为南京织布业之惟一成功者，现已发现困难，其中事实颇足供关心劳工问题者之参考。工厂与工人相依为命，工厂存则工人之幸福可保，若空谈拥护工人利益，而使工厂有不能存在之势，岂非自杀政策？源盛厂主经此打击，不得已而倾向于收束，固非所宜；然政府不亟谋劳资共存之道，前途何堪设想！兹介绍荷生先生令侄耀晖先生与兄一谈，务请接见，其中具体内容颇足供吾辈研究之助。倘遇有机会，酌加援助，或向其指示应付方针，亦感同身受。专此奉达，敬请

早安！

知　行

五、廿五

注释

① 休宁　县名，属安徽省黄山市。

为辞东南大学职务事

——致刘伯明

伯明代理校长鉴：

本校教育科及中华教育改进社合聘知行担任两处职务，已经有一年半。虽职务性质颇有相成之处，但两地距离太远，每月来往一次，渐觉精疲力倦，难于支持，且教育科与中华教育改进社现已发展到不可兼任的地位。要想这两处事业继续充分发展，必须有人专心主持，若再兼筹并顾，譬如一个人站在两只船上，不到船翻人亡不止。静夜思量，不胜危惧。故为事业计，为学生计，为个人精力计，万万不能再事兼任。但中华教育改进社约订三年，现在决无舍去之可能。本校正在改约时期，复请准予辞去教育科主任、教育系主任之职；但以教授名义，给予无俸之长假。俟中华教育改进社约满及有继任之人时，再行回校担任教授职务。知行订于八月初进京，下年进行事宜，即须有人负责。务请即就本科教授中，另聘贤能担任科系主任职务，以便尽本月底交代，最为感荷。所有教育科主任、教育系主任聘书，特行奉还，务乞　俯予收回为祷。专此。敬请

诲安！

陶知行启

十二年七月二十八日

请从速寄稿

——致郭秉文

鸿声先生钧鉴：

年会①时董事会议决：请先生起稿《反对英国商会及上海商人关于退还庚子赔款②之主张》。此稿务请从速寄交本社总事务所，以便进行。专此奉恳。并请

公安！

陶知行启

八月一日

注释

① 年会　指7月3日至9日在东南大学召开的中华教育改进社第三届年会。

② 庚子赔款　1900年（庚子年）八国联军攻占北京，次年强迫清政府订立了不平等的《辛丑条约》。根据条约规定，中国付给各国“偿款”本息共约九亿八千多万两白银，这笔赔款通称“庚子赔款”。

协商合办科学教员暑期研究会

——致东南大学

径启者：本年暑期清华学校[①]、洛氏驻华医社[②]及本社[③]曾合办一科学教员暑期研究会。研究内容分物理、化学、生物三种，各分中、英文二组。每天课程，本日课讨论一小时，实验三小时，教材、教具、教学法讨论一小时，晚间则演讲近年科学之进步。共聘指导员十二人，与会研究教员占十六省区，都一百二十余人，大学教员占三分之一，中学教员占三分之二。为时共四星期，最后一星期知行亲往观察并征求各方面意见，缺点固所不免，而成效亦殊可乐观。最难得者，会员与指导员一致承认此举为极有价值，下年必须继续办理。续办地点希望在扬子江流域，而尤以　贵校为最适当。合组机关，以　贵校及中国科学社[④]、洛氏驻华医社与本社为最相宜。需要经费，本年共用五千元左右。下年续办，照本年经验，指导员以一人指导八人计，约须添聘一倍，预算得七千元可以敷用。洛氏驻华医社有继续担任五千元之可能，本社亦可勉筹一千元。余一千元，希望中国科学社担任，倘　贵校能酌量担任预备费若干，以备不虞，更为妥当。万一本年预算核减过多，不能多任，则数目可不拘多寡。因房屋、设备、人力之赞助，其贡献已非浅鲜也（设备不敷之处，尚有他处可借）。开办之前，须由合组机关各推代表一人或二人，组织董事部，主持一切。以上意见，如蒙贵校赞同，请即推定董事，定期在宁开会，从速着手筹备。知行深信此举于改良我国科学教学

前途影响巨大，甚望贵校一致合力进行，并于两星期内赐一确实答复，是为至幸。专此。即颂
公绥！

陶知行谨启

八月十一日

注释

① 清华学校　即清华大学的前身。1911年，清政府用美国所还庚子赔款所办的一所留美预备学校。

② 洛氏驻华医社　洛氏基金会驻华的分支机构。洛氏，即美国资本家约翰·洛克菲勒（1839—1937）。洛氏于1913年5月在中国设立洛克菲勒基金会。该会通过捐款、颁发奖金等方式对某些学术研究提供资助。

③ 本社　指中华教育改进社。

④ 中国科学社　我国最早成立的现代科学学术团体。1915年10月25日在美国正式成立，任鸿隽为社长。1918年迁回国内。

联合续办科学教员暑期研究会

——致东南大学

径启者：明年夏季由　贵校及中国科学社、洛氏驻华医社与本社联合续办科学教员暑期研究会，事前曾专函奉商，未蒙惠复，至为系念。此事现在急须进行，务请　贵校从速复示是幸。此致

国立东南大学

中华教育改进社主任干事　　陶知行启

九月八日

请允辞去编辑事宜[①]

——致朱其慧

其慧先生：

去岁承诸位先生嘱经农先生与知行担任，原属一时权宜之计。知行因各处急需，故甚愿尽其心力之所能，得为平民尽一份之责任。今总干事业经聘定[②]，事权急宜统一，所有知行担任一部分之编辑事宜，务望允予辞去为祷！专此。敬请午安！

陶知行

注释

① 此信写于1924年。

② 指中华平民教育促进会聘晏阳初为总干事。

请为菲律宾宿务中学题词

——致蒋竹庄

竹庄先生大鉴：

敬启者，江君祖泽，前在南京高师毕业，近在斐律滨宿务中学任事。昨接渠来函，以校舍落成，将于四月间举行典礼时发行纪念周刊。渠景慕　盛名，冀得一言，以为光宠。附来通启一纸，影片一帧，敬为转上。倘荷推爱，宠锡鸿词，无任感荷。专此，祇颂

台安！

陶知行谨启

三月十六日

荐李君任课

——致蒋竹庄

竹庄先生大鉴：

敬启者，顷接郭秉文先生自美来函属〔嘱〕为李君相勖介绍。兹将李君能任功课及其通信处送上，请烦察阅，李君学行俱佳，弟所深知。倘贵校有相须之处，量为延引，当能不负委任。如何？敬候裁酌是幸。专此。祇颂

公安!

附单一纸（略）

弟

陶知行谨启

十五年四月十二日

论幼稚园应有之改革及进行方法[①]

——致陈陶遗

（上略）人格教育[②]端赖六岁以前之培养。凡人生之态度、习惯、倾向，皆可在幼稚时代立一适当基础。吾国人漠视幼稚时代之重要，学校教育耗费精神，纠正幼稚时代已成之不良态度、习惯、倾向，可谓事倍功半。放任者，听其滋长蔓延，不加纠正，更不堪问矣。有志之士，起而创设幼稚园，以正童蒙，宁非当务之亟。惟遍观国中之幼稚园，其弊有三：取法外国，不适国情，一也；费用太大，不能普及，二也；所收儿童，多属贵族，三也。知行欲矫其弊，而创一适合国情、节省费用、裨益平民之幼稚园蓄志已久，无由实现，殊觉闷闷。今拟合各方之力，共成美举。计划粗定，谨为我公陈之。

（一）该园拟设在燕子矶，已蒙丁校长[③]许可。

（二）教员业已聘定对于幼稚教育富有研究及经验者二人，来此服务。

（三）三岁至六岁儿童，愿入园者，照丁校长计算，可得三十人以上。

（四）经常费每年二百元左右，可暂由改进社担任，徐图就地筹款。

（五）开办费中建筑约需五百元，设备约需二百元，共七百元，拟请补助费或捐款充之。

由上述计划观之，所缺者惟开办费之七百元，何时筹足，即可于何时开办。窃思中国开办乡村幼稚园，此次实为创举；倘能依据适合国情、节省费用、裨益平民三种方针切实试验，则数年之后，必于幼稚教育有所贡献。我公乐育为怀，素所钦仰，倘蒙设法玉成，则国内儿童拜赐多矣。（下略）

知　行

九月十六日

注释

① 此信原题为《主任干事陶知行先生致江苏省长函论幼稚园应有之改革及进行办法》。此信和9月17日、10月5日的信，均论及中国幼稚园的改革方向，必须适合国情，强调人才早期教育的意义，是我国近代最早创立乡村幼稚园的理论阐述。

② 人格教育　指道德品质教育。

③ 丁校长　指燕子矶国民学校校长丁超（兆麟）。

附：江苏省长复函主任干事允助开办费

（上略）

接展来书，具悉种切。执事热心幼稚教育，拟创设乡村幼稚园于滨江乡之燕子矶，实为当今切要之图，曷胜纫佩！除饬管理处筹拨开办经费五百元藉襄盛举外，相应函复。顺颂

教绥！

陶　遗

九月二十三日

披露每期《新教育评论》要目

——致王西澂

西澂[1]吾弟：

今日与《新闻报》潘竞民[2]先生议定，《新教育评论》如有关于普遍影响之文字，得送打样稿寄《新闻报》一家披露。《新闻报》应在教育新闻栏介绍《新教育评论》要目。请即将最近一期要目，快信寄与潘君。并希每期集稿时，编目送登。最好每题之下，提要说几句，庶阅者注意。《无锡教育之新生命》[3]一篇，请将样稿寄与《新闻报》，同时将本期要目寄与《新闻报》，要求同时披露。如此，《新教育评论》既得免费广告，又可使同类文字收更普遍之效果。《新闻报》现销七万余份，吾辈自宜充分用其所长，以宏推广之效。专此。敬请

撰安！

陶知行

十一月二十三日

注释

① 王西澂　时任《新教育评论》编辑。

② 潘竞民　时任新闻报社编辑。

③《无锡教育之新生命》收入自编集《中国教育改造》时，篇名改为《无锡小学之新生命》。

逐期介绍《新教育评论》

——致王西澂

西澂吾弟：

《新闻报》已允每期介绍《新教育评论》。请逐期作好介绍词，快邮寄潘竞民先生。开原小学①报告，有时效关系，应请即登评论并同时寄与潘君发表。昨晤潘君仍未收到该项稿件。请即快函寄去。兹附上印刷品三件，尚未披露，请分期登载评论并寄《新闻报》。次序先登《信条》②，次《辅导办法》③，次《师范院》④。

知　行

十一月三十日

欧美学教育心理之留学生，请以前议进行联络，请其投稿。

注释

① 开原小学　在江苏省无锡开原乡河埒口。

②《信条》　指《我们的信条》一文。

③《辅导办法》　指《中华教育改进社辅导乡村小学办法》一文。

④《师范院》　指《中华教育改进社设立试验乡村师范学校第一院简章草案》一文。

以治人者治己 在劳力上劳心[1]

——致蒋爱真

爱真先生：

接读一月十九日手书，敬悉先生愿加入乡村教育同志会，不胜惊喜。叔愚先生说：“得同志如此，胜似黄金百万。”观此，可见南京同志欢迎先生热烈矣。农村学校为建国之大本。详细计划，如已拟就，尚希示知，此地同志皆愿以先睹为快。教学做合一不但可用于训练乡村师资，任何人才之训练皆适用之。经公一语道破，便见其效用之宏。日前读公书后，忽有所思，立成一联，他日当书以赠农村学校。

联曰：

以治人者治己；
在劳力上劳心。

是否可用，愿公指正。专此欢迎。敬请教安！

知　行

注释

① 此信写于1927年1月下旬，原载1927年2月1日《乡教丛讯》第1卷第3期。

附：蒋爱真致陶知行信

知行先生暨诸位先生：

乡村学校应当做改造乡村生活的中心；乡村教师必须有农夫的身手，科学的头脑，改造社会的精神，来做改造乡村生活的灵魂，这可说是颠扑不破的绝对的真理。中国以前的乡村教育，真正是走错了路，所以得到一个完全失败的结果。但，一提及这话来，就要使我惭愧得无地可容了。我以前曾在常熟任过八年的乡村学校校长，三年的乡村学校教师；在那时，好像也曾有过许多的梦想，可是孤掌难鸣，终究完全失败。结果，甚而至于抛弃了乡村教育事业而到海外槟榔屿和上海来讨都市的教育生活，就是到现在此地上海中华公学担任舍务主任。但，我是生性喜欢从事乡村教育的人，并且深信中国的乡村教育是关系全中国三万万六千万人民之幸福的事业。所以，现在曾同几个同志筹备着一个七十余亩田的农园，预备办一个实行亲手耕作的农村学校。此事大概不久就可实现了。而看见你们都热心地从事这样的工作。而且把教、学、做三事合而为一来号召全国，真使我羡慕得了不得。敢不揣冒昧，请求加入同志会，但不知你们能允许我否？我以为教学做三事合而为一的教育，不独是改造乡村教育应当如是，就是要改造中国的虚伪的、欺诈的社会，也非提倡此种教育不行。不知你们以为如何。会费、志愿书及履历书一并寄上。至祈查收审查入册！专此。即颂进步！

蒋爱真

十六年一月十九日夜

加入乡村教育运动

——致曹聚仁

聚仁先生：

接读二月五日手书，欣悉先生决以育才小学试验乡村教育，并介绍王琳君报考试验乡村师范，俾学成后回到育才学校服务。高瞻远瞩，至堪钦佩。王君农事经验，国文程度及服务社会之精神，闻皆素有修养，实为敝校所欲招致之人才，来宁投考，不胜欢迎之至。先生对于农业社会及教育之见解，洵属至理名言，发人深省。敝著《答客问》荷蒙过奖，且感且愧。人生得一知己，可以无憾，既承嘉许，自当力图实现，以副厚望。但乡村教育积习已深，问题亦最复杂，非全国同志分工研究，合力进行，不能收效。叔愚先生与弟深望先生加入乡村教育之发展。如蒙不弃，弟等愿尽介绍之劳，全会同志当无不踊跃欢迎也。专此奉达，鹄候复音。敬请

新安！

陶知行上

二月十一日

外附《乡教丛讯》两期

附：曹聚仁致陶知行函

知行先生：

农业社会的中心，不在都市，而在乡村。这一点，数十年来

的教育家完全把他忘却了。我平常每这般怀疑：究竟教育是否一种装饰品，专为有钱的人们办的？因此我又想，新教育的建设，必须使一般青年有受教育的机会。去年秋间，我曾想筹设一乡村中学，专收高小毕业以后从事耕作的青年，按着时令分配课程。虽是不曾成功，我的心愿总是这么抱着。日前读到先生的《答客问》，深觉到乡村师范的办法，真是中国教育的还魂丹。在我不仅是钦佩，而且是十二分的羡慕。家父从清末办理教育，已以乡村生活为训练的方针，只因僻处穷壤，不曾得到大大的效果。这回我把这情形报告给家父，他是欢喜极了。适巧从前舍下读过书的王琳君，他立志从事这个教育，便决定以舍下的育才小学做个试验，请他在贵校研究以后，为敝乡改造一下。这封信固然是替王琳君做介绍，同时也是对于先生表示十二分的敬意。

祝乡村教育运动猛进！

曹聚仁上

二月五日

通信：真如国立暨南学校

为中国教育寻觅曙光

——致王琳

王琳先生：

前星期接到你一月二十八日的信，可算是这次过年最好的礼物，我读这封信比小孩子吃年糕还快乐。不久曹先生从真如来信为你介绍，他的信和你的一样的感动人，真是令人喜而不寐，我本想写一封长信给你，因此就耽误了好多天。谅想你现在必定急待回信，所以只好缩短笔阵，先给你一个简短的回答。你对于《农业全书》、《养鸡全书》、《养羊全书》的批评，真是一针见血。纸上谈教育或农业，原来与纸上谈兵一样，何能发生效力？你说“洋八股”依旧是一个“国粹”老八股，离开整个生活，以干禄为目的，也是千真万真的。我们现在要打倒的就是这八股教育、干禄教育[①]。我们决定再不制造书呆子和官僚绅士们。你愿意舍身从事适合于农村生活的教育，我们是十二分的欢迎，我们可以共同为中国教育寻觅曙光，为中国教育探获生路。章程详《乡教丛讯》，已于接信时寄奉，谅已收到了。

敬祝康乐！

陶知行上

十六、二、二十一

注释

① 干禄教育　指读书只为做官以求得丰厚的待遇。

附：王琳致陶知行函

知行先生：

读到那篇《答客问》，真是喜而不寐。光绪末年，启蒙曹师在敝乡设立育才小学，想以切实的学问来救济空疏的旧八股。来学的青年，必须亲自做洒扫烹涤日常生活上不可少的事。后来洋八股的风气进来，高贵的学生不屑做这琐屑细事了。像我，除了偶尔做过一些轻便的农事，竟不曾对于耕作有相当训练呢。民国初年，曹师着眼到实业上去，从养鸡、养羊起，做到种蔗、制糖、养蚕、织布。失败固不曾失败，成功也不曾有过什么大成功。《农业全书》固然还不及长工的口头闲谈，《养鸡全书》、《养羊全书》更是连覆瓿还嫌太硬。结果只好凭自己的经验去应付，这当然不会有大大成功的希望了。近年，我在外面"鬼混"，渐渐明白病源所在：洋八股依旧是一个"国粹"老八股，离开整个生活，以"干禄"为目的，什么教育都不曾有效果。而最适当的补救，必得使教育和生活全为整个的才行。因此，决计进贵校来研究，在诸将擎旗冲锋的当儿，呐喊助威一阵。我是杭州第一中学毕业的，曾任过教务，也进过工厂，对于农事虽未有相当经验，却自信有农夫的身手，愿舍身从事！请先生给我一线曙光吧！

王琳鞠躬

一九二七、一、二八

章程请寄下一份

本校以收录真才为标准

——致李增祥

增祥先生：

接读二月十日大札，知道先生赞成本院培养乡村教师办法，并拟选派学生一二人来校肄业，以备学成后回县从事创办乡村学校。这种彻底的步骤，实在令人钦佩。本校既以造就适合乡村生活之教师为职志，必愿尽力所及，助公进行。名额虽定为二十人，但本校以收录真才为标准。果系真才，必定不致以额满见遗。现今乡村教育方在萌芽，欲求实效，首在得人。知行前致宿县邵局长信中，论到人选标准，曾请以农事经验、国文学识、创业干才三者兼具者为上选。进行之初，倘能得到这样人才一二人，三年之内，必能使全县学校闻风兴起，乡校前途，亦不可限量了。倘所选非人，则不但不能改进，倒要受他阻碍。此事之重要，当已在洞察之中，谅必乐予赞同。

本校进行不因时局变更，三月十日考试，十五日开学。投考生到下关，可径至燕子矶小学住宿候试。敬祝

贵县乡村教育猛进！

陶知行拜启

十六、二、二十六

附：李增祥来函

顷读《乡教丛讯》，得悉贵社设立试验乡村师范学校，定于三月招生，并阅该院章程十六条，感佩无似。敝县地处鄙陋，乡村学校类多有名无实；上焉者亦属学些课本死物，实有改良的必要。但困于人才方面，无从着手。今得有此学校出世，可以预储师资，非常欣慰。惟因道途遥远，投考时人数必多，额限二十名录取想必不易。敝县欲送师范本科毕业生、中学有根底并耐工作者一人或二人。是否可以优待录取，以备归来从事乡教改造。设能允许，即从严遴选学生前往。尚祈赐复。此致

中华教育改进社

李增祥鞠躬

二月十日

为乡村教育前途额手相庆

——致季通

季校长台鉴：

拜读二月十八日手书，欣悉吾道不孤，不禁为乡村教育前途额手相庆。我公矢志教育，二十年如一日，热心毅力，至堪钦佩。尊论乡村教育流弊，沉痛之至，不忍卒读。为今之计，惟有开辟生路，勇猛前进，庶可免于沉沦。倘仍惯于抄袭，不加省悟，则教育亡国之罪，天下后世，不能为吾辈恕也。楚材、时贤二君来校投考，极为欢迎。一经录取，必当尽心指导，俾能回乡服务，造福村民，以无负于我公之厚望。本校誓与村民共休戚。村民既须在枪林弹雨下耕种，吾校断不因时局不靖而辍学！故投考、开课均照公布之日期办理，决不变更。知关锦注，并以奉闻。敬祝

康乐！

教弟

陶知行拜启

十六、二、廿六日

附：季通致陶知行函

知行先生台鉴：

敬启者通从事省政，兼办教育已廿余年，而于教育兴味独

厚。除办上海爱国女学外，现正与同志筹捐沙滩数千亩，创办私立虞山中学及乡村小学。鄙意办理教育总以适应社会环境为要着，故办理乡村学校须施以适应农民生活环境之教育。而目睹今日之所谓乡村教育，于适应农民生活之知识、能力，毫不顾及。求其最大效果，亦不过识字记账。而流弊所及，除最少数升学外，余都养成肩不挑担，手不提篮，不农、不工、不商之无业游民。环顾今日满坑满谷之失业青年，皆不适应生活环境之教育有以造成之；此通所引为大忧而久欲谋有以改造而力未逮者也。近阅报载先生等所办农村师范，一切办法殊合鄙意，认为于改良乡村教育有绝大之效力。兹特嘱李楚材、季时贤两君投前应试。务祈严为考验，倘蒙录取，毕业后拟嘱办常熟县鹿苑乡第二小学及敝处私立小学校等校。特此先为报名，随附履历一纸以备存查。

藉颂

台绥！

上海爱国女学校校长季通

二月十八日

季时贤照片补寄。　又及

重视生物学

——致中国科学社

敬启者：敝校宗旨，在依据乡村实际生活，培养有农人身手、科学头脑、艺术兴趣、改造社会精神之教师，以为农民服务。本年进行计划，首重科学之发展，而科学中尤特别注意生物学。其理由有四：乡村环境中，生物最为丰富，用之无尽，取之无穷，此其一；生物设备较理化各科省费，轻而易举，此其二；儿童本身实一生物，教师必须明了生物原则，方能尽其天职，此其三；儿童最喜接近生物，以生物为中心教材，必能引起学生兴趣，使其有求知之乐，而耐求知之苦，此其四。有此四因，故不实行生活教育则已，如欲实行生活教育，必自提倡生物学始。敝校师范部及各中心小学，自加入生物教材，精神顿觉生动，惟开创伊始，体验太少，暗路摸索，端赖先导。自蒙贵社生物研究所秉农山[①]先生，悉心指示方针，张形汉，方炳文两先生，时加襄助，获益实多！敝校在此短时间内，能将生物学输入乡村小学，以润泽村儿枯涩之生活，并保护其固有之科学兴趣，皆贵社诸先生不倦教诲之力也！今为促进乡村科学化起见，深愿与贵社发生更密切之关系，以收合作之效。如蒙赞同，不胜盼切！至如何合作方式为最适当而有效力，亦望不吝指教。窃尝思之，科学化运动，比如大江之流，贵社为不竭大源，敝校不敏，愿引此水灌溉两岸，使石田尽化膏腴，以为民福。谨举所见，恭候卓裁，示复。此致

中国科学社

晓庄学校校长　陶知行启

八月一日

注 释

① 秉农山　即秉志。

欢迎下乡现身说法

——致田汉及南国社

田汉先生转南国社[1]诸先生：

自从诸先生来到首都，城里民众唤不醒，乡下民众睡不着。唤不醒，连夜看戏，早上爬不起来也；睡不着，想看戏，路远，无钱也。诸先生以艺术天才，专攻白话剧，必能为中国戏剧开一新纪元。知行谨代表晓庄农友、教师、学生向诸先生致一最高敬礼，并欢迎诸先生下乡现身说法，以慰渴望。此地有千仞岗，可以振衣；万里流，可以洗脚。下乡一游，亦别有乐趣。兹公推陈金禄、潘一尘、赵颜如等三先生前来奉约，如蒙俯予接见，不胜感激之至。敬祝

康乐！

陶知行拜启

一月二十日

注释

① 南国社　田汉与郭沫若、郁达夫发起组织“创造社”，1927年创办南国艺术学院、南国社。

向儿童瞄准

——致叶刚

叶刚吾弟：

接到你本月十七日的信，知道你在服务上能反省母校的办法，把母校的设施重新估量一番，这是何等宝贵的贡献啊！母校之进步，大半要靠最前方同志关于作战时所发生之疑问、困难之报告。我们接到这种亲切的报告，必定要审慎考察、分析，然后加以改革，以谋进步。这次接到你的报告，我便集中精神反省了一小时，现在要把结果回报给你，还要请你和河埒口[①]同志指教。本校分组工作之目的，在各个人按着才能兴趣实地研究，俟研究有得，然后公诸全体，俾大家都能得益。这种办法如果彻底的干下去，则每一个人可有一艺之长，而普通学识亦可在水平线以上。我反省之后，觉得这个制度的本身尚无错误，你所发生的怀疑，实因“不彻底”所致。倘使彻底的干去，则每个人可以一人所得贡献于大家，大家所得贡献于各人，何致有畸形发展之弊。我们所以不彻底的缘故约有五种，可以分述于下：（一）研究工具不够；（二）印刷工具未备；（三）有几组的指导没有充分；（四）交换心得的机会太少；（五）对儿童瞄准的同志不多。前四项须由学校行政负责，后一项可非个人努力不可。倘使在晓庄的时候，不用全副目光、精神向着小学或幼稚园儿童瞄准，出发之后，自必要遇着绝大的困难。这困难多半是由于“生手”所致。假使天天是对着儿童的需要、能力用功，那么，无论遇着什么儿童，一瞄就准，又有什么胜不过的困难呢？你看错不错？你说本校汉文进步很快。我想本校对于汉文的主张是很有效力，但是也没有彻底。文学是从生活里压迫出来的。我们至今还不能产生第一流的儿童文学，可见同志们还没有十分感觉儿童生活的压迫。你说生物学有的学校用不着。容或如此，但是乡村学校必得注重生物学。生物学是乡村学校培养科学头脑最简便、最省钱、最有趣味的学科。不注重生物，便不成为乡村学校，便在改革打倒之列。不过学生物的同志们也要多向儿童瞄准，方为有效。最后，你提及了两件事——厨师侍候添饭和晚间为导师送洗脚水——证明河埒口与晓庄生活不同。这真令人吃一大惊！我想你们决不受这种待遇。你们是有全权办理河埒口小学的，革除这种老爷架子，应当是你们上台所放的第一炮。这炮声，晓庄全体同志正在倾耳等着。祝你和楚材、剑雄②、雪云③成功。

知　行

一月三十日

注释

① 河埒口　地名，属江苏省无锡县开原乡，当时叶刚在此地任教。

② 剑雄　即刘季平。

③ 雪云　即季雪云。

这几天过的是“救死”生活

——致王西澂

西澂吾弟：

我这几天总想和您作一次有系统的谈话，终于不能达到目的，实在是闷煞我也。

我这几天过的是“救死”[①]生活，大前夜赴沪，前夜回宁，昨夜开会至一时，四时又须起身，有空即忙着要睡一刻。今天本想来和您谈一小时，但是身体十分支持不住，只好躺下一刻，等到醒时，已是四时，非去赶车北上不可。

自从舍妹去世，精神上受一极大刺激，公学实在无法可兼[②]。

我已经确实知道，公学连工人只有三十六位愿意到乡间去的[③]。

我已经坚决的提出辞职。大前天特来公学使您知道，但是因为不愿打断毕业礼的兴头，终于迟到今天向您报告，抱歉得很。

您的理想、计划，很值得一试。但我想不如痛痛快快的创个新学校来试[④]，比较容易些。我不在公学，怕难实现。船要开了，只得缩短。

祝您

康健!

知　行

十八、六、廿四日

注释

①“救死” 指解救晓庄学校的困难。

② 指陶行知当时仍兼任南京安徽公学校长一事。

③ 指当时陶行知曾建议将南京安徽公学由城里搬到晓庄附近乡间一事。后因保守势力反对，当时师生愿下乡的不多，未能实现。

④ 不如痛痛快快的创个新学校 陶行知正是这样实行的。留美回国之初，先后在南京高师、东南大学任教，后创办安徽公学，在进行探索教育改革的试验中，曾先后辞去东南大学和安徽公学职务，专心致志地从事乡村师范（包括中、小学和幼稚园）的系列试验，和晓庄学校师生共同为中国教育寻觅曙光，从而创立了独具特色而又适合国情的生活教育理论。

催《教学做合一讨论集》从速出版

——致王西澂

西澂吾弟：

接读廿七日来信，似有误会。卢君[①]来时，知行立刻亲书一函致何炳松先生介绍，尊稿托其带至上海，亲自接洽较为妥当。何君亦吾旧友，不必由云五[②]先生间接介绍。现云五先生已完全辞职，一切均由何君主持。前拙著《教学做合一讨论集》，云五先生允于十日内出版，现逾期百日，尚未排印，知行亦于致何函中催其从速出版。知行深信此信一定发生效力。卢君自说三日内到沪，知行以为挂号寄稿亦须三四日可到，故烦卢君带去。但事出意料之外，昨日游燕子矶遇卢君，询其已否赴沪，彼云尚未赴沪。故不但弟稿被其耽误，即知行催促出版《讨论集》之信，亦如石沉大海。知行虽有烦恼，并未消极，对于弟事，总愿帮忙的。白珩[③]纯粹误会。辞职在我，挽留在董事会，不能因董事会之挽留致疑于我辞职之不诚。此次早下决心，一刀斩断，万无回校之理。知弟关心，并以奉闻。卢君住址未留。望直接催他到沪接洽或将函稿寄去为祷。敬祝

康乐!

知　行

十八、九、三

注释

① 卢君　即卢方聿。

② 云五　即王云五，时任商务印书馆总经理。

③ 白珩　即孙白珩，时任安徽公学教员。

为介绍应孙良插班事

——致戴志骞

志骞吾兄：

南京高等师范同学孙良，即应孙良，号企琼，曾在高师肄业一年半，在杭州法政学校肄业二年半，拟插入中央大学法学院，务请代为介绍，玉成其志。如蒙俯允，至为感盼。专此证明。敬请
大安！

陶知行　启

十八、九、十七

担保马纯仁无罪[1]

——致江苏高等法院

敬启者：敝校学生马纯仁于五月二十一日被首都公安局拘去，近已转移贵院。查该生于十七年九月来校，勤奋异常，学业成绩极优，平时言行谨饬，毫无不法举动。此知行等所敢担保者也。是以此次猝遭拘捕，校中师生，莫不诧异，务祈贵院长秉公明察，庶几清白，学生得早日脱其罪之缧绁，全校师生实同感焉。此上

江苏高等法院

晓庄学校校长　陶知行

注释

① 此信写于1929年秋。由于陶的担保，马纯仁不久即获释出狱。

生物学或死物学[①]

——致郑先文

先文吾弟：

我现在想和你讨论发展晓庄生物学之方针。一般学校研究生物学之方法，除了读死书之外，如果有实验，便是杀生。教师变成屠户，生物馆不啻为死尸陈列所。晓庄生物学应该注重养生。我们的责任在指导孩子和生物做朋友，认识它，爱护它，研究它，等它死了再把它陈列出来，作为永久之纪念。我希望你把十分之九的经费用在养生上，造成一个生气勃勃的生物园。这是小学生物学之康庄大道，你照这样进行，是决没有错的。祝你康健，祝小朋友快乐，祝众生各得其所。

陶知行

注释

① 此信写于1929年。

欢迎余君来晓庄过寒假

——致谢家馨

家馨先生：

惠函，敬悉。

贵高足余君廷献，欲来晓庄过寒假生活，极表欢迎。请于一月二十三、四来此，可也。敬颂
台绥！

弟
陶知行启
一九、一、一三

附：谢家馨致陶知行函

知行先生大鉴：

敝科一九三一级学生余廷献，兹以臻前候教，用特商达介绍，敬祈　赐予指导，照拂一切为荷。专颂
台绥！

弟
谢家馨启

请拟定小学生免费旅行条例

——致孙科

哲生[①]先生：

……此事确系我校学生所为，因为时间匆促，未能事先陈请批准，实在不妥。今把原传单附奉，请钧部拟定《小学生免费旅行条例》，通告全国小学试行，此亦实现孙总理民权主义之一具体措施也。

陶知行

四月一日

注释

① 哲生　即孙科。当时任国民政府铁道部长。

附一：孙科致陶知行函

知行吾兄：

今有自沪来客谈及某校一队学生，在和平门不买票乘火车；并在车上用贵校名义散发传单，十分唐突。今附传单一纸，烦吾兄查察，如属贵校部分学生所为，希加管束，不应再发生此种荒谬行动。如非贵校学生所为，定将按章依法追究，希协助为荷。

孙哲生

四月一日

附二：为争取旅行上学坐火车不打票宣言[①]

火车，是我们人民的火车！

火车，是我们小朋友的火车！

父老们，小朋友们！

火车是我们人民的血汗创造成功的。我们应当享有火车上一切的权利，因为我们是火车的主人。

现在火车被少数人强占去了，有钱的坐头等，没钱的连四等都坐不着，拒绝到火车的门外，这是何等不公平，不合理的事！

父老们，小朋友！我们要起来，一致的起来：

实行旅行上学坐火车不打票！

打倒火车上的阶级——头等，二等，三等，四等！

铁路收归人民所有！

南京晓庄学校小朋友

三月三十一日

注 释

① 这是油印传单。

驳斥谣言

——致《时事新报》记者

时事新报记者：

今日贵报除披露国民政府通缉我的命令[①]外，还登了某方传出一段消息，说是冯玉祥曾汇巨款给我，好像我们是被人收买似的。这是何等侮辱我们的谣言啊！

冯焕章先生是我的朋友，也如同梁任公、胡适之、陈仲甫[②]、蔡孑民诸先生是我的朋友一样。他在南京的时候，曾自动捐了三千元，给晓庄造了三座茅草屋。后来他又给了一千元，托我们代他自己造一座较大的住宅，实际用去一千五百元左右，不足之数，由捐款中垫付。故晓庄只算收了冯焕章先生二千五百元，造成甘肃、河南、陕西三馆。我们和他的经济关系只是这一点。

他离开南京之后，从五台山曾拍一电报给我，把他的住宅交给我支配使用。我就定为卫生部医生及党部办公的处所。我为这件事曾写了一封信谢谢他。他北上之后，和我的来往关系也就是这一点。

该段消息，尽是说谎。贵报没有言论自由，不便多所主张，我们并不苛责，但是又何必宣传谎话侮辱我们呢？奉上宣言一纸[③]，希望代为披露，此信亦望登载，藉作更正。如蒙俯允，不胜感激。倘贵报不披露，那便是故意使我们含冤不白。如果我有恢复自由之一日，就请您指定时间地点，若您同意，我们可以来何麦尼劳对巴里斯之决斗[④]。名誉是我的海伦，非请您交还不可。敬

祝

撰安!

陶知行

十九、四、十三

注释

① 原载1930年4月14日上海《时事新报》。4月12日国民政府明令通缉究办陶行知，其文云："晓庄乡村师范学校校长陶知行，勾结叛逆，阴谋不轨。查有密布党羽，冀图暴动情事。仰京内外军警各机关，一律严缉，务获究办，以彰法纪，此令。"《时事新报》在刊登通缉令的同时，并报导称："据教育部某君谈，该校年来私购枪支，并接受冯玉祥汇款，为数甚巨，学生分子复杂……"为了澄清事实真相，揭露蒋介石的阴谋，陶行知写了这封公开信。

② 陈仲甫　即陈独秀。

③ 即《晓庄学校护校宣言》的油印传单。《时事新报》没有发表。

④ 何麦尼劳对巴里斯之决斗　古希腊荷马的史诗《伊利亚特》，描写特洛伊王的儿子巴里斯与何麦尼劳之妻海伦相爱，并私携海伦回国。何麦尼劳为了复仇，远征特洛伊城，围城九年未破，第十年施木马计破城，复得海伦。

捧着一颗心来 不带半根草去[①]

——致李友梅等

友梅、九盛[②]、和中[③]、达之[④]：

接到你们四月二十四日所写的信，知道你们用两件大衣跑了三十里路当不得两元钱，又饿着肚子跑回学校。这件事是你们在长江北岸为乡村教育史写成悲壮的一页，亦即光荣的一页。我们是何等的安慰而又是何等的敬佩你们啊！在前一个礼拜，我们接到文采先生转来的信，即汇了三十元经常费给你们，可惜竹因[⑤]不慎，给扒手拿去了。我只希望这人需要此款比你们还切，那么我们总算对于他有些贡献了。但是想念着你们的困难，急的了不得，立刻又凑了一笔款寄去，谅现在已经收到了吧！请你们放心，你们要我们做的事，我们是已经做了，我们是决不会忘记你们的。捧着一颗心来，不带半根草去。你们抱着这种精神去教导小朋友，总是不会错的。

何日平[⑥]

十九、四、三十

注释

① 此信是陶行知为正处于极端困难条件下仍然坚持办学的新安小学师生写的。

② 九盛　即蓝九盛。

③ 和中　即台和中。

④ 达之　即汪达之。

⑤ 竹因　即方与严。

⑥ 何日平　陶行知的笔名之一。

愿为新安小学托钵化缘

——致汪达之等

达之、九盛、和中、铭勋[①]诸弟：

接读七月十六日来信与新安小学[②]十年计划，精神为之一振。诸弟持此精神向前做去，必有成功之一日。

生活教育与教学做合一之理论，现仍继续探讨，苟有所得，必愿随时奉告。近一年来研究结果，除与达之面谈托他转达外，仍希参阅《儿童生活》[③]第三期所载之《儿童生活之中心主张》、《师范生》[④]第三期所载之《儿童文艺研究社宣言》、《中华教育界·教育出路专号》[⑤]所载之《中国教育出路》及《教科书专号》[⑥]所载之《教学做合一下之教科书》四篇文字。从农业文明渡到工业文明，必须特别注重科学，以培养创造、建设、生产之力量。现代之教师，每人必须终生探讨一门自然科学。经费一层，现已由全体同志共负责任，这比一个人负担更为坚稳而有精神。我不是推诿。无论在何种形式之下，我必尽心力而为之。我不能说数目，因为所需的款子，不在我的直接支配之下。但我已下决心，愿为新安小学托钵化缘。诸弟宜谅解我的，是我现在化缘的力量远不如从前。所以对于筹款的观念应当具有弹性：十万不为多，一千不为少。碰巧遇了一笔遗产，则十万实不算多；倘使遇不着，则一千八百也不无小补。晓庄开校只有二千元。以后虽是量出筹入，实是量入为出。为实行计，诸弟宜有两个预算：一是最低限度；二是望达限度。总而言之，大数着眼，小数着手，是我们应有之方针。我必尽我的力量，与诸弟共同实现一个光荣的新安学校。

所拟计划都很好，只需把“发明教学做合一者审定”字样除去便可用。敬祝

全校康健!

不除庭草斋夫[7]

二十年七月十九日

注释

① 铭勋　即孙铭勋。

② 新安小学　1929年6月6日晓庄校友创办，校址在江苏淮安。

③《儿童生活》　月刊。创刊于1931年4月1日，共出七期。陶行知被通缉由日本潜回上海后，以筹建的“小朋友书店”作为联络点而派方与严出面负责出版的刊物。

④《师范生》　月刊。创刊于1931年4月15日，仅出两期就因经济困难停刊。

⑤《中华教育界·教育出路专号》　指《中华教育界》第19卷3期《中国教育出路专号》，1931年7月出版。

⑥《教科书专号》　指《中华教育界》第19卷第4期，1931年10月出版。

⑦ 不除庭草斋夫　陶行知使用的笔名之一。

附：汪达之等致陶知行函

日平先生：

念小草之无知，长依宝树；

比丛葵之向日，终矢丹心。

就用这几句现成话来代表我们对于新安，对于晓庄，对于事业的虔诚。

新安，是晓庄的唯一的孤儿。我们对于这孤儿有很大的希

望，希望他能够好好地发扬光大，永远保留着慈母的令名。而自开办以至于现在，同志之前后来此者，亦莫不以试验生活教育与教学做合一相呼号。

然而两年来的成绩怎样？这是我们不敢自问也不敢答复的。若果今后的生活仍然照现在这样苟延残喘的下去，这不惟对于小朋友有很大的牺牲，对于慈母的令名有很大的败坏；就是在这里工作的几个园丁，也无异是走上慢性的自杀之路。

然而我们的血未曾冷，我们的心未曾枯，我们要在这里继续不断的努力下去，所以最近有十年计划的产生。现在将这计划呈请指正，并有下面的两个问题，要求先生有具体的答复：

1. 生活教育与教学做合一的试验的或成或败，先生都不能辞其责，那就应该常常给我们一些切实的指导。

2. 经费的力量可以左右事业的成败，十年计划里的经费的筹措，不得不要求先生负完全之责。

十年计划之能否进行，完全看这两个问题之能否解决为断。先生是我们唯一的领导者，对于我们的要求，决不致令我们失望。所有新安的一切现状，统由达之面详，兹不多赘。望先生与达之谈话后，给我们一个书面的答复。敬祝

健康！

达之、九盛、和中、铭勋

二十年七月十六日

关于晓庄茅屋问题

——致冯玉祥

焕章先生勋鉴：

沪上两次晤教时，对于先生在晓庄自造之茅屋，拟作一口头报告，因时间匆促，未能如愿。

前年四月晓庄停办令下，知行即派可靠学生看守，一切如常保存。八月因学生被捕数人，中有共产嫌疑，政府遂下令将晓庄全部没收，学生一律离校，不离校者逮捕。因此看守尊宅之学生亦被勒〔令〕离去，房屋看守无人，家具被抢一空。

此时蚕桑指导所，以原借河南馆不敷应用，愿移至尊宅办理。知行私幸守屋有人，未加阻止。不久驻军前来接收尊宅，指导所出而抵抗，卒未被接收。

嗣后，政府捕风捉影，疑共产学生之所为皆知行所指使，即进而密缉知行。此时因友人劝告，遂去日本考察。指导所乃擅将屋前花木砍去，建起烘茧高房一座，将茅屋前景一齐遮盖。

最近有凭吊晓庄友人前来谈及此事，知行即派人前去调查，果如上述。此烘茧房虽为有用建筑，但不合晓庄建筑计划，破坏全校及尊宅布景，将来必须移建他处，以图两全。但指导所所做工作，人民尚属得益，愿公不咎既往。至此屋如何处置，尚希卓裁。

中央蚕桑指导所负责人为常君宗惠，如有接洽，请派人至太平门外该所通知。先生有暇，亦望亲去一看。近来进行科学试验，一时不能来宁。余意统由勉仲兄面陈。

专此奉告。

敬请

勋安!

知行　启

二一、一、二一

请收一个插班生

——致刘海粟

海粟吾兄：

久未晤教，不胜系念。友人罗馨甫先生之女公子珊和女士拟插入贵校正科肄业，如蒙玉成其志，曷胜感激。敬祝艺术革命成功！

弟

知行启

二十一年二月廿三日

关于科学教育

——致庄泽宣

泽宣[1]吾兄：

久不晤教，至为想念。

晓庄是一个试验学校。晓庄本部虽已被封两年，但是他的试验工作，仍是不断的进行着。几年以来，我们觉得要救中华民族，必须民族具备科学的本领，成为科学的民族，才能适应现代生活，而生存于现代世界。科学要从小教起。我们要造成一个科学的民族，必要在民族的嫩芽——儿童——上去加工夫培植。有了科学的儿童，自然会产生科学的中国和科学的中华民族。这一年来，我们预先编成《儿童科学丛书》百种，在今年暑假以前可以出齐。恰好政府已下令准备将晓庄交还我们[2]。我们在这次国难当中察出，愈觉科学教育之重要，所以我们今后教育方针，准备瞄准向着这条路线上前进，为中华民族去找新生命。所以我们对于接收晓庄，感觉得无限兴奋与希望。

我们接收晓庄的计划，分成三个步骤：

第一步，先恢复晓庄周围四十里的六所小学和六所幼稚园。即以此作四十里周围最经济的普及教育的实验。

第二步，在本年暑期中（七月十五日至八月十五日）开办一大规模的暑期学校，专门研究儿童自然科学。定额一千人，招收大学毕业生、各师范科学教师、市县督学、各小学教师，分别研究。招收大学毕业生和师范科学教师、市县督学，是预备他们回去，到了明年，各处都有这样几个专门研究儿童自然科学的暑期学校出现，使一年之后，儿童自然科学的主张即可推行到全国，科学的儿童早日造成，科学的中国和科学的中华民族早日实现。

暑期学校的生活课程，分为下列十门：

一、儿童的生物；

二、儿童的物理；

三、儿童的化学；

四、儿童的天文；

五、儿童的地球；

六、儿童的几何；

七、儿童的农艺；

八、儿童的工艺；

九、儿童的生理卫生；

十、儿童的科学指导。

现时晓庄小学已经开学了。一面顾到儿童教育，一面即负责担任筹备暑期学校。一切进行，如小学、幼稚园之经常费，暑期学校自然科学之实验工具、材料，在在需有相当经费，才能推行顺利。明知国难当头，经费来源不易。惟因国难当头，愈益觉得立国根本之教育，更有从速举办的必要。我兄谋国心长，救种虑远，定能赞同是举。对于经费一层，务希酌量帮助，遇有青年教师富有研究儿童自然科学兴趣，而且有志救国大计者，务请劝导保送来学，襄此盛举。章程随即寄奉。

第三步，恢复师范，就原定之初中、高中、大学各部，逐渐恢复，充实内容，并拟添设研究所，加以高深的研究，使他能成为乡村教育及儿童自然科学之泉源。详细办法，容后奉闻。一切均请随时指导，俾生活教育得以发生效力。是所至盼。

敬祝

康健！

弟

知行启

二一、三、廿二

注释

① 庄泽宣　时任广州中山大学教育系主任、教授。

② 1932年2月22日，当时的国民政府内政部宣布取消对陶行知的通缉令，并决定发还晓庄师范的校产。后并未执行。

附：庄泽宣复陶知行函

知行先生：

十年未获手教，昨忽接华函，承示科学救国意见，甚佩甚佩。科学救国几为国人有识者的共同意见，但如何可使科学在中国文化与社会生活中发生活力，确有研究之必要。七十年前科学的势力初入中国时，中国即感到其力之盛而应受其洗礼。但自传兰雅以至于推士所介绍之科学与科学教育，皆不免有强扯活拉之诮。文化基金在国内六中心地点设科学教席已将六年，近亦知其失败而宣告结束。此外提倡科学救国者不胜枚举，然皆未尝与人民生活发生关系。两年前文化基金曾召集科学教育会议，敝所同人不揣愚陋尝草有意见书（见本刊第十一期），“以为在中小学施教无论何科均宜以下列二原则为选择教材之根据：一、从实用到理论，二、从近的到远的。”因此主张科学教育宜以博物学为主。其理由为大多数民众不与理化之应用生关系，而与大自然则时时接触，且中国地广物众，许多自然产物为他国所无，若研究之，一方面可增加爱国心，一方面可贡之于万国学术界，况欧西科学的发轫实出于自然科学的研究。迩者弟又草《中国民族的出路与中国教育的出路》一文(本刊第三十三期)，以为空谈科学救国无补于事，从中小学或训练科学师资入手，恐仍不免流于洋八股的一途，惟一方法在应用科学解决民生实际问题。此则鄙意以为最好一方面努力乡村改造运动，在此运动中以科学方法经营合作事业（有华洋义赈会在河北之成绩可为前车之鉴）及推广农业改良（定县所举办的事业中以此为最大贡献），一方面在努力开发边疆，初从农牧入手，继及于矿产及制造，此二者均可应用“教学做”原则去推行，不必取学校形式。晓庄对于“教学做”的提倡及打破学校形式与修业程序，均为有识者所共赞。但若容弟不客气的批评，则晓庄之败，败于扩充太快。弟忆前曾参观三次。首次远在开办之初，弟与厦大同学数人到晓庄，所吃之饭半生不熟，当时全校不及百人，设备极陋，而精神最奋发。第二次在成立后第二年，则人数已超过三百，饭却煮得很好，但已形散漫。忆先生曾询及弟对于晓庄感想，弟曾告先生一切进行勿太急进。至第三次参观又在一年以后，则人数增至五百余，而离心力亦更大，弟深虑将有“问题”发生。果不久先生即被学生压迫离校，后先生虽回校而终于为政府所解散。“往事已矣”，今后卷土重来，则窃以为前车之鉴，不可不慎。晓庄虽由先生一人之力维持，然初系改进社之试验学校，且尝受文化基金补助，可称为教育界之公物，故弟不敢缄默，敬作逆耳之忠告。弟以为恢复周围四十里的六所小学即以此作最经济的普及教育实验是极好的。但大规模的暑期学校则有弊无利。暑期科学师资讲习会已由文化基金与数大学办过几次，成绩不过尔尔，晓庄若办，恐更不及，且“大规模”更有害。弟尝以为中国社会的生活仍以人与人的关系为本位，无法治的训练，则大规模的生活必有弊害。试看一切实业小规模时均欣欣向荣，规模一大未有不失败者，学校更不必论。向者晓庄之败，即败于扩充太快。至恢复师范弟亦赞同。但人数必严加限制，最多不过二百人，如此训练方可集中，一班出校后再招一班，庶可养成优异纯洁之校风。质之高明，以为何如？承征鄙见，且知先生素无成见，不耻下问，故敢冒昧直陈。

又自先生南下主办晓庄后，教育改进社即无人过问。去夏弟乘赴平之便，曾约大年、西瀓诸兄同往一观，殊为叹息。该社本由教育界同人发起，且得文化基金之补助，一方面征集研究资料，一方面招待国外专家，实国内不可少之机关。先生若无法兼顾，似宜另推主干，早日恢复。若晓庄范围缩小，以训练师资人才普及乡教实验为鹄的，则先生亦未尝不可抽出一半时间，为改进社尽力，辅以若干事务员，不难照旧进行，幸先生为全国教育界一考虑之。至关于科学在教育中的功用与位置，近漱溟先生在《村治》二卷八期中有极精到的言论，或亦可供先生之参考也。拉杂乱谈，幸知我谅之。复颂撰安！

弟庄泽宣

二一、三

先生等所编儿童科学丛书前已由儿童书局（?）寄来十余种，仍盼续赐。

注重养生而不杀生

——致郑先文

先文吾弟：

前天路上遇着秉农山先生，便约他到一位朋友家中谈了一点多钟。我将小学生物学注重养生而不杀生的意见请他指教。他对于我们的主张十分赞同。他说达尔文晚年屡次上书政府，请求保护生物。英国现在生物研究所要捉一只虾蟆，也要有护照才行。农山先生自己的孩子，有一次弄了一只乌龟在家里玩，他怕这乌龟的老命要送在孩子手里，便乘孩子出去的时候，把乌龟放在塘里去。科学社的生物学助手，讨白老鼠到家里给人家玩，总是被他拒绝。他甚至于主张未来的科学要发明人造肉，绝对禁止杀生。我们在这一点上完全同意。

从前晓庄小学特别注重生物学，这是大家知道的，但是有几步路是走错了。我这里举一个例子和大家谈谈，以免再蹈覆辙。一次，小学生捉了一串一串挂珠似的虾蟆子，我想，总有几千粒。老师们教学生养在一个六尺长，三尺宽，一尺深的铁池里（这白铁池是我定做来煮铺板灭臭虫的，大规模的肃清臭虫还以这法子为最有效。臭虫、蚊子、苍蝇在没有停止侵略以前，不能以我们的养生主义做护身符）。过不了几天，池中便是一片漆黑，虾蟆子都变成蝌蚪，人山人海在池里乱冲着。大家看了都以为好玩。我独觉到那些蝌蚪是在尝着中国的滋味，它们是有人满之患，找不着出路。但是我那时科学兴趣没有现在浓厚，又忙得很，不能及时为这些小虫找条生路。果然，它们是大难临头。一天，我看到池里是空空如也，问老师们蝌蚪都到哪里去了？他们告诉我是自己死了，死得精光，一个活的也没有，所以摔掉了。作孽罢！我现在回想到这回事，他在我脑筋中的印象是留得太深刻了。假使中国教育已经普及，而所普及的是我们当时的那种教育，怕不要多少年，虾蟆是要绝种了。这件事从此便成了我考虑儿童生物学的出发点。假使我是一位小学教师，带着小朋友在大自然里观察，看见塘里有一串虾蟆子，我一定教小朋友留心观察。宇宙是我们的学校，这个池塘里便是我们的虾蟆池。我们要看虾蟆子变蝌蚪，蝌蚪变虾蟆，虾蟆又生子，就时常到那里来观察好了。从远的池塘移到近的池塘来未为不可，但是要如抱着我们自己初生的孩子一样小心，决不能把整串的虾蟆子捉到课堂里来养。如果要在课堂里或试验室里养几粒，那必定是以养几粒为限。这几粒的生长条件，必定为它们准备齐全，可以使它们由子长到蝌蚪，由蝌蚪长到虾蟆，一代一代的传下去。我们有什么权利可以牺牲虾蟆的生命来给我们玩把戏？你们觉得这些意见如何？

祝你们

康健！

陶知行　二一、四、一一

培养科学儿童以利创造科学中国之始基

——致伍朝枢

梯云[1]先生大鉴：

顷吴涵真[2]先生持大札来谈，敬悉先生抱开辟的精神出治琼崖，深为岛民庆贺。民国十四年弟与任叔永[3]先生再度游粤，在广州备领教益，具见关心人民福利，克继秩公遗风，谛听之下不胜钦佩。今本此宗旨，集中人才从事琼崖之建设，不但关系一岛之兴隆，其影响所及，全国当于斯取法，瞻望南天，曷胜欣幸。承嘱来琼襄办乡村教育，曾考虑至再，弟以晓庄已经政府下令发还，正拟重新建造，责有专属，无法分身，精神赞助义不容辞。涵真先生有下乡决心，又无教育界传统观念之束缚，实为开创乡村学校不可多得之才，尚望加以便利，助其成功。俟教师物色齐备，学生已经到校，弟当来琼一游，贡其愚见，藉领教益。至于计划，尽可通信讨论，如有垂询，无不献其一得，以供采择。弟两年以来，鉴于中国科学不振，固由于中学以上之科学教育偏重书本，亦由于小学抹杀自然科学，不能教导小孩用手与脑在大自然里去追求真知识，故约集同志数人躬亲实验，并将实验结果编成儿童科学丛书一百种，今夏出齐。现已出版四十种，志在引导家长及小学教师培养科学的儿童，以立创造科学中国之始基。现托涵真先生带上一部，尚希指教。外附《中华教育界》二册，登载《中华民族之出路与中国教育之出路》及《教学做合一下之教科书问题》二文，皆为弟最近之主张，务望不吝赐教。专此奉

复。敬祝
康健！

弟陶知行启
二一、四、二五

注释

① 梯云　即伍朝枢。当时任广东省政府主席兼琼崖特区长官。

② 吴涵真　当时在广东、香港从事儿童教育与儿童福利工作，创办儿童书店及儿童书院。

③ 任叔永　即任鸿隽，当时任四川大学校长。

附一：伍朝枢致陶知行函

知行先生大鉴：

久仰大名，未亲謦欬。就谂蜚声教育，士论翕然，甚感甚感。弟承乏琼崖特别区长官，不日赴琼任事，该岛孤悬海外，风气未大开通，教育犹在萌芽时代，筚路蓝缕，煞费经营。闻执事年来在宁办一晓庄师范，成绩斐然，不知能否屈驾南行，指导一切。兹乘吴君涵真赴沪之便，特托顺致一函，希为察照，专此。顺颂
近绥！

伍朝枢
廿一、四、八

附二：伍朝枢复陶知行函

知行先生大鉴：

顷吴君涵真南旋，袖出云笺及尊著多种，均经祗领。并谂台端将重新于晓庄之建造，暂难南下，夙慕之忱，益劳瞻系。承慨允精神赞助，并于晓庄布置就绪后来琼一游。跫然之音，窃复欣幸。晚近教育不振，言之可痛。大教所谓在于自然科学之教导不得其法，诚能洞烛症结。《儿童科学丛书》一百种，分别门类，蔚成巨观。科学文字，每病晦涩，今乃以显浅之笔，状难达之情，使儿童易于了解，苦心卓识，钦企何穷。《中华教育界》刊载之鸿文两篇，亦经雒诵。以后如有撰述，尚希源源见惠，俾获先睹，至所感盼，专复鸣谢。祗颂

著安！

弟　伍朝枢

二一、五、十八

以大自然为生物园

——致台和中

和中：

您的信收到了，我在这里看出无限的前途。每人抱着一门学问终身研究，不令间断，总不致没有贡献。不过你的研究方法要有一些修正。您必须以大自然为您的生物园，才有丰富的收获。比如研究昆虫，最好是预备一块地方，让它长些野草，昆虫自然要来游玩。世界最著名的昆虫学家法布尔（Fabre）便是这样研究。比如养鸟，与其把它们关在笼里，不如多栽树木，引鸟飞来做客。冬天设巢供食，夏天设盆洗澡，都是招待鸟客的好办法。威钦笙（Wilkinson）研究上海鸟，便是运用这些秘诀。蛙的研究最好是在塘里、田里举行。你可以从蛙子看到它变成蝌蚪，蝌蚪变成虾蟆。若捉在瓶里，百分之九九变不成虾蟆就要死光了。鱼也是要在塘里养，河里养，海里养。兔子养大给人剥皮吃肉，它又不害人，如何这样残忍的待它？最少，学校不该提倡。养鸡生蛋，养鸽生蛋，是不是能行？我自己是吃蛋不吃鸡，但也不彻底。生物园的问题多着咧，我们都得考虑又考虑。你至少要把生物园的栅栏大开而特开。你至少要把三五里半径以内之池塘、田园、草场、树林、河流、山洞、天空都包括在您的范围里。如此，您便能取之无尽，用之无穷。私人的花园以及家庭中之生物小生产营业，都不能划在化外。您学校里可以一无所有，而实在是无所不有。这种种做到以后，再把那路远而具有代表性之动植物，选择几样培养在学校里，那是可以做的，而且是不可少的。但是培养这些生物，一定是要把一切供应合乎它们各个的生活条件。养一个小猴子必得当自己的小宝宝养，否则生物学便会变成死物学。三周纪念[1]，自然学园有些小款寄来。其他同志也有一些寄来。我看您那生物园的梦总是做得成功的。因此我要把我所知道的一些意见贡献给您。您说学校里工作忙，不能常出去，不能常到大自然里去。我有些不懂。真教育是在大自然与大社会里办，不能常到大自然里去，还能算是生活教育吗？祝你们领导小朋友冲锋到大自然里去追求真知识。

梧　影[2]

二一、五、三〇

注释

① 指新安小学成立三周年纪念。

② 梧影　陶行知的笔名。

全民族五大训练

——致徐笃仁

笃仁先生大鉴：

您的六月廿三日的信，给了我们许多鼓励。丁柱中[①]先生和我们创办儿童科学通讯学校的宗旨，是要把我们自己教导小孩子的知能，同时贡献给全国的教师、家长、小朋友。一方面是将愚者一得之见公诸同好，另一方面是如同小学生写了一篇文章，希望大家指教。中华民族要想不灭，必须全国一致举行五大训练：（一）普遍的军事训练，使人人有卫国的武力；（二）普遍的生产训练，使人人有造富的技术；（三）普遍的科学训练，使人人有格物的头脑；（四）普遍的识字训练，使人人有沟通精神的工具；（五）普遍的民权训练，使人人知道中华民国是四万万人的国家，老实不客气的做起国家的主人，以造成名实相符之中华民国。这五种训练，缺乏一种，都不能造成健全之民族，以适应于二十世纪的世界。儿童科学通讯学校，是普遍下层科学训练之发端，我们十几个人是下了决心，要把它开出一条路来。但是要想完成整个民族之普遍科学训练，必得由全国的教师、家长、儿童、青年、民众一起起来，把自己造成一个个手脑双全的科学工人，前途才能放出光明。先生垂询儿童将来的幸福，具见远虑，不胜钦佩。鄙意儿童将来的幸福，要建立在当前的生活中。当前的生活是最重要的生活，不可一天放过，不知高明以为如何？敬祝康健！

陶知行启

廿一年六月念四日

注释

① 丁柱中　当时同陶行知创办自然学园和儿童科学通讯学校。

长留慈爱在人间

——致孙铭勋、台和中

铭勋、和中：

接读你们的信，敬悉你们要创办一个幼稚园来纪念慈母之爱，这是再好无比了。这个幼稚园办成以后，每个小宝宝的生活里都反映出两位老太太之遗爱。小宝宝一代一代的欣欣向荣，即是两位老太太万古不朽。达之信里已提及陈鹤琴先生慨捐一百元，明年一月三十日交款，由竹因寄来。最低限度开办费虽有着落，而经常费用，亦须预为之谋，方为久远之计。余意以培养当地聪明慈祥之妇女充当幼稚导师为最良之策。我在徐家角已小小试行，成效殊可乐观。铭勋对于幼稚园较余经验更丰，当能事半功倍。余创燕子矶幼稚园而不能守，半因大局所关，半因村外之太太小姐终属痛痒无涉。你们决不可踏此覆辙。开始就须多多培养当地人材，庶能垂之久远，不致人存政举，人亡政息。不知以为然否？

敬祝

淮安小朋友幸福无疆！

两位老人长留慈爱在人间！

知　行

十一月二十五日

附：孙铭勋致陶知行函

知行吾师：

燕子矶幼稚园的开办，不是为着纪念陶老太太的六十寿辰吗？

我的母亲，还没有到得六十岁，已经在我隐潜着的预料中死去了。关于他的死，我是负得有直接催促的责任，无限的悲哀的火焰将永远地燃烧于我的心头！

我对于幼稚教育的决心，数年来虽未消除，但事实上已成了不着边际的游魂野鬼了！我现在要把我已经死去了的母亲遗留给我的生命，完全拿出来献给儿童，一方面又为着新安的发展与此地社会的需要，决在河下大街上开办一所幼稚园。街上本有学校的几间房子，原租给别人开面馆，现在可以收回，因陋就简地修理一下，预定于明年三月十五日开学。

要求您帮助的，就是经费。人的方面，当然也有问题，但现在且慢谈吧！开办费的预算，最多一百元，最少六十元，交款的期限，最早十二月底，最迟一月中。

达之至沪，想已有口头上的商量，我现在再写上一信，望给我一个有把握的答复，则我当于十二月中离淮，在寒假期内为这件事情去尽力。

和中的母亲也死了，他亦愿意将他对于母亲的悲哀，转移到幼稚园方面去。

肃此，敬祝

健康！

生

铭勋

一九三二、一一、一九

以穷人之礼治丧

——致文澄弟媳

文澄[1]弟媳：

接奉来书，敬悉婶母灵柩将于三七后安葬。蒙嘱开具外间男丁八字，具见慎重之意。当将来信禀告老母，慈谕只求坟地干爽，有黄土，死者安则生者自安，八字可无庸开来。现在热河[2]、榆关[3]告急，战事旦夕发，人民将益不聊生。来意要将祖母、叔父一同安葬，立意甚善，奈款不易筹措，只得先葬新丧。老丧缓至以后进行。吾家寒甚，有丧愿以穷人之礼治之。三年前吾妹亡于晓庄盛时，余亲为治丧，蔽以素衣，藏以松棺，祭以清水，哭以热泪，一切虚礼均废，亦甚悲哀。吾国婚丧喜庆，大率是做戏给人看，往往弄得破产，故婶母之丧，亦宜以穷人之礼奉治，虚礼可省即省。三日内当再汇四十元来，以应急需。尚望节哀珍重。

大伯手书

二二、一、四

注释

① 文澄　即陶文澄，陶行知的堂弟。

② 热河　旧省名，1956年撤销，分别并入河北、辽宁两省及内蒙古自治区。

③ 榆关　即山海关。

几条筹款办法

——致汪达之、孙铭勋

达之、铭勋：

现汇上叁拾元，敬祈查收。这次迟迟寄款，实在是因为困难万分。我也知道，您们到万不得已时可将幼稚园开办费稍稍垫用，以济眉急。永久办法现已筹得几条，您们是已经知道了。第一，介绍稿件一律捐十分之一。第二，同志共同乐捐。这两项进款平分给新安与三新，每月总可望得百元以上，似可维持上年预算，现已分头进行。第一位是陆静山先生，他已实行捐出代售稿费十分之一，即十五元。我和竹因介绍稿子的时候，可以要求局方优待，所以著者并不吃亏。王省三已允月助十元，徐企周月助五元，夏德琴月捐十元。如全体同志都能如此踊跃，并能如数实行，则两校经费可以无忧。敬祝
康健!

知　行

二二、三、十八

办学须重视客观条件

——致汪达之

达之吾弟：

昨天铭勋来信转述新安小学近况，我看了之后，在百忙中先写几条意见供您采择。

一、认识每一位徽州旅淮同乡，在最近给我一个名单。

二、在淮安之董事，请将他们的台衔开来，我预备每一位写一封信给他们。

三、县长、教育局长之姓字亦请开示，以便通函。

四、捣乱分子亦请将其领袖之姓名、地址开来，以便相机应用。

五、董事会必须开在淮安，我写信征求姚先生[1]及程修之先生意见，看二人中谁能来淮主持开会。

六、办学须重视客观条件，不能存丝毫之主观成见。即理论亦从客观事实产生方为有效。前曾托铭勋转达，尚望特别注意。我发此言不重在批评既往，而重在指示未来。可是，我国人之习惯素不重视客观条件，所以就要一意孤行置客观条件于不顾；就要和光同尘完全拜倒在客观条件之下。我们是犯了第一个毛病，即我有时也难免。

七、新安错误之一，在将会馆[2]之钱悉数用以办学，对于常人重视之所谓好事一概不管，因此怕是大部分同乡对于我们也无好感。结果，捣乱分子乃敢乘新安之孤而施其破坏之计。我们精神之所失，乃远超过物质之所吝。我自始即主张，拨若干为同乡之无告者养生送死之补助。从前主持者置若罔闻，乃造成今日孤立无援之形势。以后解决怕非注意这事不可。

八、徽属小孩在小学上课者几人？在他处小学上课者几人？失学者几人？请在可能范围内大略询问询问。今日已托纯才[③]寄上三十元，以资应用。对联三幅，日内寄来。倘有需要，可以再写。我对于新安不是欠了解，乃是不干涉（包涵不助长）。我希望新安在自由的环境中发荣滋长。敬祝

康健！

陶知行

二二、八、五

注释

① 姚先生　指姚文采。

② 指坐落在淮安县河下镇的"新安会馆"（新安小学的校舍），会馆有少量固定收入。

③ 纯才　即董纯才。

附：汪达之致陶知行函

行师：

信是早该给您写，然而病了，将近半月，尚未能恢复，迟到现在。天渐凉爽，再有半月，又要开学了。给您信，是不能再迟了。

新安已定本月十六日开学，现在人的方面只我与由校供给伙食的小朋友四人，和自费伙食的两人，共七人住校。

教师，只我一人了，本来上半年也只就是我一人，力量很单

薄，但这有什么办法呢？我只有积极地从两个年长些的小朋友身上找办法了，上半年就是采用这个办法的。

幼稚园之停办，已由铭勋面陈，兹不再赘，但有一言，幼稚园之不办，非为社会之不可与有为，为全盘计，不得不暂停，说来话长，留待后叙罢。

此信之使命，有以下诸问题，有须立即予以解决者，有须逐求解决者，统希早予赐复！使心有所安。

敌人，就是从前和我们打官司直到苏州高等法院第三审判决驳斥了的那班坏蛋，现在是改弦更张，别谋途径，伪组校董会，大张旗鼓的向我们挑战了。六月里，他们确向县政府蒙呈批准，复向教局呈请，教局以前校董会未经呈请撤销，未予照准。但他们如何甘心，上月尾又蒙呈教局，但教局批，有候饬汪校长查复办理。

第五年计划，印成的两页，事隔两月，已发现力与愿违的地方很多了。现在是缩成只求下半年这半年的一个计划，将前计划中之可实现者，务必在这学期内能实现。

关于经费，我们希望于吾师者更不敢有丝毫的奢望了，因为那是要失望的。

一、经常费，按月最低仍要照寄三十元，以作饭食、灯油、纸张、邮费和其他杂用。这是不够的，但可收点租息补充。今年已闹旱荒，能有几分收成尚不可知。

二、修理建设费。

（一）要开水井一口，约二十元。（二）有一处屋子将坍塌，和两处围墙将倒，拆卸和修理皆不容缓，约须四十元。因为时间不够支配，不然可以自拆自修要省二三十元下来。（三）要装玻璃和地板，约须一百二十元，这是寒天要办齐的。每年寒天屋不避风，是够寒伧的了。窗门已于去年修好，今年才付清工钱。地下太潮湿，必得铺板。并非过求安全的缘故。

三、图书工具费：（一）要定几种杂志和参考书；

（二）儿童用教科书；（三）民众用教科书；合约五十元。金木工用具也在三十元上下。

除按月照寄的三十元外，这以上开到的约共三百元以内，盼能陆续筹寄!

四、开办民众夜班。

这是应地方需要，下半年自十月中旬，拟即开学招生。预算全班全期用费为十五元到二十元，总以力求节省而合适用为原则。

五、解决吴家迁让问题。前次他们托人出来，要我给他三十元，就可让出了，但那时没有此一笔余款，就搁置了。如不设法请其迁让，也会遗心腹大患的。要是亲眼见着他们兄妹住在校内和进出行动的人，一定会感着不安的。一星期前，他的儿子，现在本县公安局做稽查员的，来看他父亲，说了一些要与我们为难的恫吓的言词。他是个要不得的人，自任公安局任务以来，受其敲诈的不知有多少人了。我十二分的担心，平空的要提防人是最苦的，然而却不能不提防。他们都搬出去了，坏蛋就无来的机会了。此外尚有两问题，都属于为地方着想者。

一是属于提高地方经济力量的。学校附近有蒲田，年出蒲草数千担，合清淮两县出产，数量可观，近为销路停滞，旧货充斥，新货又日渐囤积，价落一半，只四千文一担，尚无人问。蒲田户经济之恐慌可以想见。前曾以可否制纸询《时事新报》馆，已得答复甚详，披露于该报七月廿五日致《时事新报》函栏，能供造纸原料之问题已决。但如何促成投资及设厂经营之问题，究如何可决？论交通，运河小轮直达镇江。费时间大约一昼夜，水小，两夜一昼，总算便利。这关系地方经济，吾师将何以促其成功？

二是属于娱乐的。内地无高尚娱乐之机会，而至常聚集数百人于一恶劣的小戏场中。民生之志趣奈何不日庸且劣！我计划于校舍西边空地，辟一露天影戏场，每星期或两星期开映一次电影，间插以儿童表演的话剧，和通俗的各种演讲。这于地方的影响是很大的，去岁来沪，于临行之前夜，在通信学校内曾与吾师一谈。当时吾师之兴甚豪，且谓将有汽车飞机以助在内地工作者的便利。或为经济情况所不许，但先后求其实现，是为必要。沪上现有教育电影机关之组织了。此问题之解决，第一，如何取得一架电影机和发电机；第二，与沪教育电影机关交涉无资的流通周转影片，就可解决了。比吃饭问题次要的娱乐，亦是民生问题之最大者。吾师将何以助成之？

新安之根本问题，是在如何能开展生产事业。新安本身之无惊人的进展，因它的病症太多了。我可算是较长期的褓母，知之较切。但还不敢自认观察无遗。它是有先天遗传的（败血症），又有后天营养不足的（贫血症）。二症俱发，是会死亡的。然而它还活着，从它的外观，是一天一天的大，一天一天的新的活着。

墙和圆门的工程已成功，那最后的成功，是属于放暑假后住校的六个小朋友的努力。我们为赶砌这座墙，每天逞早凉，四点钟就起身了。工程是完成了，各得着成功后的愉快。有几次我感到倦了，但一改阅他们有进步的生动的日记，我又忘倦了。

下半年的新安，大班学生，不轻收，宁缺毋滥。小班，由两个年长的小朋友负责，尽量招收新生，并设法加增名额。

将现有园田一齐开辟种菜。除供自吃外，还要分其余出售。

设法补助无力供给其子弟之家，使其能由校供给伙食，逐求达到自食其力的地步。

我认定新安不是义务教育性质的学校，它应该有它要负的使命。这话，十九年夏吾师也曾说过。

上半年的新安一切，留待面陈，只有面陈才可亲切。上半年除说明要从“在劳力上劳心”去实验生活教育的话外，并无开空头支票的事。我一人主持小学，铭勋主持幼稚园。两位女先生都是参加幼稚园工作的。但四月中走了一个，五月中又走了一个。

经常费是三月份后，每月由沪汇寄三十元，租息分文无着。借贷和设法向教局将二十年度拖欠未发的一百元，折成八十元取来用了，共用去二百余元。吃饭的嘴，合起来有两尺长。要用的东西，必要的尽量添置，难关是挨了又要挨。现在，是我又开了一些支票给您了。我之能否兑现，是要看所要求于您的准备金怎样为断了。

力，在我身上的，总求用出来才痛快。

希望于吾师者，也求不遗余力。

最好，是到新安来一趟，百闻不如一见，我希望您和其他关心新安或怀疑新安者。

从别人传闻略有所知的事，我请您把他抛弃了，那是会有变成误解之虞的。

务请赐复！我计算日子等待着。敬祝康乐！

达　之

1933.8.2 午

我们必须在大路上行走

——致汪达之

达之吾弟：

来信所提议之路线决不可走，否则坠入魔道，万劫不复。遇事以数学解决之。数学的方法是：2 加 2 等于 4，何能以 2 加 1 相混？您如此手忙脚乱，我未免有些担忧。达之，我们必须在大路上行走。新安小学的自卫的生路，依我看来是如下所述。新安小学自始是旅京[①]徽州同乡与旅淮[②]徽州同乡合办的。两处同乡联席会议产生校董会，再由校董会聘请校长。经费是一方面议决将会馆产业悉数充作办学基金，一方面由旅京同乡担负经常费之不足，其实是大部分。以法说，上述议决早已立案，屡次法院批示均已保证。以事实说，旅京同乡每年担负经费在五百以上（请查阅五年来之总数）。双方合组之学校岂能由单方面改组？况且参加倡议改组之人乃学校之敌，是否徽州人尚须彻查，故我们的基础还是立得住。万一要改组也须双方会议。未改选之前，原董事会系管理学校之最高机关。请你把这个意思，先与在淮校董谈清楚，共同负起责任来。你得赶快将这意思，向县长、教育局长说明，以免多生枝节。铭勋说校友已有二百多人，是宜组织校友会、家长会，共同护校，声势力量都要大些。有几位旅淮徽州同乡，请在淮校董所知调查列一清册，以待后用。请你把县长、教育局长之姓、名、号开来，以便通信。如铭勋记得姓名，我今日下午必有电致县长，说明新安系合办之意，不能由单方违法擅改。敬祝康健!

陶知行

二二、八、六

留淮校董天任、幸伯、鹏云、子衡诸先生请即代达一切。

注释

①“京”指当时的首都南京。

②“淮”指江苏淮安。

附：汪达之复陶知行函

行师：

昨接五日手书，顷自城内归来，又接六日手书，细读之下，知吾师关怀新小甚切，故即作复。

前书提议董事会事，幼稚殊甚。当时，病稍愈，而又情急如焚。及今思之，深觉可笑。吾师疑为手忙脚乱，而即加指示至感!

关于董事会，吾师所说，已极明白，毋庸多赘。兹将有关之数事条述于下：

(1)旅淮同乡。我是一来淮安，即着手于此，但是令人灰心，如是渐渐地而至于废然而止了。但我还以为是自己的交际本领太差。后来有机会和此地的几位校董谈起，他们的答案说，你莫问起，有点钱的是胆子太小，他生怕您沾了他的边的；无钱而自好者，谁又有闲管这些闲事。我们虽都住在淮城，问起我们能认识几个徽人就不多。有几个，是店家。那都是胆小，怕管闲事的，如是我明白了。第一，落籍既久，也就失了组合的需要了。第二，有碗饭吃，谁肯多管闲事。如是好人背着手，恶人背着走。为了这赘疣的馆产，致攘夺纷扰而有十余年之久，闹来闹去，节目单上，不多不少，还是那么几个名色，就可以知道了。伪董事会，仍是他们的把戏。

但最近拟对此事下一点切实工夫，即从户籍上查明，几个捣乱者是否为徽属？徽属尚有多少人？如有所得，即以奉告!

(2) 县长，张赞巽（荟甄）君常州人，年纪四十余，甚优柔。从其整顿公安局一事看，颇愿把事做好些。履新才近四个月，我曾和他谈过一次话。有旧的书生气。

教局长牛万青（梦选）君本县人，中公学生，年近四十。有一次当我面骂勤务，破口如贩夫走卒，语多不择。近批候饬汪校长查复核办，已半月而指令查复的公事犹无消息。今天特往教局，传达说并无公事下来。打算如有公事来，即说明白：一，董事会系京淮同乡组织，二，伪董事会，系前与学校为难之二三无赖之所为。

(3) 董事会宜于何地开？吾师可早决定，并希事前予以指示。

新安的生机，是在披荆斩棘，排众难而缓缓向前进。它是在特异的环境中生长着。吾师对它生长的状态，因为时空的限制，是很欠了解的。这是事实，而不是理论。请听我说明一段最近事实，来证罢。前天（七日）吴俊卿的孙子果然来了。到晚不去，通知不睬，如是亲去访本镇长，守他吃了饭，从黑地里走回来。结果，由镇长转圜保证次早即去。昨日太阳西偏，仍不去，乃复函知该镇长，直待天将黑了，镇长来，即去催促。回来答复，表示无能为力，请另谋补救之法，而吴孙子即扬言迟几天要将家眷搬进来。镇长自去。良久，莫知所措，如是又冒黑（月亮尚未出来）跑到很僻远的驻镇公安局去。幸好约了一位校友同去。公安局巡官是和他父亲很要好的朋友，所以到了那里很熟悉。守了半天，巡官给找回来了。述明来意，他觉得有些留难，想挨到明天。我以利害关系而委婉的言词责成了他，推托不掉了，这才说，您须办份公函来。我立即答应了，这才匆促赶回，时已夜九点半。真要倚马可待，所幸意简文短，途中已有腹稿，回校立即写就，着小朋友三人送去。约一小时半，来一队长，两警士，交涉半小时，吴孙子始离去。临行即又扬言，要和我打官司。今早即有同情于他的出来宣传，说是您们来办学是人家请来的，现在您们反客为主，反而要赶人家出来，成何话说。连所谓镇长者，虽未明言，而声色之间，也充满着这样的情调。昨天给公安局的公函，是根据王振宇长淮的批示。这批示是说，据高等法院令，勒令吴俊卿迁让。论理是应该连所有住在校里的，都可藉此机会勒令迁让的。但考量的结果，没有那样做，仅将其已迁出而复作盘踞的孙子，押令出校，而社会之反感已如此了。他如四年来之讼事，我们本都处于被告的地位。别人告我们侵占，我们到庭答辩，而社会之传说，只见新安小学和人打官司，表示鄙弃，不屑与有为似的。其实，他们都是环境的驯服者，没有一个，可以有为的。但他们的论调，同情于同一意识下的共鸣，却有力量。

还有，十九年晓庄的事件，影响也极大。他们始终是没有一个人能明白晓庄的。然而一说到新安，就联念到晓庄。隐隐中就看做是和洪水猛兽，或者是包含着有令人不敢亲近的一般。

但同时，却又极端相反。如江苏省第十二区地方教育指导员，却又批评得和一枝花似的去报告教育厅（这是去年曹天任君告诉我的，在淮城日报登载过，我因回家没有看见）。今春在教局为交涉二十年度的欠款，与本地乡间的几位小学教师晤面。他们听人介绍说我就是新安校长，都个个肃然起敬的问，可就是地方指导员嘉奖的那个新安小学。当时我确实有些惭愧。此外，尚有淮中的几个教员，每见必称赞一番。但我自己，是有自知之明的，我总是惭愧的报之一笑。有一次到清江淮农去参观，有位皖北人，任蚕桑主任，他见了我底名片的头衔，沉思了一下说：“贵校可就在淮城莲花街？前次自淮城里坐船到河下，经过贵校，他们指着告诉我，这里有你安徽人办的一个小学，很有精神，当时没有空去参观。原来就是汪先生在那边主持。”尊敬的笑貌和热忱，使我忘记了来时的苦痛，因这次到清江是看高等法院的批示的。批示胜利了，还有半日的余闲，匆匆草草吃了午饭，去到淮农参观的。此外，也常听到邻近淮安的几县的小学教育界，对新安底神秘的敬慕的事实，这都使我异常惭愧，没有好的事实拿给人看，因为始终就没有充实过力量。

“财力”是在二十年秋才有安静的够维持的把握。这半年，极力的撙节，而完成大部分的修理。破败的神的权威区，焕然改观了，渐渐引起附近人来注意，才渐渐明白是从别的地方拿了钱来用，而不是来霸占会产的。但又发生误解了，他们又以为我们是有钱的了。朱晦庵说：“教学者如扶醉人，扶得东来西又倒”。现在中国，至少有百分之八十五以上的主人翁，尽是这辈扶得东来西又倒之辈。人力的不充足，更是使我们感到有无穷的遗憾。我们也都可算各有其能，各有其力的。然而始终就没有过好好的各尽其能，各尽其力。

我要提前说明的是，我们从没有闹过私人的意气，而致将要做的事没去做。但其主要的原因（一）是受经济的支配。（二）是受时代病的反映。此去彼来，彼来此去者，完全受制经济的压迫。有继续两年以上者，只我和铭勋两人。而铭勋又始终是病态的。我是始终承认，他是我在教育的事业上仅存的惟一的朋友。然而他就不能好好地把他的力量用出来。我没有这股力量，来转移他了。但我是更希望比我的力量更大，而经验更丰富，更能同情于他这样不幸的病态的人，来帮他，促他快一点渡到安全期。然而又无疑的这件事的重担子，或许只有吾师可以担得起了，这是最富有教育意义的事。望吾师即加注意！新安生长的内在是如此，他的发荣的可能在哪里？这是谁也无机会了解的事实。

新安并没有在他主张上碰到了多少意外，这是我们要从历史去分析去了解的。

吾师对新安的生长现状，是不无欠了解的，上面已经说过。

受了时间和空间的限制，经历的困难事实，连我自己也记不清那许多。这次在两三星期的病中，回忆四年来的往事，才找寻出来一些自己都忘记了的事实。别人之不能尽明了新安，自是意中事。

欠了解，而自觉是了解了，自必成为误解。所以吾师对新安由希望而入于失望，由失望而冷淡了。这是我最引以为不安的。更铁一般地指学生愈来愈少为不努力不长进的惟一理由，更使我痛心而入于灰心了。

行师，我的小病已渐好了，不过我明白了这样的健康，还担不起这样人生的担子，我还要积极地加以锻炼。我的生命的烈焰又在燃烧起来了。但要请您注意，这并不是因为连接了您的两封手书的缘故，而是因为这几周来，住校的六个小朋友生活现象，给予我以激励的缘故。前两天赶走那欲再来盘踞的痞子吴海澄，每个小朋友都参与尽力的。

我是生活教育的工作者，我要运用“在劳力上劳心”的理论，使我们的主张要得到事实的说明。

客观的条件，是有真和假的。淮城的老百姓，自废历五月廿八日将废止几年都未迎过的东岳菩萨，迎赛出来，空巷空城，热忱如烈火，香火鼎盛，夜以继日。会众长衫，其中不乏中小学毕业的新式秀才举人。接着又有大都天会！小都天会！亮真会！水神会！民众几如发狂。道路不平的，赶快铺平了，说圣驾要从这里经过啊！咄嗟间就办妥当了。要出钱，挨户挨家无不乐从。还有那写不出的极其神秘的民众心理现象。我看热了眼，但冷了一冷头脑，想明白了。这是这几年的社会浑乱的反映。

热河的炮声，正和淮安的老百姓祈神的燃烧一般的热情相呼应。但我自明白了以上的道理以后，也就淡淡地不再管这醉生梦死的现状去了。

然而，他们客观的条件，是需要神呢，还是需要别的什么？

行师，您该知道他们真实的需要什么的。

我总觉得，新安的路线是有小疵而未大错。他从非常的意外的平坦，而走上异常的艰险。他从十分的空荡，而入于逐渐地紧敛。他现在的生命是掌握在我的手里。只要轻忽一脱手，就会有生命的危险。但我决不“恨病乱投医”，我认清它的救命法，决不改移。若吾师认为我太胡闹了，那只好请另选能者了。为了教育的主张，我自己是牺牲了一切了。我还有母亲要养活呢，倘若不够牺牲的话。

请吾师注意，这不是牢骚！顷有人来，暂止于此。敬祝康乐！

达之　1933.8.20.早完成

小孩和青年比什么伟人还大

——致承国英等

国英[①]、庆娥、容仪三位同学：

我正在拟电报答复一位摩登伟人的时候，接到您们在七月十五日写给我的信，我便把电稿搁下，先写这封简单的信回复您们。在这五分钟内，什么事都没有比回复您们的信重要。在我的世界里，小孩和青年是最大，比什么伟人还大。这封信，是要使您们都知道，您们的尊贵的信是已经收到了，给了我一个很大的感动，我将要考虑您们所提出的几个问题，和您们来到这里的最适当的时期。在您们未来之前，我很希望您们就在家里过一过工学团[②]的生活。工学团能大能小，家庭里也能办。您们兄妹姊弟，可以办成一个很好的工学团。我不久将要写一封更详细的信给您们。容仪问我要诗，近来只写了一首，现在抄下来，请你们指教。我希望您们给我的那封信，是一千封信的第一封。好，我就在这儿数着吧。敬祝你们全家康健!

陶知行

二二、八、一一

注释

① 国英　西桥儿童工学团（西桥小学）创办人。当时十四五岁。庆娥和容仪均为该工学团的“小学生”和“小先生”。

② 工学团　陶行知首创的一种普及教育的组织形式。陶行知认为要普及“工以养生，学以明生，团以保生”之生活教育。工是做工，学是科学，团是集团，这三种生活缺少一样，便是残废的教育。1932年，他在上海最早创办山海、晨更等工学团。

十分钟教育

——致汪达之

达之老弟鉴：

九月十三日的信收到。我在这里等待您的呈文所发生的结果。这呈文火气嫌重，度量小的人，难免恼羞成怒。如未交去，措辞似宜和气一些。呈文是叙事说理之文。您只须问一问，要受呈人助您解决困难呢，还是要他不高兴助您呢？您就会发现，这呈文里面，有些地方要修改。

民众教育的意旨和办法，详在《知行书信》中，在那里面您可以找出我从前的意见。我现在试验一种十分钟教育。这十分钟的支配是两分钟的唱歌，两分钟说一条科学，两分钟讲一件时事，四分钟认两个字。这是为那些拾煤球、夹狗屎、守牛、砍柴的野孩子办的。至于读书太久要头痛的农人和做工太多无暇读书的工厂工人，都可试用此法。他们高兴的时候可以多上一两课。你可以试试看。

《千字课》[①]决办三十部送来，幻灯与片非十元不可，此刻还没有力量办。

活动影戏机是乡村教育最要的工具，我害单思病已有七年之久，到如今还没有到手。您如今也要做这个梦[②]，那是再好没有了。从同病相怜到有钱买药，这其间我希望只有半年之久。总之，我若得到这东西，它一定会到淮安游历。

您说您对我们最低限度的希望，是不要少于三十元；这个月第一次寄了五十元，第二次寄了十五元。我在这里要说的是在最低限度之外的数目中，是含有令堂[③]的款，您酌量寄给她吧。祝您康健！

知　行

二二、九、一七

注释

①《千字课》　即《老少通千字课》，陶行知编著的大众识字课本，共4册。

②购买活动影戏机的梦　活动影戏机，即电影放映机。后来，陶行知是将母亲的人寿保险金全部捐献出来，购得一部旧的无声电影放映机，送给新安旅行团，作为抗日宣传和旅行修学的工具，游历了大半个中国。使“这个梦”最终实现了。

③令堂　指汪达之的母亲。

附：汪达之致陶知行函

行师：

五十元早汇到，收条已寄纯才兄。

我们在陈蔡之厄刚解，而纠纷又起来了。今早县警送阅伪校董会请准拘传新安佃户缴租的传票，是九月十日批下的。想您当能记得该伪校董会前次张贴布告时，我给他呈明始末。他的批示是遵照法院判决，校务、租息，统由该校校长办理以符原案的批复，现在忽又代伪董会催租，真是滑稽而且荒唐了。第一，伪校董会没有准予立案；第二，佃户没有向他们写承揽租批。我的推测，这位办理催租的科长，没有经心受了骗，而闹出这荒天下之大唐的把戏来。我不知您见此项消息后，是有怎样的感触？但我要进行的是，撰好一张呈文，今天一准去面陈。

呈文已撰写好了，但上午是应了新任淮阴六师校长顾克彬先生之约，他上半年任省督学时，曾来淮安一晤，我本不认识他。

他到清江履新后，曾特函约往一晤，因我无暇不果。今天他晋省，船过淮安，又特函约赴轮中一晤，似乎有什么要和我谈的，就应允了。所以要守他的船到后，才有时间进城去进行此事。病菌又在滋扰了，白血球是少不得要出而抗战。但负有保护专责的医生，将如何呢？我只感着时间和精力有些不易支配了。

前话休提，再归正传。民众夜班，是必得要办，现已着手，名义是和本镇（竹莲镇）公所合立，负专责的，是新安一位校友，现正在县中初三读书的高昭明君，和现在新安负责小班生活领导的两个年事较长的小朋友。开学期在十月初，经费约二十元，地点在离新安约一里地的灵惠祠内。此祠前为镇保卫团部，破败不堪。目前拟即着手除草布置（祠内三面神坛，泥菩萨坐立如林，但决不轻率动他半个）。

我对于这个夜班的希望，除供给识字等机会外，（1）正常的娱乐机会，从此逐渐产生；（2）生产和消费合作的组织，在他们意识中发生萌芽。为此事，曾特访县民教馆，他们很热心地告诉我一些实际困难。据他们的经验，推荐采用青年协会晏阳初先生编千字课为较好。该书并有幻灯。

关于此事，要请吾师指示和帮助的：

1. 指示设班的意旨和办法。

2. 补助千字课三十部，教学法一部，幻灯一套（请酌量可能与否，在十月前寄到，或由此地请水客来取）。我的奢望，能在最近的将来，得着一部简便的电影设备，附近的民众，才可算得着他们的需要了。工作给他们累倒了，安得娱乐而又休闲的机会呢？但早迟我都在为他们找机会。此信到后，请即予复信。

文采先生已复信，谓许先生招石膏工练习生已满额了，允留下次推荐。

敬祝康乐！

达　之

1933.9.13.午

你的信给我伟大的动力

——致承国英

国英同志：

我近来是忙得晚上只能睡五小时或六小时，志在肃清一切债务。我必得要写一封信给你，使你知道我没有忘掉你们。你的信我收到了，赐给我不断的伟大的动力。

儿童旅行团是划分了时代，从此以后不信任小孩与穷人的世界是炸得粉碎了。你们欢喜看我的诗，好，请负起修改的义务，来读一两首吧!

一群小光棍，（汪达之校长介绍信中语）
点点有七根。
小的十二岁；
大的未结婚。（内地多是十六七结婚）
没有父母带；
先生也不在。
谁说小孩小!
划分新时代。

你的两块钱已经交给他们了，这款子算是预定“流动工学团”之书费，因为他们不愿不劳而获。但是你们的伟大的了解与同情已给他们无限的勇气。你的为晨更工学团写文筹款是同样的给了我们伟大的鼓励。

我现在星期一与四上午在山海工学团。余日于早晨八时在地丰路地丰里六号陈彬龢先生寓会客。（坐车到静安寺路，走几十步就到。）我们很欢迎你来谈谈。

从前寄给您的书都算是我送的。你的钱留待我选几本有价值的书寄来。我们所出的没有一本配换令堂养蚕的钱。

你到地丰里来找我吧。同时你将在那儿会见划时代的小朋友。敬祝

全体健康！

陶知行

二二、一一、一六

您可以出一本乡村小学教师的书

——致汪达之

达之同志：

接读本月三日来信，知道先母弃养消息，已经达到。这事一定要增强您的忧虑。老年人是说走就走，谁能预定时间。她为我缝了最后一个纽扣，和我的表弟算了一笔账，进房去跌倒，十五分钟内就不省人事，二十九小时就断气。我和桃红在红十字会医院里陪她，亲听见她老人家呼出最后一口气。这口气是细弱而悠长，足足有半分钟，待我再用手到她鼻孔下探探，已无一丝气息。我若不在她身边，我该是多么懊悔啊！

华北旅行团[①]大致今年无法实现。预算除车票外，要筹足二百元才能动身，这是不可能的。我们想改在明春或明夏举行。一则天气暖和要便当得多，二则准备充分，可以把路费赚起来。大家都觉得拿吃饭的钱来游历，总有一些不合理。所以我们是决定准备明春去了。天任先生要去，我个人很欢迎，将来计划时，当提出与大家商量。小朋友们十日动身[②]。您大概什么时候来，请先示知。您所需要的款子，可以有法子。最便当是将您的日记整理出来，加上一些活动图画，出一本指示乡村小学教师书[③]，以代替一般改良主义的乡村教师的日记（其实是乡村少爷的高等听差的日记），便可以解决您的问题。话说回来，您要给您母亲一些具体的安慰，我向您提议：赶快娶个媳妇，以乡下姑娘为上选。摩登小姐未必肯嫁穷光蛋，就是肯嫁也于我们的事业不利。

如有一位健康美的姑娘，只要聪明而爱您，不识字也无妨。我想您必须把这件事办成功，才能使令堂心安。我现在谢绝一切花圈与祭幛。叫朋友们把白银子留在那儿等候我组织劳苦大众儿童教育基金会。这事不久会成功。我自信至少能吸收一万元，多则一万万元也不是不可能。这样一来，新安的问题就容易解决了。

知　行

二二、一二、五

注释

① 华北旅行团　新安小学在组织了新安儿童旅行团旅沪后，曾计划在1933年内组织华北旅行团，开赴华北旅行修学。

② 指旅沪的新安儿童旅行团计划在1933年12月10日离沪回淮。

③ 根据陶行知的建议，汪达之后来将他的办学日记整理成为《生活的书》，并由陶行知协助其出版。

附一：汪达之 11 月 7 日致陶知行信

行师：

在旅行团未出发前，给您一信，可是在旅行团出发后，却给退回来了。我很奇怪，当时又另寄通信学校，此信想早达览。

旅行团连次给我报来的消息，我很欣慰！我觉得宇宙间的一切，都是力的表现。不过这次旅行团，过去力的培养，尚觉太薄弱，太幼稚了。但这是时间和现时的环境的控制，我们只有朝能把握住实现。

旅行团的一切行动，您将给怎样的评价？

这里温度降得很低，早晨已见薄冰，我想到旅行团的这一群孩子身上还穿的是单衣夹衣，在江南，恐也不够御寒了。吾师或已注意及此。他们每人要做一件粗布棉大衣，和棉裤棉小袄之类。因为他们根本就没衣服，纵有，也是父亲和哥哥穿旧了不完全的破棉花头子。他们将要添置可以御寒的衣服，是目前最迫切的要求。但我的建议，第一，要用他们的劳力去换取，这中间可有两个问题了。一，他们的劳力，有没有消纳的地方和机会。就是说，劳力可有出卖的机会？二，他们究竟是小孩子，他们的劳力，够不够赚到目前急切需要的衣服的代价？

衣服的问题，是要在沪上想办法。回来后是丝毫也没有办法可想的。

这一群不幸孩子的安全，在我们尚未把他们扶植到独立的时期，是负了整个的责任的。我很挂念！行师！

行师，这里既见薄冰，但是我们每天到校的这一群十几个小孩子中，竟有很多只穿了单薄的衣衫，赤着小脚的。我很怕看他们。然而以我这里的力量，有什么办法呢？我的心在不安！我的心在痛楚！但我在想，终有一天，会让我打开这艰难的不自然的局面的吧？

接建培兄汇来的三十元之后，便汇了拾元给我的母亲去。九月里师曾嘱我汇款去，那时赶在双十节，又正是废历的中秋，完店账工账要紧，那知没有用到店账工账上去，却用到伙食上去了，因为九月汇来的款，很迟，时已月中。十月汇来的钱，又用了一部分在旅行团上去了。打算给我母亲按月寄十元的计划，本年度已塌了八月和九月两个月。虽然冬芜可以就近代我另筹一点办法，但我总想要履行我这最低限度的计划。我在九月里，本也打算在十和十一两个月内，写点文章。但十月过了，十一月又已开头。我的文思，不能在我的胸中成熟，我的时间，也不能允许我来写。如是这计划将成画饼。但我辛苦过分的母亲，今年是度着整六十岁的生日，我是无论如何要赚一些可供献寿的礼物的。行师，我将拿什么去好呢？

除寄给母亲拾元，剩下的还了十几元的工账，又做了两件必得要做的衣衫了。大概以余钱管最近的伙食，已够一星期。

目前又有一件急迫的工程要动工，就是我们的厨房，椽子有不少已腐朽了。有两处岌岌可危。暂时用东西支住，已约瓦工来估计。一定要将全屋翻盖。有一壁墙，早已要倒，如翻顶，墙也不能再支持。全部工程，需十余元。准备旅行团归来，即帮同动工。此时已来不及多写了。敬祝康乐!

达 之

1933.1.7.早

县政府的批示已来，只说督收票已撤销，并附告示三张，是曹天任先生去催了一下才发下来，如此又敷衍了事了。我已不向这些地方去希望什么了，所以这样办也就算是很好了。社会方面，已渐有人注意，而曹先生更见热心。又及。

附二：汪达之 11 月 18 日致陶知行信

行师：

您的信昨天寄到了。五十元是前天寄到的。在五十元没有寄到前，幸好佃户折了几元租价送来，“在陈之厄”，恰好就这样度过了。

您才见我们创造的第一篇，就这样的欢喜！我说您毕竟是一位诗人，是没有错的。

您的意思，让他们挣到生产的工具才回来，这是很好的。不过现在我的预计，对时间上有点冲突。我的母亲今年夏历十一月六十寿辰，但在这个时期，我是无法分身回去。我已允许废历年内准可回家看看她老人家。我们是已整整分别一年了。

还要趁这个时期，在安庆去学习制造粉笔，寒假中，我是必得要离开。也许要一个月以上的时间。这样，他们就非得回来替代我的职务，照料一切不可了。

我觉得生产工具，要他们去自己挣来，是很正常的，但时间，可不必这样急促。

因此，我的意见，他们在十二月二十以前，一定要回来，他们一回来，此地也还有些轰动着要应酬的事。他们仆仆风尘，驰放了两个月的心，一时也不能就安静得下来，做些有规律的事，所以我一定要和他们在一起建下了一个共同生活的常规，这才能放心地离开。这些日来，我不能远离，一些比较要费点时间的事，都不能着手去做。如清江，我是要去一次的，都要待他们回来。

第五年计划中，除经济一部分外，也还有些是属于我们自己的力能做的，要划分出时间来做。

我觉得于必要时，明年的春天四月，可以再来沪住一个月，五月里回来，筹备五周纪念。

明年的秋天，我计画着做一个津浦平汉长江下游的旅行。并且要卖自己的东西。

戏剧是很重要，望能在最近期内，请一两位有经验的戏剧家，在技术方面，如化装，表情等加以切实指导，以为回来时简练揣磨之助。在这方面，我希望他们都有一些造就。却也不必成就一个所谓艺术家。

在他们回来以前的这个时间内，要学习些他们所需要的东西，不能错过机会，但请注意他们的健康。

那可怜受冻的韦佩纲已经病了。我想起义华箱里的那件小棉袄。送去时已迟了。

我只有送点钱给他买药。还有一个宋心田，今天就去给他买身衣，这虽不是好办法，但待到好办法到来时，恐已成白骨了。

今天又是我们东边的一所归神坛，三城隍巨头会面的日子。老农民们已忙得不亦乐乎了。这里有一片空场，可容几千人，将来我就想在这空地上放电影让他们看。匆复。敬祝康乐！

达　之

1933.11.18.早

附三：汪达之 11 月 30 日致陶知行信

行师：

今夜月光清澄，寒气和冰一样的刺骨，忽然想起我母亲的喘病了。去年的寒天，她的喘病发了，睡在床上，统由我照应。一直到苦寒去了，她才渐渐地起床行动。今年的寒天又来了，一切都没有改变，只有年纪更老了，喘病或许要更深了，回去照应她，帮助她渡过这磨难的寒天生活，是我惟一的责任，惟一的大事，我必得要回去！

参观华北后，即取道平汉路，由汉转轮回家。

这样一来，我离开新安，就要两个多月。时间是很长的，新安的环境，是很不安全的，我很不放心。但事实必得如此做。想了又想，只有望旅行团提早回来，我们好多有两天的商量。此后两个月的新安的安全，都放在他们的肩上了。他们要早回来，我好从容的把一切事明白地交给他们，这是第一件要和您谈的。我的经济情况，您是知道的，但在废历年关内，我需要一百五十元开支，去年给哥哥的葬费要归还。是一笔大的开支。一个寒天和母亲两个人的生活费，是必需要的开支，其他算计不到的开支很多，约计要用一百五十元才行。早就预定写点文章，然而无时间。事已临头，时又迫促，如何是好？这是第二件要和您谈的。

“在劳力上劳心”是人类社会一切问题的总解决，是生活教育惟一理论的中心，是创造新的合理的人生观。1933 年的开始，我把握住这条生活的原理，经过了种种的磨难，毕竟有了一线的光明了。真理是不可磨灭的。1934 年快要来了，我要怎样的继续下去，这是要和您谈的第三件事。夜深一点钟了，我的脚冷得发痛了，暂止于此罢。匆此。敬祝康乐！

达　之

1933.11.30

附四：汪达之 12 月 3 日致陶知行信

知行师：

十八日给你的信谅收到。

昨与天任兄谈到华北参观事，他颇有愿往意。如新安有名额，可否请其参加，他除车票外，其余费用，可以自筹。他是个事业学问尚具相当兴趣的人，近对新安颇见热心，惜力犹不能深刻。如能同往华北一行，从同见同闻中于他定能有些帮助，也未可知。专此。并希示复！敬祝康乐！

达　之

1933.12.3.早

附五：汪达之 12 月 13 日致陶知行信

行师：

五日手书敬悉。

知道为托尔斯泰抄写七次《战争与和平》的托尔斯泰夫人这故事的人，纵使是惯于光汉生活的，也一定要起那莫名的羡慕。最近读《克鲁泡特金的自传》，也盛称他的夫人常给他的著作，以文学的深刻的批判。虽然他们有超群的天才，然而有这样的一个好的砥砺的对手，确实是成功的一大原因。

您劝我赶快娶个媳妇，这问题，我并没有忽视。但恐聪明而有健康美的姑娘的标准，也是理想的事罢。为了母亲和自己的前途，来下点力罢。有无成功那是没有把握的事。谢谢厚意！

我的日记，是那样的简单。我愿整理一下，如有可供别人参考之处，而又可取得一笔稿费的话。打算来沪时，把本年的日记携来，让您看一两篇，好给我一些整理的意见。您以为怎样？

拟二十四日前后离淮。

华北旅行团本年内不能实现，但个人仍愿走津浦平汉一周回家。一则长长我的见闻，二则在家中可以多一些谈话的材料。说不定是有些更为新鲜的生活出来。然而这都取决于车票的有无和时间的够不够。

闻您将着手组织劳苦大众儿童教育基金会。为了老太太，这的确是一个伟大纪念的建设。我想，我到沪时，当可见这会组织的一切了。

新安近来颇为人所瞩目，但实力不足，终不免有巧妇的悲哀。

旅行团想十日已启程。

厨房翻盖已完工，约百余元，出乎原来预算甚多。所幸瓦木两项工账，尚可赊欠一些时日，否则目前又当闹恐慌。尚有两处破屋，也不敢拆卸了。因为年内，是决不会有多余的钱。匆复，敬祝康乐!

达　之

1933.12.13.夜

附六：汪达之 12 月 25 日致陶知行信

行师：

准于明日二十六启程南下。

这里的一切，是有了头绪，我比较的可以放心。

他们这次回来，是带来了一些中华民族的老脾气——意气的争执——因为这是我早能预料得出的，所以我并不失望，我就用我的诊治的方法。这十几天来，用了大部分的时间，做诊断的工作。我最好是迟几天动身南下，但怕河封了。

在镇约留一日，因应旅镇新安同乡会的邀请。

到沪拟来彬　先生处访你。一切面谈。

我所需的经济，应请给我留意。在沪不能多留。

匆草。敬祝康乐！

达　之

1933.12.25.早

十万滴热血 十万斤力量

——致西桥小学董事会

西桥小学董事会诸位先生大鉴：

接读国英先生来信，知道贵董事会成立，不胜欣悦。从此西桥小孩及青年都得欣欣向荣，诸先生诚不愧为万家生佛了。知行远在上海，心在西桥，恨不得插翅飞来，向诸先生及青年小朋友道贺。国英先生系中国最有希望之青年。我和他没有见过面，但自本年七月二十五日起，我们时常通信。他在五个月当中，曾经给过我十万字的信。这十万字的信，乃是十万滴热血，十万斤力量。西桥得一国英，胜得百万黄金，那是最可恭贺的一件事了。他办儿童工学团是一定会成功的，拿他这样精神办事，是不会不成功的。他办一天便有一天的成功，办一年便有一年的成功。诸位先生不要顾虑这个学校半途而废。因为这样的精神，乃是天地之正气，可以格神明，而起顽儒，将见前仆后继，立上亿万斯年不朽之业，决不至昙花一现，旋归幻灭。为今之计，各尽其责。有钱者出钱，有力者出力，共同将西桥工学团创造起来。以知行看来，用不着捐册。大家分头向亲友说明宗旨，自有接济来。知行建议，一面办学，一面即整理公产。不必等待办有成绩，再来整理。因为孩子是必须培养，即学校是必须整理，固不必强分先后，而彼此有所待。若人等车开才来，而车等人来才开，便不能有开车之一日。不知诸先生以为然否？知行拟于三十一日派人趋前襄助两星期，并带书籍若干册，现款三十元，聊尽同人绵薄之

力，并证明同人对于国英先生有深厚之信仰，对于诸先生及西桥农友、小孩有无限之钦佩与希望。专此奉达。敬祝
康健！

知　行
二二、一二、二九

附：新夫（张劲夫）给陶行知来信摘录

我在本月十三日，搭夜车从上海动身，十四日早到河埒口小学。因须等候陆先生进城买幼稚课本带去，当天来不及到漕桥，因此在河埒口住了一天。十五日乘早班汽车动身，到梅园换车时，适逢国英兄到无锡去买文具，相见之下，不禁惊喜之至。谈约十分钟我独自乘了汽车向漕桥前进。一路湖光山色，风景绝佳。汽车因载客过多，山坡上下，行驶很慢，到漕桥站已十一时半了。

西桥在漕桥镇东南四里，有石路通达。路上遇一西桥农友，顺便请教西桥学校近况。农友口口声声说国英等之努力牺牲以及农友们之感动觉悟，使我得了从来未有之好印象。

到了西桥学校后面的河堤，恰恰遇着放午学回家的一群小朋友。他们一见我在向他们笑嘻嘻地注视，不问来历，便说："是我们的先生。"他们喊着："先生来了"，一拥而上，连忙把我手提包拿去，问我姓名，问我吃饭没有，问我辛苦不，问我……那最打动我心坎的话便是："先生呀！我们的眼睛都望穿了。今天先生真来了，我们是怎样的欢喜啊！""这几天我们大家时时在门外望，望我们的先生来，今天真来了，我们是何等的幸福啊！"还有许多话我一时也想不起了。他们一群都是拖鼻涕赤脚巴道地的乡村孩子，这些话都由他们的嘴里讲出，一句句刺在我的心头，我还能说出什么话呢？我只有笑，只有笑里滴出几滴热泪。

先生！这种情景我真写不出，说得亲切些，那便是一群饿了

肚皮的婴儿遇见了奶妈一样的欢跃。我惭愧，我这个奶妈是没有什么奶水可以供给他们。但我是下了一个很大的决心：没有乳水，用压轴来榨，榨，榨到最后的一滴!

国英同志等，每天须跑一里路外去吃饭，精神非常饱满。他们花了许多心血，才把一座用作猪栏牛厩的破屋，粉刷得焕然一新。在西桥附近二十余村庄内的农友小孩，以及十余里内的学校教师学生，只要一提起了西桥小学的同志，是没有一个不表示钦佩，这实在是因为西桥同志的热心创造令人可歌可泣。

国英数日前吐血数碗，但他毫不经意。我虽竭力劝他静养，他一点也不肯听。在我所知道和认识的人里，使我深刻的受感动的，除你以外那便要算他了。

现在且把我到西桥后两天的生活，简单地报告于下:

第一天他们开欢迎会，主席和另外几位小朋友都有极诚恳的欢迎辞。我对他们所建议的便是大小朋友要有组织，要做工，要即知即传人。以后慢慢地向工学团目标推进。这是我和大家所要做的三件要事。今天我们已有很好的成绩:

（一）艺友和小先生都起劲地组织起来，一切团务分工合作。

（二）晚会上各人报告在家的工作，是得了家庭至深的安慰。同时，穷苦儿童卖报队已成立。今昨两天已到附近七个小学卖了儿童新闻一百八十三份，每份赚铜元一枚，已赚铜元一百八十三枚。因了这次成绩好，大家拟扩大范围，多批书籍来卖。国英兄已经开单寄沪，谅蒙接洽。

（三）儿童自动普及教育先锋团已成立。这是大一点的小朋友组织起来实行教人的集团，现在各人都能教两个以上不识字的人。有一位瑞生小朋友，能说动许多农夫农妇来校求教，确是最难得的一个人才。

这边农友小孩子都很兴奋，换句话说，他们多已认清普及生活教育是中华民族自救之惟一生路，并认清这普及生活教育运动是要人民和小孩子自动的起来急干才能起死回生。

小孩子有不可思议的力量

——致潘一尘

一尘吾兄鉴：

两函敬悉。健祥先生来信也说起百侯[①]办得有精神，这种消息才是新年最好礼物。你在百侯教中学生创办平民教育，我们也在这里教小学生创办儿童工学团，可谓不约而同。前月三十号，我请侣朋到常州漕桥去帮助承国英同志开创西桥工学团。你知道他是一位不满十三岁的小孩，新近他在山海工学团里领导小朋友工作，表示出超越的天才。我看他不但打倒了我，而且几乎打倒了你。后生可畏，我们要努力呀！

此外，晓庄的小朋友居然创造了一个自动学校[②]；淮安几个小光棍，居然在各大学大演其说[③]，几乎把一两位教授的饭碗所依赖的传统信仰打破；山海的张健不但能帮助他的哥哥创造了一个濮家宅工学团，而且与非战的马莱先生舌战一时，卒使马莱先生得一深刻之印象而去。从前六岁的小桃，曾教五十七岁的祖母，居然教完一册《千字课》。这些例子证明小孩子有不可思议的力量。小孩子能做先生，做先生不限定要师范毕业，小孩子是普及成人与儿童教育的生力军，等候师范生来普及教育，不啻如等候亡国。我们要创造新民族，必须对小孩子与没有腐化的青年总动员。

我说这些话，是证明你领导中学生干民众教育是一条不错的路。你并可以把这种工作定为必修科。不愿教人的人，不配费我们的心血。不愿教人的人不配受教育。你可以大胆从中学生跳到小学生，叫小学生每天在家里教爹爹妈妈、哥哥弟弟、姊姊妹妹或亲戚朋友和不能进学校的穷孩子半小时或一小时，也定为必修工作加以考成。小朋友不得已，可用自己读的书教人，一面温习，一面把学问传给他人，那是再好无比了。

总起来说：丢掉你现在的方针，把平民教育计划，给民众教育馆去办是一条走不得的错路。社会即学校的原则，要求社会教育与学校教育打成一片。江苏发动的民众教育馆，系传统教育末路，劳民伤财，结果只好了一般游手好闲的中等浪人可以喝便宜茶，听免费书。因此我不赞成另设民众教育馆，只希望百侯中学的师生走进民众、儿童的队伍去引导他们自己干起来。换句话说：我希望你维持你已定的方针，并把它充实的发挥出去。德昭④先生来沪，一定要和我讨论这个问题，我也就是这样答复他，我要请他加些经费干这工作。至少贫苦民众买书费总得补助。总之，社会与学校必须合一，你们现在走的路是对的。敬祝
康健！

陶知行

二三、一、四

注释

① 百侯　百侯中学。在广东省大埔县。当时潘一尘任该校校长。

② 自动学校为晓庄小学的学生胡同炳等创造，校址在晓庄附近的佘儿岗。该校没有专任教师，教学方式为小孩子互教互学。

③ 淮安新安小学所组成的新安儿童旅行团的7个团员，旅沪时曾到各大学讲演，获得成功，反响强烈。

④ 德昭　即杨德昭。

附：潘一尘致百侯中学全体同志信

百侯中学全体同志：

时间真快，离开你们已经两周了。前一周我是在医院料理徐先生的病，他被动第一次手术之后，情形很好，所以后一周我在巨浪冲激的船上了。整整的五天五夜才到了上海，你们可以想像得到我的身体是如何的疲倦，精神是如何的颓废。

我还没有和校董杨德昭先生见面，就有一位陆静山先生来找我说："陶知行先生已知你来上海，他叫我找你明天到乡下去参加普及教育动员令的活动，并且请你讲一个最好的故事给许多小先生听。"当时我摸不着头脑，可是我知道这必定是一桩有意义的活动，无论如何我是要参加的。

第二天，也就是一·二八国耻两周年纪念，我料理了些琐事，就准备往山海工学团去。在路上我是在留心上海人如何纪念这血迹未干的一·二八，各大公司商店有的休业一天，以志不忘，有的大减价招旗飘扬，顾客盈门。军警戒严，禁止游行。一点兴奋活跃的气概都找不到，我想起了先烈血迹，尚在目前，被难民众，展转呼号，仇人却在四川路底大兴土木，建筑营房，做长久威胁之计，我感到身上冷了半截，深深地叹了一口气。

我一踏进山海工学团的门，实在他们是没有门，我恢复了我的勇气，许多人都在紧张的工作着。陶先生来了，他那严肃而又充满思想的态度，令人见了，会发生一种愉快的感应。他见我笑了，我也笑了，握了握手，谈了几句，他就开始工作。不久，饭开了，这里吃饭和我们那里差不多，大碗小碗，站着走着，却是滋味不同。

这时候我还不知道我要做什么工作，只是和大家谈话，谈谈南方的情形。陶先生忽对我说："潘先生，今天请你讲故事，讲故事的方法也请你指导一下，今天是十七个儿童工学团团员总集合，你可以看到小孩教小孩力量之伟大，这一个法子可以使穷国的教育急速普及，你那里利用中学生指导民众，我们这里完全用小孩子。侣朋在这里有了惊人的贡献，他单身匹马跑到宜兴乡下帮助农人办了一个自动学校，现在还带来了一个小朋友在这里。”正说着，各处工学团的团员都纷纷地来了，每人发给他们一条绿布带，凡是做过先生的小朋友布带上都有铜钉，教一代有一个，教两代有两个，我是有四代学生，所以我也挂了一条四个铜钉的布带，虽然是布带却是比什么大总统颁发的嘉禾章，还要贵重得多。

各工学团团员到齐了，上海的来宾也不少。就在空场上举行大会。主席、司仪、招待都是小先生们担任的，主席的开会辞用沉痛的言语，发挥了一·二八纪念的意义，他年纪虽小，可是比我们中学生会说得多，次即由宝山县冯教育局长行授旗礼，黄色三角旗上写×××村普及教育动员令，一个“令”字特别大，这是一面令旗，这令旗将由小先生执掌来普及教育。授旗礼行后就举行宣誓。

宣誓之后，就轮到我讲故事了，我讲的故事，你们可以猜得着的，就是马牛羊鸡狗猪六个朋友的故事。还有演说，一位中国朋友魏锦章先生，一位外国朋友休斯先生。

这个授旗礼就这样简单的完了，可是严肃而又隆重，实平生所少见。

我回来的时候，和去的时候完全不同了，我换了一种情绪回来，我急急的要把这件事告诉你们，我们的民众夜校自动学校，和五年级小朋友办的自动学校是和山海工学团的自动学校南北辉映的，我们要奋起精神在暑假以前使我们的学生自两千增加到四千，明年暑假须有一万才行。

有十分努力就有十分成功。匆匆草此，即祝努力！

潘一尘合十

二三、一、二九上海

苗圃最好是农民公有

——致邵仲香

仲香吾兄大鉴：

好久不会，挂念得很。家母弃养，蒙您赐慰，最为感激。这次治丧，力谋节俭，希望运用省下之款与亲友赙仪[①]合设纪念金，为劳苦大众儿童教育之用，志在因家母一人之死而求多人之活。现在已用节省之款，在晓庄唐氏地上设立纪念苗圃，以为晓庄公有林之基础。现在唐氏地上栽有桃树，应该如何办理方为经济而适当？春天不久来到，如何准备才能把今年的植树节干得有意义？四亩地的苗圃经营起来要用多少款子？果木及其他树苗，如何取得？尚望代请金陵大学林业专家为拟一个详细计划。该苗圃最好是农民公有，每家都投一点小资本进去，就是一两毛钱也行。这样一来，我们可以用公众的力量造林，又可以用公众的力量护林，可算是一举两得。一切请兄主持并与入社农友会商进行为祷。我想这事要办得有成效，似宜约请几位专家组织一个技术指导会，由兄与家馨兄在内偏劳，多负一些责任。尚望与家馨兄一谈，请他指示为祷。这次为家母治丧，得了一点新感想，写成一首小诗："富人一口棺，穷人一堂屋；讨得死人欢，忘却活人哭。"有棺材睡的人不造林，栽树的人连茅草棚都没得住。我家未曾栽过几棵树，二十年来已用了九个棺材，至少有几十个人的板壁是被我们夺了来，以致露宿在霜天雪地之中，甚至于冻死。我们要造这个纪念林，一方面是补救已往的过失，一方面是将来

死到临头，树已成林，取他一个薄皮棺材，可以无愧了。特此拜托。敬祝

康健！

陶知行

二三、一、六

注释

①赙仪　即送给办丧事人家的财物。

教人的活动定为必修工作

——致冯迈樱

迈樱[1]局长吾兄大鉴：

肖场工学团拟依照新计划进行，将构成该团之十二个村庄，都归纳在生活教育网里。儿童工学团之初步调查工作业已完成。所有学龄儿童一七五人皆为该团当然团员。去年入团的有四十九人，今年要加入的共有一百十七人。那四十九人负有教导这一百十七人的责任，他们的教人的活动是定为必修工作，像在家里写字一样，但比写字是更有意思了。世德[2]先生拟了一个计划草案并画了一个生活教育网的草图，现在寄给您请您斧正后寄还他修改。他希望您每月加他十元经费，可以吗？

祝您康健！

陶知行

二三、一、九

注释

① 迈樱　即冯国华。时任上海宝山县教育局长。

② 世德　即张劲夫。

劳工幼儿团的接生婆

——致孙铭勋、戴自俺

铭勋、自俺二位同志：

儿童年[①]已经过了十二天了。它和儿童节一样是踏上了少爷年和小姐年之路。这也不足怪，在老爷太太的手里，是不会造出别样的东西。我们是不可以袖手旁观了。近日所谈的劳工幼儿工学团[②]，应是儿童年中最大的贡献，我们必须在这一年里面，聚精会神的创造出一个真正工人的幼儿工学团。这事虽由我们发动，但主体是工人，管理权须在一年半载之内移转于工人之手，我们在开办时即须有此认识，从第一天起便须引导工人自己主持。艺友也要在女工的队伍里物色。这个幼儿工学团要包含寻常托儿所及幼稚园之优点，而肃清它们的流弊。说得更确切些，我们要跳出传统的托儿所及幼稚园的圈套，而创造出一个富有意义的幼儿工学团。我希望你们草拟一篇宣言，一套计划，一个预算，在一星期或三天内完成，使我能和朋友们作具体之接洽。在我接洽的时候，你们可以在劳勃生路或曹家渡一带女工区内，探访合宜的地点，以靠近女工住所为最好。在草拟计划之前，可托义田[③]弟带你们见钟女士，托她介绍你们和几位有孩子的女工谈谈。这计划应当在女工的指导下产生。我希望今年儿童节是第一个劳工幼儿工学团之生辰。我们把自己预备好，等候着做它的接生婆吧！

陶知行

一月十三日

注释

① 儿童年　当时的南京国民政府曾定1934年为“儿童年”。

② 劳工幼儿团　劳工幼儿工学团的简称。专为沪西女工设置的托儿所兼幼儿园性质的机构。由陶行知指导孙铭勋、戴自俺筹创。地址在沪西女工集中区的劳勃生路。

③ 义田　即王洞若。

附一：戴自俺、孙铭勋1月20日信

乐民*先生转

贵同乡会诸先生：

今天，我们已经去和陶先生作了两个钟头的谈话，现在，把谈话所得到的结果，详以奉闻。

教育事业，其基础必须建筑在本地人的身上，方可垂之久远，不致人存政举，人亡政息。因此，为了解决目前事实上的困难，而又为贵处事业的前途计算，我们请诸先生在贵处设法派两个人到我们“劳工幼儿团”来做艺友。

艺友的资格不加限制，但程度须在初中毕业同等程度以上，而来沪后之生活费用，亦由贵处负担。“劳工幼儿团”是准备四月四日儿童节开幕，但贵处所派的艺友则以来得愈早愈好。艺友到了此地以后，我们负责给以特殊帮助，务期于今年秋天即可回去负创办幼稚园之责。在艺友回去创办幼稚园之初，我们可以负

* 乐民即黄乐民，时任江苏镇江新安同乡会会长。贵同乡会诸先生指该同乡会的各位理事。——编者

担责任，作一相当时期的帮忙；而在幼稚园已经创办之后，我们亦愿负担责任，每月作一次或二次的经常的轮流帮忙。——这是为了事业，为了诸先生对事业的诚意，我们应得如此。

照上面所说的办法则目前事实上的困难既可解决，而对于贵处事业的前途，亦比较专请我们两人去主持，尤为有希望。

诸先生如对于这个办法认为妥当而加所采纳，请即赐函示知，以便我们好作第二步的筹划。敬祝

健康！

戴自俺　孙铭勋

一九三四、一、二十、夜

附二：戴自俺、孙铭勋1月30日信

乐民先生转

贵同乡会诸先生：

接读来书，知贵处对于我们所提之办法表示接受，我们为了慎重起见，特提出下面几点请贵处注意：

一、幼稚园的艺友制，就是把幼稚师范移到幼稚园里来。但这是有幼稚师范之实质，而没有幼稚师范之形式。他是以教学做合一的方法，在办幼稚园上学办幼稚园。他是以做为中心；没有做，便没有教没有学。他不是专门读死书，但为了我们在做时得到有力的参考而加增我们做的力量起见，用书也是一件重要工作。他不是为混文凭求资格而将来可得高人一等的地位，凡是来做艺友的人，要下大决心，发大宏愿，为幼儿教育努力，为儿童鞠躬尽瘁。

二、贵处派来的艺友，其目的是在回到贵处去创办“新安幼稚园”，若无此志愿则贵处保送无益，我们也不能接收。但我们对于招收艺友，须有整个的办法，贵处派来的艺友，不能对于我们的办法有所例外。（这是讲手续方面不得不如此）现在因为地

址还没有十分决定，所以我们的办法还没有产生，一俟地址决定办法弄好时，当即再告。

三、根据我们以社会为学校，以生活为课程的原则，贵处的艺友在未离镇江时，即须做下面的几件工作：

（一）注意小孩子——也就是研究小孩子：幼儿教育的对象就是小孩子。要下决心为幼儿教育努力的人，便是要下着决心研究小孩子。最好是找一个三五岁的小孩子——自己家里的或亲戚的都可——给他负专责，每天从早起到睡觉都归他照料，都和他在一块。早上，是小孩子先醒，还是大人先醒？如果是小孩子醒了，他醒来有些什么动作？是哭？是吵闹？是坐起？是喊醒大人？是……如果是大人先醒了，醒来就看小孩子，他睡着的时候是什么状态？全身的姿式以及呼吸的情形如何？到什么时候才醒？醒来之初是怎样动作？穿衣是自己穿还是大人给他穿？穿的是什么衣？太多？太少？干净不干净？穿衣的时候他感着愉快还是痛苦？穿衣之后他的行动是方便还是困难？衣服穿好之后，大便小便吗？大小便需要大人帮助吗？大人怎样帮助的？一天之中大便几次？小便几次？大小便有一定的地方吗？大小便后洗手吗？大小便时有些什么表现？哭不哭？洗脸在什么地方洗？是自己洗还是大人代他洗？洗脸的面盆手巾等是他自己的还是与别人共用的？洗脸时他有什么表现？漱口刷牙没有？漱口是用生水还是用滚过的熟水？吃饭是和大人一块还是他单独一块？用多大的碗筷？吃的什么东西？他喜欢吃些什么东西？吃多少？贪多不？剩饭不？用手在碗里抓饭不？落饭在地上不？……此外，还做些什么事？玩些什么东西？接触的大约都是些什么人？每一个人对他作何动作，说什么话？他顶喜欢做些什么事？顶喜欢玩些什么东西？顶喜欢什么样的人？从早起一直到晚上睡觉时都有些什么现象？总说一句，小孩子的一举一动，一言一行都要留意。其次如有朋友或亲戚带着小孩子来会你或者你到朋友家里去遇着小孩子的时候，他有什么言语举动？或者他的大人教他做些什么言语举动，他对大人的命令是服从还是反抗？大人发的是什么命令？等等。再次则为走出门外时在外面所见到的孩子们的举动，和小孩子对于小孩子的言语举动，以及富小孩子对于穷小孩子的言语举动等，都得注意。

但这里有一点要注意的，是你只可看他，不要干涉他。你须让他在前面走，你在后面留心他。除了对于他的身体或生命有危险的事物外，一切均须听他自由，不能加以丝毫的干涉。观察之后，所有小孩子的言语举动，你只须照实地写下来，不要随意加入你自己的见解进去。这个工作，至少要做一星期，而且不能中断。

（二）参观幼稚园：把镇江所有的幼稚园都去参观一次，而且每一个幼稚园用一整天的时间去参观。参观时应注意下面几点：

1. 小孩子的玩具有哪几种？小孩子最爱玩的是什么？是用什么东西做的？中国人做的还是外国人做的？大人做的还是小孩子做的？怎样玩法？你觉得有什么好处？……

2. 教师对付小孩子的时候，温柔还是严厉？关心还是疏忽？小孩子有问题问他时他怎样答复？他又有什么问题问小孩子？他是放任小孩子自由还是干涉？……

3. 每天上午的生活如何？下午的生活如何？为什么？

4. 关于小孩子的健康方面有些什么设备与方法？

这两项，只用眼看是不行的，还得要找该园的负责人详细谈话才行。

（三）用书："做什么事用什么书"。书本只是一种工具，不必要有所谓教师一课一章的讲解才看书。从此时起就可以开始看书。不过，这样的看书是有目的的看书，所以我们就叫做"用书"。在进行上面工作时，可同时参用下列几本书：

1. 陈鹤琴著：《家庭教育》商务印书馆出版

2. 吕亦士译：《儿童心理的研究》世界书局出版

3. 孙铭勋著：《幼稚教育》大华书局出版

用此书时，须有笔记。有疑问即写成问题，预备将来求解决。

（四）从现在起——接此信之日起即写日记：但日记不能像流水账一样的记法，是要把一天的生活中之精采的一段一段很有组织很有系统地写将下来。例如注意小孩子的时候，就把小孩子的现象一件一件的记出来，参观幼稚园的时候，就把所见所闻所感写出来，如此，才是活的，不是死的，才是真的，不是假的。

上面四点，以及四点中之各项，就是我们对贵处的艺友所上的第一课。将来贵处的艺友到上海来时，第一次见面，我们就要有所考核。但这所谓考核，并不是普通一般的考试，我们只是注意他们努力的长短与夫努力与否而已。能力好的，我们培植他，能力稍弱的，我们补救他，努力的，我们指导他的新方向，不努力的，我们要研究他所以不努力的缘故，帮助他去做一件愿意努力的工作。教育的意义，只是长进的意，教育的作用不过是推动人的长进罢了。

敬祝

健康!

戴自俺　孙铭勋

一九三四、一、三十、夜十时

劳工幼儿团的使命

——致张宗麟

宗麟吾弟鉴：

接读来信及二十三年计划，至为欣慰。现拟在劳勃生路创办一所劳工幼儿团，收容女工的幼儿从事试验。董事与艺友皆由女工自己担任。铭勋与自俺主持实验。保姆、看护及游戏的伴侣，拟大胆试用七八岁的孩子干干看。我深信他们比老妈子好。你的意见如何？现在加紧筹备，订于儿童节开工。如果办有成效，即可拿它做我们幼儿导师培养的中心。

知　行

一月十七日

各人对于劳苦大众干了什么事

——致生活教育社全体同志

我所敬爱的同志：

今年元旦，我立志要在一年之内亲手写一千封信。这些信有的是我在上海主动发的，可以看出我的意向和我所要实现的计划；有的是对同志来信的答复，可以看出全体同志的景况和他们所遇到的困难与所发现的问题，以及我对于这些困难问题所提出的意见。凡是可以公开而有参考价值的信稿，我要陆续选择出来。看信的同志，要认真从心灵的深处流露一些消息，发挥一些力量给我，作为交换条件。消极的伤感、无聊的颂扬、敷衍的客套、文凭的需索都不是我所愿意接受的。我所最欢迎的是报告各人对于劳苦大众自己干了些什么事，怎样做法，碰着什么钉子，如何把这个钉子拔掉，劳苦大众自己干了些什么事，劳苦儿童怎样创造他们的小世界，对于普及教育紧急计划之实现是怎样的尽力，对于我有什么指教，对于自己的健康是怎样的培养，自己的学问是怎样与社会共同上进，自己的家境有什么困难，如何解决，我有什么可以帮忙之处？我已经预备好几十本大簿子，来装潢您们的宝贵的信。来信上十封的，另贴一簿，独立保存。不愿公开的信，由我自己拆开张贴秘藏，除得本人同意后，不使他人过目。

敬祝康健！

陶知行

二三、一、二〇

你们走的是创造之路

——致汪达之

达之同志：

《生活的书》[①]校阅完毕了。一个字，一滴泪，一点血，一斤力。我建议依据日期的顺序改编，使读者可以容易找出你的思想、行动的线索。重复的地方可以斟酌删除一些。有几封信或要引起友谊上的误解，是否可以发表，也请你重新考虑一下。

我对于新安的态度是给了你好多烦恼，也引起你许多误会。这在你给冬芜、铭勋、纯才的信里可以看出来。我的方针却是始终一贯，没有丝毫变更。我对于同学们进行的实验工作是抱着一个根本态度：帮忙各人或各个小集团，取得一个自由研究的环境，独出心裁的去创造。看见有创造时，我便欢呼鼓掌，否则便觉得苦闷，甚至懒以理会。同时，只要我的鼻子还在水面上，总是毫不吝惜的出我的小小力量向大家贡献，只是不愿负起主持之责以减少大家的创造欲。你们走的是创造之路，只要向前迈进，必定能达到你们所希望达到的目的。

陶行知[②]

二三、八、二〇

注 释

①《生活的书》 汪达之编著。

② 陶行知原名文濬，后改知行，1934年7月16日起，正式改名行知。故从此信以后的署名，均为陶行知。

介绍王瑞符入学

——致谢家馨

家馨吾兄：

久未晤教，不胜系念。王君瑞符欲学得一门学术，以为农民服务，此志甚可嘉许。彼对于生物学及农事兴趣至为丰富，拟即就此初基更求深造。如蒙在专修科中俾一机会，使能上进，实不胜感激之至。

专此介绍。敬祝

康健！

弟

陶行知

二三、八、二二

请写文介绍普及新知识之办法

——致卢作孚

作孚先生大鉴：

久未晤教，不胜系念。《中华教育界》定于明年一月出普及教育专号，嘱行主编。前闻先生演讲北碚，普及新知识之办法，深为钦佩，尚希将其计划及进行方法写作一文，以光篇幅，并为全国取法。小先生之办法，亦希不吝批评，此法在北碚是否可行，行时有无特殊困难，亦请指示。现订于本月底集稿，如蒙于本月底寄至上海静安寺路一五五〇号托转行收，最为感盼。专此奉约。敬祝

健康!

陶行知启

十月十八日

要劝导人民拿着饭碗求学 不强迫人民丢掉饭碗读书

——致台和中

和中同志：

十二月二十六日信收到了。园山学校[1]葛心斋[2]辞职，友梅可以全权办理，无调动必要。友梅办学要和中，和中办学要友梅，似乎是一种嗜好，可以戒戒。你们俩是独当一面的人才，在一块儿有些不经济。强迫教育的新意义，在强迫有知识者教人，强迫有钱者兴学，强迫有权者允许幼辈属下求学。求学如吃饭，用不着强迫。我们要劝导人民拿着饭碗求学，不强迫人民丢掉饭碗读书。这是顶重要的一条路线。新著《普及现代生活教育之路》及《中国普及教育方案》，今寄上一份，请求您和立人先生指教。

敬祝

康健！

陶行知

二四、一、四

注释

① 园山学校　在冯玉祥的家乡安徽巢县。

② 葛心斋　时任园山学校教师。

为园山劳苦大众和小孩服务

——致冯玉祥

焕章先生大鉴：

久未晤教，不胜系念。李君友梅，持园山来年计划来谈，行已略示愚见，嘱其面陈。李君此次抱有热忱与决心，为园山劳苦大众、小孩服务。倘能在经济方面宽予确定，必能为园山创一新局面。上年困难万千，李君本其屡败屡战之精神，以与剥削小孩之劣绅周旋，未致覆没，实为大幸。今后学校内忧已清，不难顺序而进。一切进行方针，尚希详予指示，俾李君有所遵循，实不胜盼祷之至。敬祝

康健及园山学校前途远大！

陶行知启

二四、一、二七

新的旅行法

——致山海儿童社会

儿童社会[①]全体小朋友：

我今天下午五时到九江。船是昨天早上九时从南京开的。一共走了几个钟点，请算一算。路上在芜湖停了两小时半，大通停了半小时，安庆停了一小时。除去停船的时间，净走几个钟头？在地图上看一看比例尺，从南京到九江约有多少里？共和船每小时走多少里？你们不是要旅行全国吗？算一算路程多少，可以得一点实际的知识。

昨晚，刘先生告诉我一个新的旅行法。他在美国访了一位新闻记者，名字叫做粉尼里（Finely）。粉先生说："我正在环游世界，现在已经游到长沙，不久就要到汉口。"刘先生以为他是说梦话，粉先生对他说："你不相信吗？跟我来看。"走到隔壁一间房里，壁上挂着一个世界地图，图上插了一面红旗。"这面旗子是代表我。你看，是不是到了长沙？"他再领刘先生看他所搜集的材料，丰富的很。长沙的人对于长沙的事，怕没有他知道得那样多，这面旗到了什么地方就是他到了什么地方，他就开始调查那地方的风俗、物产、名胜等等。未到之先，他要打听到这里来的路线；既到之后，他要打听从这里到别处去的路线。这是一个很经济的游历法，我不愿意拿它来代替旅行，但是旅行之先，照他这个法子继续的干，是于旅行有莫大的帮助。好，我们先来一个地图上的环球旅行吧！这一个月游历什么地方，请你们自己定，我回来的时候，要与你们在地图上之一点相见。

儿童社会不是关起门来干的，我们的使命，是要为劳苦大众的小孩取得教育上应得的权利。搜集穷孩子的照片、漫画，用艺术的方法贴起来，儿童社会要充满简单之美。儿童社会里到处要给人一个深刻的印象，别忘了穷孩子！你们在《良友》②、《大众》、《时代》、《文华》各种画报里去找吧。托曹建培先生打电话给蔡若虹先生，代你们找一些，到静安寺路卡尔登照相馆，向杨先生提倡：随时照了穷孩子生活小影，请他送我们一份。西区小学王省三及张景埙二先生有好的摄影机，请他们帮忙。我回来的时候，如果能看到这样一种环境之创造，那是多么的快乐啊！

陶行知

三月四日

这信请你们抄一份，寄给上海安和寺路七八七号儿童科学通信学校的陶三桃，陶蜜桃。谢谢！

注释

① 儿童社会　是山海工学团所属的各村儿童自动工学团的小朋友的自治组织。1935年1月24日，由第一次儿童社会筹备委员会选举张健、沈增善、俞文华、马善业等组织临时执行委员会，有严密的组织和活动计划。

②《良友》　图画月刊。先后由伍联德、梁得所、马国亮等编。上海良友图书馆印刷公司发行。1926年2月创刊，至第90期起改为半月刊。1945年10月出至第172期停刊。

二十世纪的观世音菩萨

——致王荆璞

荆璞同志：

昨天从武昌渡江的时候，宗麟把您的信给我看，手上摸着很厚很厚的一叠，不像平常的送别信，我疑心里面有些出人意外的礼物。打开一看，知道是您产后不用老妈省下来的钱，要我代您用去。当时几分钟内，使我心里起了波浪，不知如何是好。最初我想托宗麟带回来还您。因为这种牺牲精神结晶的礼物，几乎是没有人配接受。等到转了一个念头，我就毅然决然的毫不推让的收了下来。上海幼儿团和劳工幼儿团里的孩子们是过着贫苦的生活。有了您这笔款子去，是能叫他们生活丰富起来。春神来到，小树将要复活了。在我们的女同志中，您是最能牺牲的一位。在徐家角①您背着阿沪②办幼稚园的影象是深刻的印入了我的头脑里。总有一天，会有人要代您选这样一个像。我知道您就是一位二十世纪的观世音菩萨啊！祝您和宗麟联合湖北教育学院及湖北同志们向前创造！

你们永久的朋友

三月九日

注释

① 徐家角　上海地名。具体指徐家角乔氏山庄。此地为陶行知租用，专供

有志于工学团和普及教育事业的同志居住和从事研究之用。

② 阿沪　即张宗麟女儿张沪。

③ 观世音菩萨　佛教大乘菩萨之一。佛经说观世音为广化众生，示现种种形象。

《西湖八小孩》一书稿费

——致白动生等

动生同志及翁家山小朋友：

《西湖小先生》改名《西湖八小孩》[①]，每千字三元，卖了一百四十四元正。此款是否寄来，还是到沪来取，请即示知。敬此贺喜！

陶衔[②]

三月卅一日

注释

①《西湖八小孩》 为杭州西湖翁家山小学八位小朋友所写的做小先生的记录，从中可以看到他们为改造家庭，服务社会，在怎样奋斗，怎样前进。经陶行知推荐，由上海儿童书局出版。后来，他们把稿费拿来作公益事项之用。

② 衔 陶行知笔名之一。此字为陶行知自造。这个“衔”字，寓有“行是知之始，知是行之成”，“行以求知知更行”，即“行——知——行”的意思。

祝日日新

——致杭州翁家山小学小先生

翁家山的小先生：

你们做的工作我是佩服极了，去年来的信，我一直把它带到安庆去，又把它带了回来，原想在路上回复你们，弄到去年的债今年还，我是非常的抱歉了。我在路上编了三册《老少通》①，你们告诉我的好话，我都采取了。那篇“一个字，两个叉”②的民谣，我修改了一两个字，也编进去了。我很感激你们，以后还要请你们多多指教。我立刻就要到无锡去。再谈吧！祝你们整个翁家山日日新！

陶行知

四月一日

注释

①《老少通》 指陶行知等1935年编辑出版的普及教育课本《老少通千字课》。

②“一个字，两个叉” 《老少通千字课》中有《认不得的问人》一课：“一个字，两个叉，他不认得我，我不认得他。”

附：翁家山小先生致陶行知信

陶先生：

您上学期到我们这里来参观，并且对我们演讲怎样做小先生，教不识字的民众识字，那时我们听了，非常兴奋。因为那时我们日里要教小同学，夜里自己又要温习功课，没有时间来教民众。但是您对我们所说的话，我们是时时牢记在心的。

本学期开学时，茶园里的茶叶，还没有采完，村上的人，都忙着采茶叶。后来茶叶采完，田里的稻又成熟了，大家又都忙着割稻砻米，一直到现在，他们才忙完，才有空的时间。

我们觉得从现在起，正是我们教他们的最好时期，所以我们在前星期，组织了一个儿童自动普及教育团，来干扫除本村及附近各村文盲的工作。当时我们议决：从三年级起，每个同学至少教一个不识字的民众。教的书就是您编的《老少通千字课》，由小先生节省零用钱来买的；每日教字时间，定在晚饭后半小时；每天教书的心得，要详细记在日记中；每天要缴一张写字的成绩；并定每天开一次辅导会议，报告教人心得，讨论困难问题；还要每月开一次成绩展览会。

议决以后，我们就依同学们所住的村庄，分组两团，当时推举翁丽森、翁汝梅两位同学做翁家山这一团的正副团长；又推举应金梅、应孔吉做杨梅岭这团的正副团长，主持这两团的任务。从那一天起，我们就开始普及教育的工作了。我们已经试行了一个多星期，在这短的时间内，我们遇到了许多困难，但是我们并不灰心，我们想了种种方法，把许多困难一个一个的战胜了。所以我们现在工作虽然忙，但是我们却忙得非常高兴。

在这里，我们还要告诉你，我们每天开辅导会议时所呼的五句口号：

一、扫除文盲，是我们的新责任。

二、不教民众，不算国民。

三、我们要学了就教，教了再学。

四、本村有一个不识字的人，就是我们的耻辱。

五、我们要拿我们的小力量，做一番大事业。

陶先生！你看这几句口号怎样?

现在我们虽然在这里努力干这个工作，但是我们恐怕教的方法不大妥当，所以我们决定推举两位同学，在本星期六（十一月廿二日）和白先生来沪参观你所创办的山海工学团的小先生教字的方法。我们更希望您最近到我们这儿来一趟，看看我们教字的成绩，并且看看秋天西湖的景色和我们翁家山盛开着的茶花。我们想您一定肯来的吧！

我们还告诉您一个可喜的消息，就是：我们的学生，不论男的、女的、老的、少的，都很喜欢读你编的《老少通千字课》，他们不但高兴读，而且读起来觉得很容易。读了一课又一课，读了一遍又一遍。我们觉得您这本书的特色，就是：课课书都是诗歌，而且句子都很简短，内容很有意思，也很有兴味。听说你现在只编了第一册，我们希望您快点把四本一齐编好，早些出版，否则我们学生读了第一册，就要大闹饥荒哩！这一点，我们很希望您不要给我们失望才好！完了。敬祝

健康！

杭州市市立翁家山小学全体小朋友

二三、十一、廿二

师资训练所荐人情况

——致刘琼瑶

琼瑶吾弟：

漳平师资训练所已荐李名各同志担任，业已函知罗先生并请其电汇旅费，俾便成行。沪上银根奇紧，即此小款已难借得。先此奉复。敬祝

康健！

衔

二四、七、卅

退订《生活教育》余款

——致刘琼瑶

琼瑶同志：

来函奉悉。汇款二十五元亦已收到，除五元系八月份公共事业费外，余二十元，照定《生活教育》[①]十五份，每份（全年）一元三角，仍余五角，附上邮票五十分，希即检收。敬祝

康健！

原定单十五纸。

陶行知启

二四、八、卅一

注释

①《生活教育》 生活教育社的半月刊，陶行知主编。1934年在上海创刊，1936年8月停刊，共出3卷60期。

西桥是你们的基本

——致西桥小先生

金洪、良溪、桂林、国平、国新、茂祥及全体小先生鉴：

接到十月二十二日来信，知道漕桥镇开办强迫识字学校，约了你们去演讲，从此你们的精神就传到漕桥每一个人的心里去了，那是多么的可喜啊！

但是读了你们后一段的话，我未免有些担忧。你们说：从此我们觉得我们在学校里面的活动是机械的活动。你们要知道，漕桥之所以请你们去演讲和我们之所以为你们鼓掌喝彩，纯粹是因为你们在西桥办得有精神。若果西桥办得名不符实，谁来理你们呢？你们不可以起轻视西桥工作的念头。西桥是你们的基本，基本动摇便要弄得“树倒猢狲散”。抓住西桥向前干！这是我的一点小小的顾虑，希望你们来它一个自我批评。

你们给我的信我都把它们编好了。如果卖得出去，你们准有新棉袄过冬，这是你们努力的结晶，应该归你们自己享用。我看这些信的出版的价值超过我们以前所写的一切。如果书店老板的心理和我相同就一定可以出版。但是要记着，上海不景气，稿子不一定卖得掉。我们姑且做个好梦吧！祝你们努力创造。

陶行知

二四、十、二五

附：西桥小先生的六封信

（一）

陶先生：

承继行先生到上海去养病之后，时常考虑他走了之后西桥怎样干好？其实是忙着干先生的普及工作呀！在这九十五度的阳光下，要到各村去组织儿童工作团，不知流下许多血汗，其实是为了社会服务，为劳苦大众报酬，牺牲血汗实在也值得。

西桥团内有小朋友六十多人，要“发挥自动精神，努力普及教育”，于是没有一个不做小先生。这不算是大事，顶重大的，是西桥周围二里路内的成年人，小领袖，以及一切男女老少，也会被小先生同化助力，多么可喜呀！

陶先生！西桥的人虽小而心不小，人虽穷，而志不穷。虽然被环境压迫，而觉悟反更大。陶先生！放心些吧！西桥要想追到上海的山海工学团、南京的自动小学校和淮安的新安小学，一样向前进！进！进！不能掉在后面的！请陶先生特别注意西桥吧！

敬祝

努力！

西桥工学团杭金洪上

二四、八、念四日

（二）

陶先生：

我们为着使西桥小先生更努力的教人，早些使本地民众个个识字，因此大家便想法子，怎样能使西桥小先生更加比以前努力的教朋友，结果终于被我们想着了。

我们现在是七个小先生，有六个村庄的小朋友来读书，我们便分配着各人负责一个村庄，同时比赛那个负责的成绩好。还有多出一位小先生是总指导，评判各村的成绩，调查各村是不是实在教。我们工作分配好了，便开始干了。我是负责塘桥村，那村共有九个小朋友，其中有两个是幼稚班，因为他们实在太小了，所以他们是不教。其余七个是个个教的，其中最多者教四人，其余能力强的教两个，还有几个一年级的只能教一个。我将要在最短期中，引起他们教人的兴趣，鼓励他们多教些小朋友。完了，我要去做别的工作了，有好消息下次再报告你吧！敬祝康乐！

承国平

（三）

陶先生：

好久没有给信你了，很是惭愧，但是，因为我们现在忙着干小先生工作。怎样干的呢？我们附近共有六个村庄上的小朋友到西桥来读书。那六个村庄上的小朋友都做小先生。我们要他们一起努力不灰心的干下去，就由我们六个小先生各人负责一个村庄办村儿童工学团，要叫他们一起努力不灰心的干下去！每天流着汗奔跑到各村去调查他们是否是教的，所以现在各村小先生很是起劲的教人。每天早会上各村有小先生工作报告。我们负责的人还要逼得每一个小先生一定教人，我们除了教小先生教人外还要联络农民，使他们信仰我们，所以我们现在很忙很忙。但是我们是为了劳苦大众，就是忙也值得！我们见许多小先生教人努力很是欢喜。一定你陶先生也很欢喜的吧。

敬祝

康健！

承国新上

八、二四

（四）

陶先生：

久来没给你信，是什么原因呢？因为最近我们准备考查每一个小先生的功课成绩。最重要的是考查小先生教人的成绩，调查了好几天，才调查清楚。成绩真好，有几个小先生教他的好朋友画的图画，这几张图在普通的小学三四年级的学生不能画得这样，并且很有意思。在最近的时期中，我预备整理起来寄给你看看，你看到这几张画，就可知道西桥小先生在真正的普及教育，真正的苦干苦斗着。

陶先生！你看将来的小先生要怎样？这要看现在的西桥工学团就可知道将来小先生的力量，对社会有什么变化。最先我们组织一个考查团，我们六个小先生每人负责一个工学团，好比一个工学团有问题发生，就由负责的这个小先生去解决，一面联络农友热心，对于我们小先生要有亲切的关系。再一方面要调查每一个小先生是不是教人。这样一来，全体的小先生，他们不得不拼命去干。　　祝你前途
光明快乐前进！

小先生阮茂祥
八、二十四

（五）

陶先生：

好久没有给你信，因为我负责总指导，要调查各村的小先生教不教人。星期二去查这一天，下了雨，路上很不好走。调查的结果很好，只有一二个不教人的，因为年纪太小，有几个最努力，良州、岐州、耀根、焕祥这几个是最努力的小先生！再谈！下次再告诉好消息。祝你近安！

王桂林上

（六）

陶先生：

不要把西桥忽略啊！要知道现在正在考试，一些功夫也没有，所以一直到现在还没有给信你，请你原谅。西桥现在是真正自动了。小朋友没有一个不教人，都做小先生，都做小农人，都有革命的精神。我们西桥小先生要超过山海，超过南京的晓庄，超过江北的新安，这是我们的希望。

敬祝康健！

杭良溪

二十四年八月二十日

复订购书刊事

——致刘琼瑶

琼瑶同志：

来书奉悉。附下汇款百元已收到，勿念。代订《生活教育》八十六份，共计洋壹百壹十壹元八角（优待只算每份一元三角）。除付九十五元，尚欠十六元八角，希即照数汇来，以便转致。原发票八十六张附上。

所询《古庙敲钟录》等书如何优待折扣，概系六折。

附来五元已收入公共事业费（九月）。

专此布复。

敬祝

康健！

陶行知启

二四、十、卅一

对士兵实施国难教育

——致冯玉祥

焕章先生大鉴：

上海文化界救国会[1]曾于一月六日通过一个《国难教育方案》，在《大众生活》[2]第九期（也许是第八期）上披露出来(第1卷第9期218页——编者注)。现在要进一步草拟各校、各界实施国难教育之办法。上海同人公推先生起草对士兵实施国难教育之办法，并请先生亲写一篇察哈尔训练士兵抗日之经过。这两篇文章，希望先生即刻给我们写好，用快信寄交上海威海卫路六五六号为盼。新文字[3]为推进大众教育之利器，前奉上方案一份，谅蒙洞阅，现再寄上课本十份。此刻上海方案亦已通过，课本亦在编行中。尚希加入发起人之列。如蒙再行征求同志数位，更为欢迎。

文化界救国会目标纯正，集中力量为民族解放斗争。经费均由同志认捐。现奉上捐款单一张，如蒙认捐若干，或代向真实抗日同志（如李协和[4]先生）劝募若干，至为感盼。倘有款来，请径汇浙江实业银行章乃器先生收为盼。余请李先生面陈。专此奉商，敬祝

康健！

陶行知

二五、二、十

注释

① 上海文化界救国会　成立于1935年12月27日。上海文化界曾于1935年12月12日和27日两次发表《救国运动宣言》，分别刊在《大众生活》第1卷第6期和第9期，提出停止内战，反对侵略，维护领土主权完整等抗日主张。在第二次宣言上，宣布成立“上海文化界救国会”。领导人有马相伯、沈钧儒、陶行知、邹韬奋、章乃器等。

②《大众生活》　周刊，邹韬奋主编。1935年11月16日在上海创刊，1936年2月29日被查禁停刊，共出16期。

③ 新文字　指拉丁化新文字。关于汉字改革，过去有国语罗马字和拉丁化新文字的研讨。1931年9月海参崴华侨开了一个中国新文字第一次代表大会，公布《北方话拉丁化方案》。“八一三”以前，上海中国新文字研究会积极推行新文字运动。1937年蔡元培等688人曾签名发表《我们对于执行新文字的意见》，力主汉字拼音化。

④ 李协和　即李烈钧（1882—1946）。

不胜大旱云霓之望

——致冯玉祥

焕章先生大鉴：

《生活教育》半月刊之《国难教育专号》，于上海廿四杂志被封[1]之次日出版，殊可庆幸。但美中不足，独缺士兵一部。尚希将大作早日赐下，以便刊入第二期，不胜大旱云霓之望。友人张建东先生顷从东北归来，特托姚先生偕同趋前拜访。尚希俯予接谈。如蒙特予赞助，尤为感激，专此介绍，敬祝

康健！

陶行知

二五、三、三

注释

① 廿四杂志被封　1935年2月国民政府当局以“言论反动”为名查封进步刊物24种。

你是我梦里最欢迎的人

——致吴树琴

亲爱的冰小姐[①]：

在最近的一封信里，你说到梦里常常看见我，我是多么高兴啊！你写这封信，谅想是用尽气力，拼命的要把心中话写出来，我佩服你的勇敢。老实告诉你，我做了你的梦里人，那是比做南面王还荣幸。我愿意永远在你的梦里安慰你。你不知道吧？我也时常在梦中看见你。不过我是没有你勇敢，从来没有给你说过。现在可以给你知道，你是我梦里最欢迎的人了。你也觉得高兴吗？我们有什么办法呢，相隔几万里，只有梦中的情景才是人生的天国。你几个月才给我一封信，叫我想念来信如同三天没有吃奶的小孩。以后每逢有船来，赏我一封信，可以吗？

短短信，
常常寄。
没有功夫写，
画几个圈儿替；
免人苦相忆。

亲爱的冰小姐！我得到了你的一封信，好像是得到了一种神秘的力量，又好像千军万马来到我的面前，听我指挥。我的精神顿加十倍，能做十倍的事并且做得十倍的好。

冰小姐！你梦里看见我是怎样的一个人，你有勇气告诉我吗？

我今年是不会回来的。把你的家里的通信处告诉我。这通信的路线是不可以间断。

水②

二五、六、十五

注释

① 冰小姐　指吴树琴。

② 水　陶行知的化名。

赴伦敦参加世界新教育会议

——致冯玉祥

焕章先生大鉴：

敬启者，行知不日赴桂演讲普及教育，顺道赴伦敦参加世界新教育会议[1]。如在五月十日以前有所赐教，尚希寄由广州儿童书局吴涵真先生转交。南京孙晓村、千家驹，王昆仑诸先生，对于民族自救之途径皆有正确认识，可以深谈。

匆此告别。敬祝

康健！

陶行知启

四月二十日

注释

① 世界新教育会议　指1936年8月在英国召开的世界新教育同志会第七届年会。

附：陶行知担任广西民团干部学校讲座聘书

国民革命军第四集团军总司令部
广　　西　　省　　政　　府　聘书

兹聘请

陶行知先生为广西民团干部学校讲座

此聘

总 司 令　李宗仁

副总司令　白崇禧

省 主 席　黄旭初

中华民国二十五年四月十七日

借重新文字以唤起大众参加伟大的民族解放战斗

——致黄芝冈

芝冈[1]先生：

新文字论战集已经拜读。在这些论文里我们可以看出广西对于新文字的热烈的注意。真理是愈辩论愈清楚。经过这次的大辩论，新文字为推进大众文化之最有效的工具是毫无疑义了。同时抗日救国已经临到紧急执行的时候，我们必须借重新文字加速的来唤起大众参加这一个伟大的民族解放战斗。现在理论方面已经讨论得很彻底了。今后我们应当进行的工作是：（一）草拟广西省内各种方言之新文字方案；（二）根据方案及最新方法编辑课本；（三）培养新文字的教师及小先生；（四）出版新文字大众报纸；（五）充实广西新文字研究会的工作，主要的〔是〕广征同志，即知即传；（六）与中国新文字研究会及广东省内新文字的研究会取得密切的联系；（七）继续新文字各方面之讨论，以诚恳的态度交换心得，但求真理不执我见。上述各点，是否有当，尚希先生及广西同志不吝指教，专此奉复。敬祝

大众文化及新文字前途远大光明！

陶行知

二五、五、十九

注释

① 芝冈　时任《民国日报》记者。

赴美国考察两个月[1]

——致吴树琴

树琴同学：

来信敬悉。令弟之事已托朋友进行。效果如何，再行奉闻。我今日赴美，考察两个月再回欧洲。美国通信处：

C/O　Mr.F.Redefer
P.E.A.
310W.90th Street
New York City
U.S.A.[2]

这信收到时，你们是差不多要赶考了。那是多么一件苦事啊。我近来身体很好。彤麟[3]、德华[4]二同学请代致意。

祝健！

衔

二五、十一、四

注 释

① 1936年7月—1938年9月陶行知受全国各界救国会委派，担任国民外交使节，赴欧美亚非28国和地区宣传抗日救国的正义主张并考察各国的教育实况。

② 即美国纽约市第90街西310号F.Redefer先生转交。

③ 彤麟　即黄彤麟。

④ 德华　即沈德华。

奉上支票　两名同签

——致吴树琴

树琴同学：

好久没有得到你们的信，非常挂念。现奉上支票一纸，系春季学费借款，尚希于收到时，示知为盼。此票最好是托银行代收，较为易办。请你盖章后交素有往来之银行代取。我的中文签字忘记是老名或是新名，故两名同签，于取款时请代说明。我希望不致发生不便。我在美身体很好，请向诸同学代为致意。敬祝康健！

行

二五、十二、二二

将用一年时间考察欧美和苏联

——致吴树琴

树琴同学：

十一月二十五的信已经收到，至为感激。你明春的学费已经代你借得一百二十元，于十二月二十日寄出，由江阴街令亲转交，收到时请即示知为要。我在美国尚有六个月。六个月后，再回欧洲考察德国、苏联①，然后回来。恐怕再要一年才能见面。

祝你

康健！

衔

二六、一、十四

注释

① 陶行知原计划在考察欧美各国之后去苏联考察，后来未能实现。

写信是灵魂谈心

——致陶宏等

桃红、晓光、三桃、蜜桃：

今天接到晓光的信，我很高兴。但是这封信和从前的信一样，好一比是干橘子，没有多大浆水，恐怕是生活有些枯燥，意义不甚充足。书信写的短，不要紧，但是要写得活泼，有力量。我愿意下次看到更好的信。我愿意当你们写信给我的时候，是你们的灵魂对我谈心。我现在寄上小照一张，给你们传观，但是不要失掉。陈先生处有我寄来的家用，你可以去取来，先捐拾元与白桃[①]办教育刊物。

祝你们康健！

爸爸

二月六日　纽约

注释

① 白桃　即戴伯韬。

在美国将再住六个月

——致吴树琴

树琴同学：

我不是答应为你的弟弟找点比较好一点的事吗？现在有几位可以帮忙的朋友都不在上海了。你大概已经知道了。这件事只好等一些时候再说。我现在决定在美国再住六个月，承杜威先生介绍，将到各地去演讲，随时还回到纽约来。你所借的学费于去年十二月初寄由江阴街转交，我想不久可以得到你的回信，使我放心。你要几张风景片，现检寄数张，以后再寄。敬祝

康健！

衔

二六、二、十一　纽约

在美国九个月的计划

——致吴树琴

树琴同学：

一月十八日的信，已经收到，最为感谢。我现在已经来了三个多月，别的没有多大进步，只是身体倒比在中国的时候强壮得多，可以告慰。

我已得美国政府允可，延长游历时期九个月，要到十一月九日才回英国去。在这九个月当中，我还要到墨西哥、加拿大、古巴、檀香山去演讲。四月一个月，要去墨西哥大学①演讲创造教育。这样一来，我是到明年才能回国了。

我现在每天生活是看书、写演讲、会朋友，一共有三十五篇演讲稿要预备写起来。

敬祝康健！

衔

二六、二、廿二，纽约。

注释

① 墨西哥大学　即墨西哥国立自治大学，为拉丁美洲历史最久、规模最大的一所大学。

请代找一个实习地方

——致张楚珩

楚珩吾兄：

前年，您该记得，我同两位女士到高桥游览，承您请我们吃晚饭。其中一位便是吴树琴女士。她们在中法药科专门学校[1]求学，现在快要毕业，想托您代她们找一个地方实习。千万拜托。如蒙允许，感同身受。弟自去年秋天由欧来美，身体尚好。预计明春才能回国。专此奉托。敬祝

康健！

弟 衡

二六、三、十一

注释

① 中法药科专门学校 即中法大学药学专修科学校，地址在上海旧法租界亚尔培路，吴树琴当时在该校学习。

介绍信写成三封

——致吴树琴

树琴同学：

你的寒假信已经收到。介绍信写成三封，请各附你自己的信寄去。我写的信，数人可用。兹将各人通信处附上——请照寄为盼。

一、上海海格路　中国红十字会医院颜院长

二、南京卫生署托交张楚珩先生

三、上海高桥卫生实验所张继圣先生

邮局将关门，不能多说。祝你们

康健！

衔

二六、三、一二　纽约

托您代找实习地方

——致张继圣

继圣吾兄：

久未晤教，至为系念。弟自去秋由欧来美，身体尚好，可以告慰。同乡吴树琴女士等在中法药科肄业，现在将近毕业，照例要找地方实习，想托您代她们找一个地方。如蒙允许，不胜感激。专此介绍，敬祝

康健！

弟陶行知

二六、三、一二

请给予吴树琴等实习机会

——致颜福庆

颜院长大鉴：

现有同乡沈德华、吴树琴、黄彤麟三女士在中法药科肄业，不久结业，照例须实习。想在贵院指导之下，得一实习机会。如蒙允许，不胜感激。专此介绍，敬祝

康健！

弟陶行知

二六、三、一二　纽约

弟现在美国考察、演讲，冬天回欧，明春回国，知念并闻。

投入大的社会里去

——致陶晓光

晓光：

接到你二月二十一日的信，我很高兴。你的人生观太悲观，应当改正过来。世界上一切困难都要用冷静的计划去克服。忧愁伤心是双倍的牺牲，于事并无补。你们不是孤零零的孩子。在你们的周围有着几百、几千、无数的孩子，都是你们的朋友，你们的同伴，你们的服务的对象。从家庭的小世界里把自己拔出来，投入大的社会里去，你不久就会乐观、高兴，觉得生活有意义。大学不必赶，依着学力的长进自然升入，否则考不上，你又要悲观起来。寄来三百元华币，收到时，专为家用，预算可敷用到何时，告诉我。请冬叔[①]并告桃红、三桃、蜜桃，随时写信给我。我望你们来信也如你们望我来信。现在夜深了，我还要跑半小时才能送到总局赶上顾利支的船。愿你听我的话，将胸襟扩大，生活将要自在得多。祝你和大家

平安！

爸　爸

三月二十三日

注释

① 冬叔　即曹子云。

风景片将选寄给你

——致吴树琴

树琴女士：

前寄介绍信数封都收到了吗？你接洽的情形如何？实习的机会有没有？

我五月二日到 Philadelphia①，四日到 Missouri②，五日到 St. Louis③，七日到 Chicago④。以后行止未定。通信处如旧。你要风景片，我每到一处选几张寄给你。祝你们康健！

文⑤

二六、四、廿九

注释

① 费城。

② 密苏里。

③ 圣路易斯。

④ 芝加哥。

⑤ 文　陶行知的笔名。

在互信中得到安慰

——致吴树琴

冰妹：

你的三月十三的信，我是在两星期前收到的。这封信来后，好像是很久很久没有接到你的信了。但是仔细想了一下，应该是再过两个星期才能接到你的信。何以呢？你大概是每月平均给我一封信。照我现在的心理看来，这好比是每天吃一餐饭，是觉得不能满足。你知道，我是每一次船来，总希望能得你一封信，几乎每次都是失望。于是见着 Trans Pacific Mail Due（太平洋信件到）的新闻，应该是兴奋，反而弄得烦恼。这件事我想给你知道，或者你能帮我解除一点痛苦。

七月十七到二十三，可说是我们最可纪念的一个礼拜。今年是二周纪念了。你能在六月十日左右给我一封信告诉我，你将如何纪念这个最可纪念的礼拜吗？我还希望你把你的生日告诉我。

现在有许多人造我的谣言，请你不要信他。从前只有图财害命，现在简直有人要害命毁名。你要留心。有许多人要毁坏我的名誉。只要你不信他们胡说，我就无忧无虑了。我知道你相信我，你也知道我相信你。好！我们就在互信中得到最高的安慰吧！

我现在要向西方去了，但通信处仍旧不改，等到改时，总得告诉你。

你到家后[①]，我想通信总是有人转交吧。

我害了四十天病，但是没有咳，总算是不幸之幸。

水

二六、四、二九

注释

① 吴树琴去信告诉陶行知，说她准备回安徽休宁老家。

最好寄几首诗给我

——致陶宏等

桃红、小桃、三桃、蜜桃：

四月二十四日的信和小桃、蜜桃的照片已经收到，我很高兴。桃红与三桃，我希望也寄最近的照片来。三桃没有写过信来。他现在怎样？把最近的生活写一点告诉我。最好寄几首诗来给我看看。桃红恐怕生活困难，多寄点钱去给他。我不久将有款子寄来。

最近到美国中部去演讲过，回来经过博扶罗（Buffalo）①，当地华侨请我们去看尼嘎拉瀑布②。这是世界第二大的瀑布。我们十几人从天风洞换了雨衣、雨帽、雨袜、雨鞋下去，看瀑布从天空冲下，真是别有天地非人间。在这里我才了解美猴王回到水帘洞的气概，华侨黄经华先生曾拍一照，寄给你们传观，望保存起来。我现在身体很好。祝你们

康健！

爸　爸

五月二十八日　纽约

注释

① 博扶罗　通译布法罗，美国纽约州西部的一个城市。

② 尼嘎拉瀑布　通译为“尼亚加拉”瀑布，世界著名瀑布之一。在北美洲尼亚加拉河上。河中一小岛名山羊岛，分瀑布为两段：左属加拿大，称马蹄瀑布；右属美国，称亚美尼加瀑布。在美洲各瀑布中水量最大，美洲名胜之一。

望详告实习情况

——致吴树琴

树琴：

上次说要由俄罗斯皇后[1]寄信给你，怕你等候不及，已于昨日由中国银行把学费汇给你。你在这封信到的时候，一定可以同时收到学费。你是回家抑留沪实习，请决定后告诉我。我月底就要到西岸去，上次已经把通信处告诉你，按照日期寄去，一定可以收到。彤麟、德华夏天回家否？你还要和从前一样和他们互助。实习的工作如何，我很希望你详细的告诉我，使我可以跟着你们得点医药的常识。祝你

康健！

W.T

二六、六、十二

注释

① 轮船名。

人生遇着逆境
得把忧愁忘掉

——致吴树琴

树琴同学：

今天接到五月十六的信，知道你已经得了允许在市中心卫生局实习，那是很好的。可惜你又不能去看多年不见的妈妈了。

唱片你已经收到，很好。那上面不但是有歌，并且有休宁话和你们谈。得空拿回来，留着！

人生遇逆境只有一个秘诀：把忧愁忘掉。吃饭、睡觉、工作、游玩、忘掉，包括奋斗，你若记得这五点，你可以活到一百岁。因此，你得把气忘掉，把闷忘掉，把敌人忘掉，把爱人忘掉，把自己忘掉。什么都可以忘掉，只是不可以把写信忘掉。现在把通信处寄给你。上海到美国的信（西部）快则十六天，慢则一个月。在报上看船期，早一天寄。若遇着皇后加拿大，皇后亚细亚[①]，担保十六天可以收到。短短信，常常寄，好吗？实习要多少时间呢？学费寄到哪儿？四月廿几我有一封要紧的信寄给你[②]，如未收到，赶快去拿。

祝你

康健！

水

二六、六、十五

通信处

7月5日至10月1日

7月5日至7月15日

C/O Mr. Paul S. Elliott,

North West Institute,

Reed College,

Portland, Oregon.

U.S.A.

7月16日至8月1日

C/O $415\frac{1}{2}$ N. Los angeles avenue

Los angeles, California,

U.S.A.

8月1日至9月底

C/O 520 Pine Street,

San Francisco, California,

U.S.A.

10月1日以后，纽约旧通信处。

注释

① 皇后加拿大、皇后亚细亚 均系海轮名。

② 指4月29日致吴树琴信。

诗一首　请教正

——致吴树琴

树琴：

你的下学期的学费已经于上星期二用飞机寄出，在这封信未收到前十天，你大概是已经收到了。如果没有送给你，请到中国银行去问一问。副收据现寄给你，如已收到款，就可作废，如款未收到，可拿副收据去取款。小诗一首请代交冰小姐。

祝你

康健！

水

二六、六、廿五

江湾月　怀七一七

江湾月，
月儿弯，
前年看我在江湾。
去年送我出西洋，
今年问我几时还？

冰妹教正

二六、六、二五

在墨西哥要留到九月底

——致吴树琴

树琴同学：

你现在大概是回到家里去了。前些日子，我为您借得一笔学费，计美金四十元，托中国银行汇给您，不知收到没有？倘使没有收到，可以写信到上海汉口路中国银行问。这笔款七月六日可到上海，现在是早已到了。我在李特大学的演讲于后天结束，以后是东跑西跑，要到八月二十五日才去墨西哥。您若有信给我可寄：

C/O Mr.Gorge　H.Leon
P.O.Box 1162
Mexico　D.F.[①]

我在墨西哥要留到九月底。令尊、令堂处托你代我问候。

敬祝阖府

康健！

W.T

二六、七、一七

注释

① 即：墨西哥联邦区1162信箱乔治·H.利昂先生转交。

在西美的工作

——致张宗麟、戴伯韬

宗麟、白桃吾弟：

我是七月四日晚间到砵仑[①]，在那儿演讲了十天；题目是《运东危机》、《中国民族解放运动》、《远东和平》。有一次遇着一群经济研究会的人，硬要请我演讲，我立刻动身搜集资料，预备了一个礼拜，竟作了一次破天荒的演讲。我在砵仑有过三次最有价值的经验。一次是在 Chemawa[②]参观红人学校，会见十几位红人学生，出我意想之外，印第安人的相貌，几乎和中国人一样。恐怕他们的祖宗是中国北方人从柏林海峡[③]经过阿拉斯加而来。拿他们的相貌和蒙古人、南洋人、东洋人比起来，要算他们最像中国人。一次是 Hillsboro[④]的农人请我作露天演讲，并在树林里聚餐。我看他们坐的都是自己的汽车。我问他们，是否这里的农友都有汽车？他们说，他们所知道的农友都有汽车。不过他们是被剥削，市场上出卖一百元农产品，农人只得到三十六元。同一天晚上，Albany[⑤]农人请我去参加农村讨论会，一直谈到十二时才睡。他们欢喜绵谈，和中国农友一样。一次是 Sale[⑥]的裁缝女工三百人请我演讲，我把冰如[⑦]等的故事讲给她们听，她们是高兴极了。我在她们的队伍里，也找出一位美国朱冰如，真是学而不厌，诲人不倦。她的名字是Madia Lippe[⑧]，她并且会做诗。最后，我要说的是砵仑的中国妇女会。她们给了我一个盛大的欢迎会，我把《锄头歌》和广州新文字介绍给她们。《锄头歌》我教了两次，有十个人学会了。在这十天之内，除了他们供给膳宿外，我赚了二百金元，足够东南西北一个大圈的开销。

七月十五夜到西雅图[9]，住了四天，在华盛顿大学[10]、人民教堂、女青年会、Kiro 播音台[11]及私人宴会讲过七次。受了感冒，但几天就好了。在这里我预备了一个新题目，即《日本法西斯的特质》，在女青年会讲。人民教堂是一个极新的教堂。他们有人民的上帝，人民的牧师，人民的福音。我在美国遇着的牧师，都是小保罗，只遇见一位基督的信徒，那便是人民牧师Shorter[12]先生。这里抗日会没有基础，也不发生作用。我在这里遇见女记者Anna Louis Strong[13]的父亲，他送了我一本书，是他的女儿在西班牙的见闻录。

我在砵仑遇见桥木秀男 Hashmote[14]，在西雅图遇见细川 Hosokawa，这是两位同情中国民族解放运动的日本朋友。

昨天晚上，从西雅图坐船到加拿大温哥华。今早八时，有中华抗日会、中华会馆、致公堂、达权社、《大汉公报》代表十余位朋友来接。北美学生会卿汝楫、左学礼二君也在埠。今晚预备演讲一次之后，即坐船到 Victoria[15] 去，我现在预备做下面几件事：

（一）向美国人民说明召集九国公约[16]会议。

（二）一旦中日战争爆发，号召美国舆论阻止美国输售军火与日本。

（三）号召华侨拥护抗日。敬致

民族解放敬礼！

陶行知

七月二十日

注释

①砵仑　美国的城市。

②译为“切马瓦”。

③柏林海峡　通译白令海峡。

④译为“希尔兹巴勒”。

⑤译为“奥尔班尼”。

⑥译为“萨尔”。

⑦冰如　即朱冰如。

⑧译为“玛丽亚·李普”。

⑨西雅图　美国西北部重要海港和城市。

⑩华盛顿大学　即美国乔治·华盛顿大学，建于1812年。

⑪译为“基罗”播音台。

⑫译为“肖特”。

⑬即安娜·路易斯·斯特朗。

⑭Hashmote　为Hashimoto的笔误，译为“桥本秀男”。

⑮译作“维多利亚”，北美大陆北部冰洋群岛中三大岛屿之一，属加拿大西北地区。

⑯九国公约　全称为《九国关于中国事件应适用各原则及政策之条约》。1922年2月6日，美、英、法、日、意、比、荷、葡和中国北洋军阀政府在华盛顿会议上签订。该条约是对中国主权、独立、领土完整的粗暴侵犯。

汇上美金 请分交“两联”

——致蔡承新

承新吾兄：

现汇上美金壹佰柒拾元，务请兑现平分交与“两联”①，弟在旧金山尚有十日勾留，于廿一日离此南行，月底可达墨西哥。三信务望代为转寄，邮费以后奉还。专此奉托。敬祝康健！

弟 W.T.

二六、八、十一

大埠

闻志莘兄有款寄我，请他快寄来，弟回国需款。千万拜托。通信处仍为：

310W.90St

N.Y.C.

N.Y.

U.S.A.②

注释

① 两联　指“救国联合会”和“全国学生联合会”。

② 中译为“美国纽约州纽约市第九十大街310号西”。

信数封望代转

——致蔡承新

承新吾兄：

兹寄上美金壹佰廿六元七角，望兑现平分交与“两联”。信数封望代转为盼。敬祝

诸兄平安。

弟 W.T.

二六、八、十八

中林[1]信请交鹤琴兄转

Shun-chun 信请代寄徽州屯溪万安街转溪川吴树琴先生收。千万拜托。

注释

① 中林　即张宗麟。

不能承认“满洲国”

——致胡适

适之吾兄：

这次在华盛顿相见，很为高兴，只因时间不足，不能畅谈，最是遗憾。第二天朋友来谈，说及吾兄在芦沟桥事变①之后，曾提出和平方案，问到具体内容，彼也不知。我当时很想抽空亲来请教，可惜时间不许。昨天接到国内来信，说老兄在国防参议会②里，曾提出承认“满洲伪国”③的主张，是否谣传，尚希赐示。如果老兄真有这主张和方案，对美国当局交换意见时是否也拟提出？有人说您预备以三千万人之自由来换“和平”，我不大相信（但也不大放心），所以特来请教。敬祝

康健！

行　知

二六、十、十六

注 释

① 芦沟桥事变　即1937年“七七事变”。为日本帝国主义向中国发动大规模侵略战争的开始。

② 国防参议会　抗日战争时期国民党政府成立的最高咨询机关。

③ “满洲伪国”　1931年日本帝国主义侵占中国东北后制造的傀儡政权，1932年3月在长春成立，1934年3月称“满洲帝国”。抗战胜利后被摧毁。

小孩子要知道三件事

——致陶城

蜜桃：

你的十一月四日的信收到了，我很高兴。从你的信中，我知道三桃已到屯溪。我今天也写了一封信给他，告诉他我已学会《大路歌》，并且教了许多人。现在做一个小孩子，要知道三件事。第一，做人的大道理要看得明白。第二，遇患难要帮助人。肚子饿让人先吃。没饭吃时，要想法子找出饭来大家吃。第三，勇敢。勇敢的活才算是美的活。小桃均此。祝你们

努力前进！

爸　爸

二六、十一、廿九

把自己的信念树立起来

——致陶晓光

晓光：

好久没有接到你的信，忽然接到你的十一月十六日的信，我是非常高兴，但是信里的内容使我十分担忧。蜜桃现在最好不必离开上海。你如果要到别的地方去，把他托付给张先生①和鹤琴先生。倘使你要到别处去，南通、扬州，也不妥当，还是要改。关于你自己的事，我的指导是：根据你自己的信念和才干向前做。不要轻听别人的话。自己的信念未建立以前，则最重要的工作是虚心的热忱的把自己的信念树立起来。我对你的观察是你对于科学有自然的兴趣，也有一些才干。在这方面继续努力，是有贡献。你干别的事情是不自然。只要大目的不错，科学也是重要的工作。我不赞成你东跑西跑。张先生的观察是不错的。乱跑的结果只是失望。在我未回来之前，你在上海暂时休养，把那悲观的倾向改正过来，才是正路。祝你努力！

爸　爸

二六、十二、七

注释

① 张先生　指张宗麟。

杜威等人发表抵制日货宣言

——致邹韬奋

韬奋吾兄：

看报知道生活书店的中心已移到汉口，老兄想必也到了这里。昨天杜威、爱因斯坦、罗素、罗曼·罗兰四先生共同发表宣言，主张全世界各国人民自动组织抵制日货，拒绝出卖搬运战争用品与日本，对于日本侵略政策有些微帮助之事，一概停止合作，同时尽可能援助中国救济自卫，到日本从中国撤回所有军队并放弃其侵略政策之时为止。昨晚全国已经将这宣言在播音台上广播出去，我们希望明天各报各通讯社都可以披露出去。这个宣言在英美法中上层及文化集团里会起很大的影响。今天杜威先生要发电与尼赫鲁先生请求全印大会响应。（下略）

弟

行　知

廿六、十二、十四，纽约

附：我们对于日本侵略中国的态度

鉴于东方文化的横遭摧残，我们为了维持人道、和平与民主，提议各国人民组织志愿的抵制日货运动，拒绝出卖及运送军火往日本，停止一切足以帮助日本侵略政策的对日合作，同时以一切可能的方法帮助中国进行救济，增强自卫，直至日本撤退它在华的一切武力及放弃它的征服的政策而后已。

签名者

杜威

爱因斯坦

罗素

罗曼·罗兰

一九三七年十二月十三日

到最信仰民为贵的地方去

——致陶晓光、陶城

晓光、蜜桃：

昨接张先生电，知道你们已在汉口。但电文简略，是否已在汉口，抑动身到汉口去，不得而知。望你们接到这信后，即来一飞信[①]，说明沿途经过，现在生活，最近计划。永久通信处也望寄来。民族解放的大道理要彻底的明白。遇患难要帮助别人。勇敢的活才是美的活，勇敢的死才是美的死。晓光应当根据自己的才干，参加在民族解放的大斗争中。你在无线电已有了相当基础，希望你在这上面精益求精，到最需要的地方，最有组织的地方，最信仰民为贵的地方去作最有效的贡献。把生命的火药装在大炮里，对准着日本帝国主义轰炸。倘若把生命的火药放在炮竹里玩掉或是放在盘里浪费掉，那是太可惜了。你若知道宏的住址，把上面的意思写给他。日新[②]处我已写了。一月又要到加拿大十七个地方去演讲。我身体很好。

爸　爸

二六、十二、十四

白桃、力涛[③]、昌实[④]、铭勋，见面时代我致念。

注释

① 飞信　指航空信。

② 日新　即陶日新，陶行知三子陶刚的另名。

③ 力涛　即刘季平，笔名满力涛。

④ 昌实　即马昌实，又名马纯仁。

望您得便来一信[①]

——致吴树琴

树琴同学：

前接您来信，知道您定于十一月二日回到上海就学，现在谅想是已经平安的回到学校了。但是，您到上海之后，还没有来信，这未免令人有些担忧。望您得便即来一信，报告一路及在沪近况。寒假想是留校。最好不要回家。我身体还好，但是教课很忙，不能多写。近来得了一些唱片，学会了好些重要歌曲。您也可以试试。祝您

康健！

W.T 启

二六、十二、十七

彤、德[②]二同学望代致候。

注释

① 原信前写有“请代寄法租界亚尔培路中法药专门学校吴树琴”。

② 彤、德　指吴树琴的同学黄彤麟和沈德华。

知道老百姓逃难的痛苦

——致陶晓光、陶城

晓光、蜜桃：

今天接到你们十二月四日从汉口发的飞信，我才把十几天的挂念放下心头。我并不顾虑有代价的牺牲，只怕你们和同志们上船下船东挤西挤，扑通一声，把条性命冤枉的送掉。现在也好，得到了一些经验，知道了一点关于千千万万老百姓逃难的痛苦。蜜桃年纪太小，带在身边，太不方便。他在上海是可以不动，现在既到汉口，最好把他送到南开（四川）去，托张伯苓先生和他的主持人照应。他们都认得我，不会拒绝的。

爸 爸

二六、十二、廿一

把战场变做学堂[1]

——致戴伯韬、刘季平

白桃、季平转《战时教育》[2]诸同志鉴：

听说你们办了一种定期刊物，叫做《战时教育》，很高兴。到如今还没有看见，觉得没有眼福。

我对于《战时教育》有一点——意见！就是把学堂变做战场，把战场变做学堂。今早想出几句小诗，描写这个意思，抄下来请你们指教！

学堂变做战场，
战场变做学堂。
来一千教一千；
来一万教一万。

同学们！把自由种子带回东洋。

现在华北是一个伟大的战场，也是一个伟大的学堂。东洋的兵士在日本无法追求真理，现在到华北来，遇到游击先生，受民主的洗礼，在远东时局之开展过程中，是会发生意想不到的作用。

昨天写了一首告日本士兵诗，技术不如意，望你们代为发挥。

兄弟们！
打什么仗？
想一想吧！
妈妈饿了喝米汤，
乖乖冻了穿破衣裳，
三菱三井[③]大发财，
少将中将升大将！
靠你们做他们的肉炮弹。
不要再上当，
收兵回东洋。
赶走军阀财阀，
推翻一切混账忘八蛋。
创造日本民国，
和我们平等的做工吃饭。
哈哈哈哈！
和我们平等的做工吃饭。

陶行知

注释

① 此信写于1937年12月25日，曾载1938年1月5日《战时教育》第1卷第12期。

②《战时教育》 1937年9月25日在上海创刊，初为旬刊，1938年春迁至武汉，改为月刊。主要负责人有刘季平、王洞若、戴伯韬。

③ 三菱三井 是日本“三菱商事株式会社”和“三井物产株式会社”的简称。它们垄断对中国的贸易，操纵轮船运输和保险等业务，还搜集中国政治、经济、军事的情报。在侵华战争中发了战争财。

十二个字的理论

——致吴树琴

树琴同学：

我新近得到了十二个字的理论，写出来给你们看看：

学七十；

教八十；

让九十；

求一百。

怎样叫做学七十？我们无论学什么事，最少要学到七十分。但是学到了七十分，就不该自私自利的把知识藏在脑壳的冰箱里，立刻要拿它出来教人。平常人总以为，学到七十分只可教六十分。这是不对的。我们只要存了知识为公的念头，就可跳过七十分的限度。我们只须想到预备教人，便可从七十分跳到八十分，这叫做教八十。但是如果有人懂得九十分，我就应该让他领导，不应该挡路。同时我自己须精益求精，务必达到完全的境界，缺少一分也不甘心。

梧[1]

二七、一、四

注释

① 梧　陶行知笔名"梧影"的简称。

可以做鞋匠的师傅了

——致吴树琴

树琴：

好久没有得到你的消息，十分挂念。我在这里是给雪儿包围了。遍地是雪，好像整个的世界是银世界。前几个月，我在沙漠里走了两天两夜，现在是在雪漠里过生活了。我在英国买了一双黑皮鞋，穿了一年，忽然左脚尖裂了一个小洞。除了这个小洞，其余还是很好的，丢掉可惜。拿去给鞋匠补，鞋匠说："没有救药。"我仔细的想一想说；"把脚背处的鞋舌剪一小块，用橡胶粘在洞口，试试看。"他说："行的，你可以做鞋匠的师傅了。"果然，我一直穿到现在还是很好。

梧

二七、一、二三

荷兰是个水国

——致吴树琴

树琴：

在美国我最欢喜喝的是冰水，到了欧洲是喝不到了，这是很不幸的。我前天到了荷兰，参观了许多地方。荷兰是个水国，桥梁如同蜘蛛网样密布在阿姆司特塘[①]。昨天对和〔荷〕国一个新奇的工作学校学生演讲两次。和平宫也去过。明天到法国。三月二日还到美国去读书。通信处照旧。你到沪后的信收到，知道你平安，甚慰！

水

二七、二、二五

注释

① 阿姆司特塘　通译阿姆斯特丹。荷兰首都，位于须德海西南岸，荷兰最大城市和第二大港，欧洲的国际港口之一，亦为欧洲艺术名城。

过罗矶山[①]见三姊妹峰

——致吴树琴

冰妹：

读你报病的信，见泪痕点点，几令我有此生不能再见之感。幸天相吉人，居然不药而愈，我当畅饮三杯，为你祝福。

近日学唱《苏武牧羊》[②]，有“三更同入梦，两地谁梦谁，任海枯石烂，大节总不亏。”之句，最合我意，唱百遍不厌。你问我的话，可以在这里面得到满意的答复。

前天路过罗矶山，见有三姊妹峰，兴到诗成，写下与照片一同奉上，藉表相念之深。

诗云：

罗矶四月雪未溶，
冰清玉洁姊妹峰。
我欲访兮无以登，
一霎那间各西东。
梦中几次曾相遇，
醒来人影俱无踪。
预期桂花初香日，
应有故人月下逢。

水

二七、四、十五

注释

①罗矶山　通译落基山。

②《苏武牧羊》　苏武为西汉昭帝于公元前81年派往匈奴的汉朝使者，因不屈服于匈奴贵族的威胁和利诱，困苦不移，威武不屈，在北海牧羊十余年，始终保持汉节，终于回到了京师长安。其事迹编成诗歌、戏剧《苏武牧羊》广为流传。

即将回国的计划

——致陶晓光、陶城

晓光、蜜桃：

三月廿一夜的信于前天收到。我这次本打算由欧回国，但是加拿大工作未完，只好折回来把它完结。现在是差不多完结了，不久就回美国，再到爱尔兰演讲一个礼拜。如果可能，想到苏联和印度去一下，即行回国。我想，到香港的时候，大概是中秋左右。你们到广西去原来是一个小错误。那里是要知识、技术成熟的人去才有相当贡献，你们都是没有成熟的人，到了那里自然是很困难。你所要的书报，一到美国，即托专家选寄。短波可以接收全世界的新闻，不知你已研究否。这些由我带来怕是很迟，都预备先寄给你。

姚先生前天才有信来，说是三百元收到了，将如计划分配：桃红一〇〇元，三桃一〇〇元，子云家五〇元，家驹家五〇元。这本是寄给他们过年用的，大概是汇兑太慢了。唐、杨二同志处都请你代为问候。别的同志如在桂，也望代为问候。祝你们

进步！

爸 爸

二七、四、十八

甶巴仑[①] (Cumberland)

注 释

① 甶巴仑（Cumberland） 通译坎伯兰，在加拿大。

外交官树立新榜样

——致陶晓光等

晓光及在桂同志：

我在加拿大的工作已于四月底结束，到金山[①]住了一个礼拜，于五月四日到好莱坞[②]。在金山见着一件有趣的事。日本人冒充中国人，放了一只船来运碎铁。船名“广源”，挂中国旗。中国黄领事上船调查，对日本船长说日本话，船长误认为日本领事，把秘密都漏泄了。黄领事先把“广源”没收，次把日本船主辞退，我来的时候，他已经委了黄子明为新船主。今天下午我想到威尔逊山去参观天文台（离好莱坞一小时半）。朱善培君在Pasadena[③]研究物理，午后见面，托他调查无线电书报，购寄给你。祝你们

进步！

衔

二七、五、十

注释

① 金山　即旧金山。

② 好莱坞　世界著名电影城市，在美国西部加利福尼亚州洛杉矶城的西北部。

③ 译作帕萨迪纳，美国加利福尼亚州南部、洛杉矶东北部的住宅卫星城市，1873年创建。

现有一信乞代转交

——致吴树琴

树琴同学：

你可好吗？现有一信，乞代转交。我不久就回国了，何时能见您们呢。彤、德处代我问候。祝您们平安！

李　铭[1]

二七、五、二三

注释

① 李铭　陶行知笔名。

希望您八月底来香港

——致吴树琴

冰：

好久没有接到你的信，至为挂念。我希望您阳历八月底到香港来，住在女青年会[1]里。我大概八月底九月初一定可以到香港。宁可您来候我，因为我一到香港不久就会到内地去，如见不到您，就很可惜。您假使在女青年会找不着空位也不妨，可到香港九龙太子道二百零八号吴涵真先生处，托他给您找一个地方。以后通信可写由吴先生转李铭先生收。信里也写李铭好了。祝您康健！

旅费下次寄来。

水

二七、五、二三

注释

① 女青年会　全称为“中华基督教女青年会”。1908年成立于上海。

你毕业后找事 我没有忘记

——致吴树琴

树琴同学：

你的五月六日的信，已经收到，知道你病而愈，愈而病，现在毕竟好了，我很放心。

你毕业后找事，我是没有忘记。我希望你八月底到香港来。一定有事做，不必担忧。

你到香港，最好是住在女青年会里。同时写信或到九龙太子道二百零八号来找我。祝你

平安！

梧

二七、六、六

从意大利到捷克

——致吴树琴

树琴同学：

我现在到意大利参观已经完毕。昨天一天在该撒[①]的故宫看日出（罗马），午后在加利略[②]的别墅喝凉水（佛罗林），夜晚在马可波罗的家乡游船（威尼斯）。一小时内就出意境，到捷克去。我八月卅一日到香港，希望你早数日乘船来港接我。信可寄到香港九龙太子道二〇八号吴先生转。你到港可到那里接洽。我在港为你找事，请可放心。

祝你康健！

梧

二七、六、卅

注释

① 该撒　通译恺撒。

② 加利略　通译伽利略。

请写信找吴涵真先生帮忙

——致吴树琴

树琴同学：

你到香港前，顶好写一封信给九龙太子道二百零八号吴涵真先生，告诉他你什么日子到，请他给你找一个地方暂住。我已写信托他，他是我的朋友。你人地生疏，什么事都可以请他帮忙。这封信你就要写。你所坐的船，可以坐大船三等舱，一直到香港。八月底以前到。不要坐小船，行走慢而会害海病。东西不必多带。衣服和药书应当带，余寄存在人家。船位要即刻预定，免得临时向隅。我很康健。祝你平安。

水

二七、七、一六、巴黎

你一到就去找吴先生，不会说广东话可写纸条问路，很容易。

送给冰冰的诗

——致吴树琴

树琴：

送给冰冰一诗，望你代转给她。我希望她作一次最大的努力来看我。倘若这次不能相见，以后是很困难了。请你陪她来吧！

祝你们

康健！

水

二七、八、五　哥仑坡

给冰冰

巴黎无雨也留客，独有今宵不可留。
抬头仿佛江湾月，屈指惊人已三秋。
横贯欧陆我去也，一任铁塔与云浮。
只是数月无音问，重逢何日令人忧。

三周纪念日[1]

注释

① 三周纪念日　即1938年7月17日。

将要经过新加坡

——致新加坡青年励志社

敬启者：行知已于今日[1]到哥仑坡，拟在印度考察二星期，定于八月十九日在哥仑坡乘法国邮轮 Merchant Jaffre[2]回国，约于八月二十四日到达新加坡，有数小时之停留[3]，届时趋前专访[4]，报告欧美局势，借领教益之。

注释

① 今日　指1938年8月6日。

② 即玛希尔霞飞号。

③ 有数小时之停留　陶行知1938年8月25日上午7时抵达新加坡，同日上午11时即乘原轮北上返港。

④ 趋前专访　据8月26日《新国民日报》报道，陶抵达时曾与新闻记者畅谈国际形势。登岸后，即赴中国驻新总领馆，拜会高凌百总领事。9时在小坡皇后酒楼天台出席新加坡20余侨团所设的欢迎会并发表了演说。

你一定有困难我是要原谅的

——致吴树琴

冰冰：

这些日子忙得要命，热得要死，连信都没有功夫写，实在对你不起。

读到你的第一封信我是多么欢喜啊！第二、第三封信简直是把我从喜马拉雅山推到玛利亚那的海底去了。

晚上睡不着，一半是因为热，一半是念你。通盘算起来，觉得你还是待我好的地方多，待我不好的地方少。但是问你生日，是始终不告诉我，照相也不给我一张，这次又不来，实在是令人难过。

可是你一定有你的困难，我是要原谅你。我很希望你能安排一下，和我在一个地方做事，可以朝夕相见，那我就很感激你了。祝你平安！

水

二七、九、七

愿助小孩在炮火中长起来

——致潘一尘等电文

浙江　云和

潘县长、诸友：

盛意至感。

愿助小孩在炮火中长起来。

陶

二七、九、一七

恭喜就职

——致吴树琴

树琴小姐：

接信知道你已就职，恭喜恭喜。致冰一信，望你代为转致，不胜感激。专此奉托。

敬祝

平安！

铭[1]

二七、九、廿

致德华一信亦请转致。

注 释

① 铭　铭或李铭系陶行知的化名。

我所最喜欢的一幅图画

——致吴树琴

最敬爱的冰冰：

我现在是打赤膊坐在一个小亭里写这封信给你。从窗户里吹来的凉风令人爽快。大理石的小桌子和藤椅子都帮助我造成一个清静的境界来好好的把这封信写好。只是从浮云里时常钻出阳光来扰动我。这几天是凉快的多了，但是太阳光里还是热得难过。所以我一见着太阳光，身上就觉得难受。

你的九月十三夜的信是给了我一个安慰。从这封信看来，我知道你是不会把我忘掉的。可是自从这封信来后又有好多天没有接到你的信了。

我的生日是阳历十一月十日，由阴历推算起来的。现在的办法更简单，便是把阴历的日子当作阳历的日子，例如你是阴历十二月廿一日出世，就算作阳历十二月廿一日，有好些纪念日便是这样的规定。你允许我这样的记住你的生辰吗？

你说你现在瘦了，照相要缓些日子送我，虑我看了讨厌。这是你的过虑，这种过虑是因为不十分了解我。你胖时如月圆，瘦时如新月，我总是欣赏的。我不能见着你，我是多么渴望你的影片啊。

你可记得我所最欢喜的一幅图画吗？那就是——双手把头发轻轻的掳在耳朵后面的你。你接这信后，一天工作完毕，吃了晚饭，洗过澡，把灯熄掉，摇着芭蕉扇，睡在床上，闭起眼睛，想想这一幅高贵的图画，是多么伟大的杰作啊！

我最诚恳的希望是你把事辞掉，交给朋友替代，来到南方和我在一个地方做事可以互相帮忙。希望你在两个月内可以把交代的事情办妥。我十一月底一定还要回到香港，你那时是一定不会再叫我失望的吧？在这期间内，我的通信处照旧，他们会用迅速的方法代我转寄。

我在这廿多天当中只得了这个把钟头的空闲，也不能多写，就想写也写不完！

两三十夜无眠后，
两三万里动身前。
两三张纸相思信，
写不尽万语千言！

水

二七、九、廿二

西行[1]前一日

注释

① 西行　指当时陶行知正由香港向中国西部之旅行。1938年9月底陶行知同当时任国民参政员的邓颖超、音乐家任光同船由香港抵武汉。10月22日在从武汉赴重庆的途中，曾写信给当时在香港的朋友吴涵真，谈西行的印象（参见1938年10月22日致吴涵真信）。

为晓庄学院立案事

——致吴俊升

俊升吾弟鉴：

晓庄复校改创学院①已与蒋委员长详谈，业蒙赞同。昨日见陈部长②亦已略述计划，承嘱直向高等教育司立案。现将呈文奉上，敬希转致。董事名单闻须照部订表格办理，亦望托友代为填入。专此奉托。敬祝

康健！

陶行知

二七、双十

晓庄同人志在培养人才，增加抗战力量，如蒙速予批准，至为感荷。批准时除直接通知董事长外，尚希电知，以便进行。我现在通信处为：汉口生活书店。

注释

① 改创晓庄学院事后未能实现，现将有关的电文附后。

② 陈部长　指当时任国民政府教育部长的陈立夫。

附：关于晓庄学院立案的来往电文

（一）张治中致陈立夫电

汉陈部长立夫兄勋鉴：

诚密陶行知来电谓，拟于近桂湘境设立晓庄学院等语。此举近似恢复前南京晓庄师范，是否已得贵部许可，即祈电示。

弟

张治中叩　篠秘一印

（二）陈立夫致张治中电

长沙张主席文伯兄勋鉴：

卫密篠秘一电奉悉。据陶行知面称拟创立晓庄学院，并据张一麐、许世英等呈请立案，如该院能照私立学校规程所规定立案手续办理，似可酌量情形予以审核。

弟

陈立夫叩　俭印

（三）吴俊升报告及陈立夫批示

查前据张一麐、许世英等呈请，准予设立晓庄学院校董会，并据陶行知函告俊升，晓庄复校，改创学院，已与蒋委员长详谈，业蒙赞同，并见部长略述计划，嘱向部立案等情，当以手续未全，先由俊升函复，请查照私立学校立案规定手续办理，原呈暂存司，兹准张主席电询，拟复：

"篠秘一电奉悉，据陶行知面称，拟创立晓庄学院，并据张一麐、许世英等呈请立案，如该院能照私立学校立案规程办理，似可酌量情形予以审核。"是否有当，敬祈核示。

俊升敬签

廿七年十月廿二日

不拟复。

立夫廿七日

信到电未到以发信为宜

——致戴伯韬等

白桃、铭勋、维特[①]及各位同志：

信到电未到，其实这类事是以发信为宜，电报不能到我手中，是意中事。你们的意见与蒋先生的不谋而合，不胜钦佩之至。

我今晚从宜昌坐“民元”（甲特临时铺位）船来，大约二十六七可到，相见不远，千言万语，当面说吧。祝

您们康健！

衔

二七、十、廿二　宜昌

注释

① 维特　即陆维特，原名赖成瑚。

两封电报烦请代转

——致朱经农

经农吾兄大鉴：

长沙一晤，足慰阔别。但衡山归来，偏觅不得，未及告辞，至为抱歉。姚文采先生有一电由贵厅转交弟收，如已到达，尚希代为用航空寄至重庆参政会①秘书处转交为盼。倘已退回，如有人记得内容，亦希代为赐示。总之，请吾兄代为一查。

弟从汉口有电致张主席②，但至十八夜离汉时尚未得其复电，亦希代为询问。倘十八以后已有电至汉，深恐旅馆误事，望将复电内容用航空信寄，由参政院〔会〕转。如蒙俯允，至为感激。偏劳之处，容后面谢。敬祝

康健！

弟陶行知启

二七、十、廿二　宜昌途次

注释

① 重庆参政会　抗日战争期间，国民党政府被迫成立最高咨询机关——国民参政会。参政会成员由国民党政府遴选聘请。形式上包括各抗日党派的代表，但国民党员占绝大多数。这里指1938年10月28日至11月6日在重庆举行的国民参政会一届二次会议。

② 张主席　指张治中。当时任湖南省政府主席。

让蜜桃进职业学校

——致陶晓光

晓光：

从汉口发了一个电报给你，叫蜜桃进职业学校，并托你到乐群社找李蔚潭医生。这电报不知收到否?李先生等是否仍在桂林?如已离桂，望将地址查明飞信示知。无线电研究事，俟我到重庆接洽好再告诉你。我今晚从宜昌坐“民元”去重庆，大约二十七前可到。十一月廿前可到桂林。如参政会不改期，则十五左右可到桂林相见。但一说参政会要改迟，现未确定。洞若已移长沙孤儿院新安旅行团。寅初弟处代我致候。子云叔不在启明小学，电报也找不着他。我寄了一百元去托程振基先生转，不知找到他否。我伤风数日，九成已愈。祝你们康健！

爸

二七、十、廿二

宜昌 途中

西来的印象

——致吴涵真

涵真吾兄大鉴：

在汉奉上一电，略报行程，谅已达览。今天在宜昌候船，现在第二次敌机到宜昌，不能外出，乘此空闲，想把别后情形较详报告，尚希转达在港诸友。弟于上月二十八早到长沙，车不能通，即在孤儿院住了一天。适冯焕章先生到湘检阅军队，在其寓所谈一小时。张文白[①]主席亦设宴叙谈。二十九日对新安旅行团[②]谈话后，即赴衡阳对湘省中学以上集中军训学生四千余人演讲。薛暮桥先生曾约朋友十余人茶叙，东莼[③]先生下乡，未得相见。晚乘船赴汉，船上遇邓颖超先生等，任光[④]兄教船客唱起《青纱帐》，颇不寂寞。十月一日到汉，张谔兄、志坚兄来接，洞若、季平、愈之[⑤]、俊瑞[⑥]、韬奋[⑦]、千里[⑧]、仲实[⑨]、兹九[⑩]及衡老[⑪]诸同志均很快的见到。新安旅行团第二团亦在汉努力工作。得李院长及田汉兄帮助不少。十月四日十时，蒋先生[⑫]约谈，除报告国外情形外，弟请恢复晓庄，以报效国家，当蒙面允。五日与周恩来先生谈，关于陕北情形，蒙其指示甚多。六日访白健生[⑬]先生，蒙其扶病接见。他的全面战术，很有独到之处。弟建议全面战术，宜有全面教育与之配合。白先生甚以为然。七日访李德邻[⑭]先生于岐亭司令长官部，谈至深夜三时，彼深望弟去安徽办教育，弟允郑重考虑。十一日早再访白先生，请其具体指示全面战术之要义。十二时赴蒋夫人[⑮]餐约，谈到二时，又承其电约黄仁麟、牧恩波二君再谈半小时。蒋夫人表示深信弟办教育是真正为老百姓。五时半渡江动身访陈辞修⑯先生于老鸦村，十时到，谈三次，至次日晚十二时才回汉口。陈先生要在湖北创造三民主义之文化，并希望弟到鄂北鄂西来帮助办教育。这次西来所受的一个深刻的印象，便是前线长官及后方当局对于教育都有很高的兴趣。在军事紧急的时候，他们都是注意国家百年大计的教育。十四日，承蒋夫人之约到战时妇女工作团演讲。这个工作团是蒋夫人亲自领导的。本日新安旅行团举行三周〔年〕纪念，田汉、邓颖超诸先生都到，弟与任光兄作歌四首为他们祝寿。十五日再访德邻先生于夏店司令部，安徽之事暂缓。陈立夫先生亦已见到，晓庄可向高等教育司办立案手续。他对小先生原则赞成，名称不赞成。现在呈文已寄重庆，一切要等批准后才能行。弟十八日离汉，昨夜到宜昌。在汉承卢作孚先生特别介绍，今晚即可乘民元船赴渝，廿七可到。昨接洞若航空快信，他与新安旅行团第二团已于廿日坐船赴长沙。竹因、宗麟二弟均此致候。诸友请代达。敬祝健康！

弟　行知

二七、十、廿二　宜昌

注释

① 张文白　即张治中。

② 新安旅行团　1935年10月，江苏淮安新安小学师生为实践陶行知的生活教育主张和宣传抗日救亡，组织了长途修学旅行团。足迹遍及十六省市，成为抗战宣传队伍中的一支劲旅。

③ 东莼　即杨东莼。

④ 任光　即西达。

⑤ 愈之　即胡愈之，原名胡学愚。

⑥ 俊瑞　即钱俊瑞。

⑦ 韬奋　即邹韬奋。

⑧ 千里　即沙千里。

⑨ 仲实　即张仲实。

⑩ 兹九　即沈兹九。

⑪ 衡老　即沈钧儒。

⑫ 蒋先生　即蒋介石。

⑬ 白健生　即白崇禧。

⑭ 李德邻　即李宗仁。

⑮ 蒋夫人　即宋美龄。

⑯ 陈辞修　即陈诚。

问候孩子　慰劳伤兵

——致王洞若

洞若老弟：

昨天到宜昌，即接到你的航空信，至慰！孩子们的工作这样解决，很好，我也放心了。你说以后要多通信，这是必需的。我决定这样做，也希望你们照办。但是我希望你把字写得清楚些，大一点，那我就感激了。达之及新安旅行团两团小朋友，及孩子剧团①中认识的小朋友，都请你便中代为问候。孩子剧团的几位小朋友的信，我到了重庆之后，即答复他们。

陈述弟是同船来的，他今天也可同船赴渝。从汉口同来的有印度救护队。我在船上教了他们十课新文字和一些医病治伤之谈话。船到沙市，有一船伤兵靠同一码头，我们船上捐了二百三十元慰劳他们，我被推为代表之一，在半夜里亲眼看见满船伤兵，这是今生也不能忘掉的一幕惨剧。祝健！

行　知

二七、十、廿二　宜昌

注释

① 孩子剧团　是继新安旅行团之后，又一个实行生活教育的革命儿童文艺团体。主要由1937年“八一三”淞沪抗战后上海一部分难童组成。由生活教育社社员王洞若领导，生活教育社社员吴新稼（甫生），黎帮田先后担任团长。运用文艺形式在大后方开展抗日救亡演出和宣传工作。1942年4月，被强令改组。

望你一有空闲就来一信

——致吴树琴

冰冰：

九月中旬在香港给你一信，说我十一月底要回香港，这封信不知收到否？现在交通困难，我不能如期来港。等到来的时候，再打电报或写信请你来。倘若你一定不能到香港来看我，那只好我来上海看你，请你快写一封信，给吴先生转给我。我是多么的念着你啊！你不会叫我失望吧！我害了一个月病，近日才好。我是两个半月没有收到你的信了，不知道你的康健如何。望你一有空闲就给我来一封信。仍旧是由吴先生转。敬祝

平安！

李　铭

二七、十一、十九

这封信是托一位朋友坐飞机带到吴先生那儿转寄，比较快些。

请前去香港

——致吴树琴

冰冰：

在香港我曾写了一封长信给你，不知收到否？那时我计划由广州经过长沙、汉口、宜昌、重庆，再到西北去考察一下，由西南回来。我记得那封信里有几句话是非常沉痛地写出来的：二三十夜无眠后，二三万里动身前，二三张纸相思信，写不尽万语千言。我现在已经回到桂林，不久要回香港去接洽事情，希望你能在十二月二十一日以前来到香港，让我好好地为你做一个寿。倘若你万一不能来，我只好到上海去看你，也请你赶快给我一信，由吴先生转。

铭

二七、十一、廿七　桂

望发起试办《第二家乡》

——致白崇禧

健生先生伟鉴：

生活教育社[①]成立会承公亲临指导，同人深为感奋。兹为建立晓庄研究所[②]必须去港筹款，特于十七日由任仁[③]先生介绍乘广西银行便车南下，今日始到南宁。回忆在桂林所见需要，加以数日来车上所思，草就创办《第二家乡》意见书数条，奉呈清览，敬乞赐教。这个意思，若得实现，不但远游诸子各得其所，精进不已，而且近悦远来，未始非国家爱护选拔真才之一途也。倘高明以为可行，予以发起，则为事易成，弟当草具预算，以备参考。倘因急其所急，一时无暇及此，则请从缓，徐徐图其实现。如何？统希卓裁示复。专此奉商。敬祝

最后胜利!

陶行知启

二七、十二、廿　南宁

前恳代致五战区钱俊瑞君转德公[④]一电，不知已拍去否，便希赐示。

香港通信处为九龙太子道二〇八号吴宅转。

注释

① 生活教育社　为陶行知创立的教育社团。它以探讨并推行最合理有效之

新教育原理与方法，以促进自觉性之启发、创造力之培养、教育之普及、生活之提高为宗旨。从我国的实际出发，配合中国革命的发展，推行了“乡村教育运动”、“普及教育运动”、“国难教育运动”、“战时教育运动”及“民主教育运动”。生活教育运动自1927年晓庄师范创始，以后秘密成立生活教育社，主办《生活教育》杂志。生活教育社直到1938年12月15日才在广西桂林正式公开成立，全国许多地方包括延安，组有分社。全国解放后，活动停止。1988年10月15日四川省已恢复生活教育社并开展活动。

② 晓庄研究所　陶行知创设的研究战时所发生的各种重要而被忽略的问题，以增加抗战建国力量的研究机构。研究的问题有兵役、伤兵教育、难民教育、难童教育、民众教育、游击区教育、生活教育体系、正规学校应有之改革、小单位炼钢及土法防治疟疾特效药等等。它的第一号研究报告是：建议利用桂林的天然山洞实行空袭警报时的山洞教育，以配合当时的全面抗战。

③ 任仁　即李任仁。

④ 德公　指李宗仁。

《第二家乡》意见书已写好

——致王洞若、杨寅初

洞若、寅初[①]二位同志转各位同志鉴：

我今日才到南宁，明日或后日才可到龙州，到香港是在二十五六。致白健生[②]先生信及《第二家乡》意见书已经写好，请托省三或子厚[③]用复写纸写三份，即日将原信封好，送法政学校白副总长。那三份复写稿留待后用。因为在重庆、贵阳、昆明、西安、上海、香港都可以办的。复写稿请杨、千、范、陈诸先生看看，如有补充修正，请寄香港。

行知

二七、十二、廿　南宁

注释

① 寅初　即杨寅初。

② 白健生　即白崇禧。当时任国民政府军事委员会副总参谋长。

③ 子厚　即郭子厚。时在陕西宝鸡中国工业合作协会西北区办事处任职。

不要瞎听谣言

——致吴树琴

最亲爱的冰冰：

你的十月四日和十一月廿三日的信都于今天同时到了我的手中，又是欢喜又是气恼。欢喜的是你的身体加强；气恼的是你瞎听谣言。我旱路走了十天，水路走了两天两夜，晕船晕得一粒米也不得下喉，只望能在此见你一面，于今不但不能见面而且还含不白之冤，真是气煞我也。你说的那个人，连平常的朋友都够不上。他曾约我演讲一次，我不肯去，后来他派汽车来请，我知道他名誉不好，所以拉着吴先生一同去讲了一次。我想那种谣言是不负责任的人随嘴开玩笑的。我所气的是我们有了三年很深的感情，而你心目中的我竟成了这样一个荒唐的人。我们好久不见了，你应该想个法子到我这里来一次，交换一些意见，使得彼此还能和从前一样的了解，那我就感激不尽了。快点儿来！先打一个电报给我，使我好到埠头接你。祝你康健!

水

二七、十二、廿八

第三三号

你问一共收到多少信，我今天病船未恢复不能去查，俟病好查明再答。我望你把成都的事答应下来，一同去，我也常到成都。

二十八封来信已编号保存

——致吴树琴

我今天上午从九时到午后一时把你给我的信，都找出来了。我从头到尾一封一封的重读一遍，再按日期编起号来，保存在一只黄色的皮箱里，并把日期编号誊在笔记簿上预备写信告诉你。这只皮箱是芝加哥华侨硬要送我做纪念的。值美金五十元，合法币三百元。我为着这只皮箱是费了许多心，因为里面是放了一些于人无用，于我却是无价宝，例如你的信。我害怕扒手因为要偷箱就把这些要紧的东西便一齐拿去。幸而这只皮箱一直到现在还在我的身边，我只好暂时把它存在香港，除非世界大战，香港被轰，我的箱中物是保险了[①]。

好，让我找给你吧：

编号	年	月	日
1	25	2	3
2	25	4	29
3	25	5	23
4	25	6	30
5	25	7	16
6	25	11	25
7	25	12	26
8	26	1	18
9	26	2	7

10	26	3	13
11	26	3	15
12	26	4	20
13	26	5	8
14	26	5	16
15	26	5	24
16	26	6	22
17	26	7	12
18	26	10	30
19	26	12	31
20	27	1	25
21	27	2	23
22	27	2	28
23	27	7	12
24	27	8	17
25	27	8	22
26	27	9	13
27	27	10	4
28	27	11	23

这二十八封重读了一遍，不但是放在皮箱里而且是刻在心的深处了。我是已经给了你三十三封信，你只给了我二十八封，若以信算，我的心总比你要热些。但是热度不好专用字来算的。你去年四月二十日所写的梦是多么的好呀。以后便没有梦。我是多么愿意做你的梦中人呀！多么的欢喜看你的梦景信呀！

我问你讨的相片，一直到现在还没有收到。要相片怎甚？近在咫尺，只要两天路程，请一个星期假，托人代替一下，不是可以见面了吗？来吧！快来吧！不必迟疑了。我们应该好好的谈一番，就是一小时也好。我什么时候可以和你一块儿赏月啊！什么时候可以再把虹口、江湾、兆丰的生活重新过一次啊？我什么时候可以再倒在你的怀抱里啊？你为了一切都该来一次呀。我这次在桂林是有数十只飞机在我头上飞过，有几百颗炸弹在我的四周轰下，假使给了一颗瞎了眼睛的炸弹轰坏了，你不懊悔吗？你是一定要哭，要懊悔的，但是那有什么用呢？只有一个法子是丝毫不必懊悔，来看我一次。

你的计划也得谈谈。来吧！不要犹豫了。祝你康健！

水

二七、十二、廿九

第三四号

注释

① 这只皮箱连同出访欧美时寄回国内的中、英文书信件，均寄存于香港吴涵真处，后日本飞机轰炸香港时被毁。

敬聘您为药物研究助理

——致吴树琴

树琴同学：

我们研究所里敬聘您为药物研究助理，月薪暂定伍拾元，旅费另发，望您应聘从速南下，以便结伴同往重庆。

专此奉约。敬祝

康健！

李　铭

二八、一、三

关于整理账目的意见

——致马侣贤

肖生同志：

关于整理账目事，我有如下的意见，供你们参考。

（一）暂时古圣寺[①]方面仍记临时账簿，不动用印好之正式账簿。

（二）北碚[②]方面经手之细账与古圣寺之细账誊入同一正式账簿，我嘱陶宏准备将细账及收据在最近交代，以便合并誊写赶上临时账，再将临时账停止。

（三）北碚方面自始及以后，只代董事会记存款、收款、发款账，不记细账。

照上面意见，两套账簿可用一年。否则又要多费钱印。

衙

一月五日

注释

① 古圣寺　陶行知创办的育才学校所在地。在四川省合川县境内的凤凰山麓，距嘉陵江岸约五华里。山上有一座明代建造的庙宇，称古圣寺。

② 北碚　地名。在嘉陵江畔，为重庆市著名的风景区之一。

敦促发给晓庄研究所补助费

——致陈诚

陈部长勋鉴：

桂林晤教，至为钦佩。“服务即宣传”一语，系一不可磨灭之真理。承示今后评定军政成绩，都以民意然否为断，尤中肯要，自然可以发出伟大之力量，以保证最后之胜利。遇着朋友，也常将高见告诉他们，大家都不但钦佩，而且对于国家前途增加乐观，这是可以告慰的。

晓庄研究所承允每月补助国币一千元，自十二月份起按月由桂行营发给。现在尚未领到。务望通知行营将十二月份及一月份一并发下，以便兼程进行各项问题之研究。通信处为桂林中山纪念学校内晓庄研究所办事处。有王主任①在桂办理领款手续。专此奉恳。敬祝

康健！

陶行知启

二八、一、六

注释

① 王主任　指王洞若，当时任晓庄研究所桂林办事处主任。

除夕除秦桧

——致陈诚

辞修先生勋鉴：

弟这次为晓庄研究所采办仪器、聘请专家，于廿八日来港。适逢新秦桧[①]出现，顺便游击[②]，在除夕写了一首小诗，抄奉清览，并乞指教。

除夕除秦桧

自从沈阳事变[③]，
秦桧便已出现。
忸忸怩怩，
到如今完全露面。
从今后，
没有人再受他骗。

他的建议，
只是一张名片。
向近卫[④]，
学毛遂自荐；
想做买办，
开个日本店。

战士们!
驳斥近卫宣言[5]应该念,
念它一百遍。
冲出前线,
把秦桧捉着,
锁上铁链,
跪在一百万无名英雄墓前。
再问他:
对这笔买卖还留恋不留恋?

精卫主和电发出,香港五十家大小报馆,附和他的只有《香港日报》和《南华日报》。《香港日报》是日本人办的,"南华"是他自己办的。第三天遍买"南华"不可得。一个卖报人对我说:"你为什么要买汉奸报?"我说:"看看有没有人卖汉奸报。"至此,我才知道香港报贩已经封锁"南华"了。第四天好不容易,还看见一张"南华",上面有几句有趣的话:

"中日战争的结局,不外四种:一、中国败,日本胜;二、日本败,中国胜;三、中国败,日本未必胜;四、日本败,中国未必胜;其结果,总之是和!"

这两天又看不见"南华"的踪迹了。这里的人开头对汪通电有些愤慨,既而就当做不甚重要的事看待了。中央断然的处置[6]与委员长[7]宽大的态度,大家都认为是时代的曙光。敬祝
康健!

陶行知

二八、一、六

香港临时通信处:九龙太子道208号吴宅转。

注释

① 新秦桧　指汉奸汪精卫。1931年九一八事变后，汪精卫就一贯主张对日妥协。抗日战争爆发后，作为国民党副总裁、国民参政会议长，于1938年12月离开重庆到越南河内，并发表“艳电”，公开投降日本。1939年底和日本签订卖国密约《日支新关系调整纲要》。1940年在南京成立伪国民政府，任主席，成为中国第一号大汉奸。

② 顺便游击　陶行知以文化人身份写诗声讨卖国贼，自比是配合三军主力，参加游击战。

③ 沈阳事变　即九一八事变。

④ 近卫　即日本国首相近卫文　。在他任内，发动侵华战争，并与德、意签订《三国轴心协定》，建立法西斯联合阵线。日本投降后，畏罪自杀。

⑤ 近卫宣言　又称“近卫声明”。日本近卫文　政府于1938年1月16日发表声明，胁迫蒋介石立即接受投降条件。同年，又两次发表声明，继续对蒋诱降。

⑥ 中央断然的处置　指1939年1月1日国民党中央常会决定永远开除汪精卫的党籍，免去其本兼各职。

⑦ 委员长　指蒋介石，当时任国民政府军事委员会委员长。

附：陈诚复陶行知函

行知先生大鉴：

手书敬悉。新诗一首，痛快淋漓，不减阵前三军持械横扫时也。从来持异论者，位寡而势孤，众判而亲离，精卫此举，徒有自陷泥潭而已。港埠新闻，尚希随时见告。专复，顺颂时绥！

陈诚　启

二八、一、廿一

深望您能屈就新职

——致吴树琴

树琴同学：

我为您找到的事，既可长进，又可为社会服务，又不太忙，可算是一举数得。您现有职务，可请德华代替。她现在的服务地方不大好，最好是换一换。将来我这里扩充，经费加多也可以请她来，不过现在只能约您。您是否愿就，望即复一电。就便复一“就”字，不就便复一“不”字。我的通信处照旧，在门牌下只须写吴宅李铭即可，但我深望你能屈就，祝您康健！

铭

一、七

这信九号能到，如果十一号接不到你的电报，我便以为这封信失落了。

争取老人同意婚事[①]

——致吴树琴的母亲

丈母娘赐鉴：

听说您老人家舍不得把琴姑许配与我。我这样冒昧的和她精诚团结，觉得对您十分抱歉。现在抗战未完，我不能亲自送还给您，托别人带来又不放心，思来想去，只有祷告上天，允许您再生一个小妹妹。这样大家都好，省得我讨来还去，怪不方便，您老也省得许多烦恼，不知您赞成否？倘使赞成，我就祷告了。

您的女婿

注释

① 此信约写于1939年1月上旬。

新年中最好的福音

——致吴树琴

冰冰：

今天接读一月九日来信，知道你将和琴姊来港，这是新年中最好的福音。你不会令我失望吗？你真的会来吗？我深信你必定可以克服一切困难以透达这个目的。但是十号的船，改到十二，又改到十九，不会再改吗？日子相隔久了，一天天的过去，我是害怕你要改之又改，终于给我大大的失望。不过我相信你是不会再改期了。我是数着钟点等待你的来临啊。亲爱的冰妹啊！你要知道，叫我多等一天，便是叫我身上减少一磅肉。我有的是肉，减少一二十磅也不要紧，所可虑的，是我精神上有些受不住。你若了解这一点，我相信你会插着翅膀立刻飞到我这里来。

现在一切都照着你们 21 日来港计划准备。我亲自要去接你们。快乐的日子快到了吧！

水

二八、一、十二

明天有快船到沪，这信十五日可到你手中。

一定有人来接你们

——致吴树琴

树琴同学：

昨天晚上接到你一月十日应聘的电报，今天晚上收到你九日的信，至为感谢。从信里面知道德华同学或可与你同来香港，再去福州，不胜欢迎之至。我将尽二三天之力，把我所知道的事一起讲给你们听，然后随便在什么地方服务，都自然而然的可以长进了。请你告诉德华，我看他写来的信是很好，这是值得恭维的。他的事也是放在我的心上。廿一日船到岸，一定有人来接你们，请放心吧。敬祝

康健!

李　铭

二八、一、十二

捐助晓庄研究所经费已收到

——致杜月笙

月笙先生大鉴：

敬启者，一月二十五日大札及捐助晓庄研究所港币五百元，均由吴涵真先生转到，拜领之余，至为感谢。正式收据，俟到桂林后，即行奉上。张宗麟弟近自上海来，有事面陈，兹特介绍趋前奉访，尚希接谈指教。专此致谢，敬祝胜利！

弟陶行知启

二八、一、廿七

请拨款赞助《太平洋文摘》

——致宋子文

子文先生伟鉴：

日前奉访，详陈《太平洋文摘》（Pacific Digest）对于国际宣传之重要，当蒙面允，予以经济之赞助，该社创办人陈彬和先生深为感谢，弟亦深庆该刊得有先生之援助而尽其当前之贡献。弟不日即须前往重庆参加第三届参政会①，尚望酌拨现款若干，俾该社积稿可以悉数如期出版，以应国际之急需。专此奉商，祗候复示。敬祝

大安！

弟陶行知启

二八、一、廿八

补助款项，特托林旭如先生代领，径交该社，尚希俯予接洽。

注释

① 第三届参政会　指第三届国民参政会。

把字写好不是小事

——致陶晓光

晓光：

现在有一件事要和你讨论。你的字是写得太野了，使人认不得，而且写信的纸张不规则，这是必须改正的。同志中的字，洞若的最令人头痛，其次是自俺的，再其次就是你的。你们的信总有一部分令人看不懂。就是看得懂也是叫看信人十分难过，甚至头痛。这点小事，如不痛改，将来必有一天，要给人把信摔到纸篓里去。快点改吧！也把这事告诉洞若。祝

你们康健！

爸　爸

二八、二、四

蜜桃的大拇趾怕又要露出来呼吸新鲜空气了吧！

育才学校创办旨意[1]

——致宋美龄

蒋夫人勋鉴：

前在汉口奉访，畅聆教益，并亲见夫人督导妇女干部为民服务，感人之深，无时或忘。别后即由川转桂，试办山洞教育。那里山洞很多，是天然的校舍；飞机警报来与不来，老百姓都去躲避，是现成的学生；知识分子也去，是现成的先生。三美俱备，又加以社会之赞助，政府之提倡，到如今已经立了一点基础。这次来渝参加国民参政会第三届会议，适逢新生活运动纪念盛典，至为欣幸。前夕应约赴宴，原拟趋前道贺，惟以宾客众多，未及面领教益为憾！现在为筹备育才学校事，有所报告，并希望详予指导，尚希指定时间地点，以便趋谒。如蒙俯允，不胜感谢！行知创立育才学校[2]之用意，允请为夫人略为陈述。去年秋间，有保育院、教养院及其他收容难童机关之主持人谈及，有人在难童中挑选养子，纯以面貌美丑为取舍，对于害癞痢、缺嘴唇、脸上生麻的孩子，不但不要，而且措辞中不免含有当面侮辱之意，这给了我一个很深刻的刺激。其次，在长沙和汉口我是和一位音乐专家住在一处。我们一同发现了几位有音乐天才的小孩。一位只教了他三个钟头便能领导一百多小孩唱歌；一位只受三天的训练，便能用音符把一首从来没有听过的歌曲写出来；一位受了四五天的训练，便能拿音符把自己创的一首歌写出来。在这几位小小音乐家之中，便有一位害癞痢病的。这是我受的第二个深刻的刺激。这两个刺激，独立的、各不相谋的存在在我的脑筋里，足足有两个月之久。忽然一天，他们两个合拢起来了。我自己问："你为什么不也选择一些天才儿童来培养他们？"我于是立刻拟定章程、计划。第二天，就筹了一点最低限度的开办费，校址也在北碚乡下找到了。我想，您对于这件事是一定赞成的，难童的慈母的您是一定有许多指导我们的地方。因此，我希望在十六日下午以前，我有一个机会向您详细报告，并向您请教。专此奉约，

敬祝

康健!

陶行知启

二八、三、一四

注释

① 这是生活教育社十二周年纪念前夕，陶行知为筹备育才学校，阐明办学宗旨而致宋美龄的信。当时宋美龄兼任战时儿童保育委员会领导职务。

② 育才学校　陶行知于1939年7月20日创办的一所培养人才幼苗的难童学校，校址在四川省合川县草街子古圣寺。育才学校主要选拔吸收抗战时期的难童；经费主要是靠向社会募集；学生有二百余人，分文学、戏剧、音乐、舞蹈、绘画、社会、自然等组。教师有不少是进步作家和专家，如文学组有艾青、力扬、魏东明；戏剧组有章泯、水华；音乐组有贺绿汀、李凌、黎国权；舞蹈组有戴爱莲、吴晓邦；绘画组有陈烟桥、许士骐、王琦；社会组有孙铭勋、廖意林；自然组有孙锡洪、陶宏、陈元直、刘博禹。此外，还邀请了翦伯赞、光未然、田汉、何其芳等去讲课。育才学校教学方法灵活多样，强调与抗日实际相联系，提倡自由讨论、自由研究和手脑并用。在中国共产党的支持下，造就了一大批革命人才。

调查要注重客观事实并提出具体解决办法

——致方与严

竹因同志：

张先生[①]自动提议的办法，自然要相机进行。你说要每月六十元培养艺友。好，这些艺友要关心难民教育的人担任，在你指导之下，调查研究广东一带的难民生活与教育，并要注重客观事实，提出具体解决办法。请提出研究计划及初步最低预算，包括生活费、旅费、信费等等。研究结果及对外报告要经我看过，才可发表。款子请从吴先生[②]那里领，从五月份起。

怀毅[③]的事已经办得有些头绪。款子筹到一千元，以后每月有一些。此款汇往何处？请即飞示怀毅通讯处，以便电汇或邮汇。

原想汇港由你转交，但汇港汇费要一百八十元，那是太耗费了。倘吴先生处有存款，可以先由港酌汇若干。告诉我，我这里收吴先生的账，这样两方省掉汇费。怀毅被保荐战地党政委员会皖南视察员。这款是第一批交下的薪水旅费。他能节约下一部分来为地方造福为国家努力服务。公文存在我处，待你来信再寄。怀毅有无来港必要？倘须来港，则文件可寄港。彼或可顺便把三桃带来香港，请考虑一下。如认为有到港必要，就托他到黄山天都文物社及休宁县政府曹子云处探听三桃所在。三桃旅费托吴先生暂垫一下。但三桃身体如果不胜旅行，则暂作罢。吴先生的事业在进行中，请转告。

敬祝

康健!

衔

二八、四、二八

注释

① 张先生　指张宗麟。

② 吴先生　指吴涵真。

③ 怀毅　即方怀毅。

必须有“志愿捐”来配合“志愿兵”

——致三峡实验区优待委员会

三峡实验区[①]优待委员会公鉴：

我们所住的可敬爱的北碚，在卢区长[②]及贵会指导下，是有一件划分时代的大事正在迈步前进，这件事便是志愿兵运动。这里志愿兵运动成功可以影响全国，使全国人人愿为中国死，则中国自然可以活到万万岁了。志愿兵能否免去后顾之忧，一方面影响后方民气，又一方面则影响前方士气。以愚见观之，必须有“志愿捐”来配合“志愿兵”，则款项可以源源而来，家属无冻馁之虞，则战士自可以一当十、以一当百与敌人拼命，而后可以得到最后之胜利。现草就志愿捐公约数条，竭诚向贵会建议，深望俯予斧正通过，公布施行。如蒙俯允，不胜感盼。行知本人自本年五月一日起照约，每月志愿捐助五十元。由贵会支配发给志愿战士家属。现将本月份五十元奉上，尚希察收。专此奉达，敬祝康健！

陶行知启

二八、五、三　北碚清凉亭

（外附志愿捐公约草案一纸及五十元纸币）

注 释

① 三峡实验区　即嘉陵江三峡兵役实验区，当时在这里进行征集志愿兵的

实验。

② 卢区长　即卢子英，时任三峡兵役实验区区长。

附：优待志愿战士家属志愿捐简约草案

一、为补助志愿战士家属，使志愿战士无后顾之忧发起志愿捐。

二、志愿捐以月捐为原则。

三、志愿捐按期送与三峡实验区优待委员会，由会总分配。但会将受捐家属通信处、发款数目通知捐款人，以便直接接洽。

四、月捐至战士凯旋复业或政府订有妥善办法经常实行为止，中途除自己被毙亡或意外，决不停止或减少。

五、捐款人不但自己捐助，应负责劝告亲友捐助，但不经手收款。

六、捐款人将住址或通信处报告优待委员会，以备存查。

欢迎为《战时教育》投稿

——致谢捷

谢捷同志：

信收到了，您对于儿童们的丰富的同情，我们钦佩之至!

《战时教育》编辑部现在已有固定人负责，如有大作，一定很欢迎的。育才学生入校，尚须一月后。现在我正写信给保育院，介绍您到那里工作，得回信后，当再告。谨此，

祝

健康!

陶行知启

五、十

请支援中华业余学

（1939年5月26日自北碚寄往重庆）

钧儒先生大鉴：

现奉上方与严同志所写《在大时代行进中话业余》一文，请赐察阅。在这篇文字里我们可以看出，“中华业余学校”在香港救亡工作中之非常重要性。敝处对于该校开办费及工作人员生活费已稍尽绵薄，但杯水不能解众渴。现方君告急之书屡至，且大书特书要我代向我公请援，务希设法拨予补助，俾能渐渐发展。倘蒙允许，务希遥寄香港九龙太子道二〇八号吴公馆转中华业余学校收，并乞便中示知，俾识明见。闻公有北碚之行，甚喜。行期可否预示，以便欢迎。敬祝

康健！

陶行知　启

二八、五、廿六

原载《近代史资料》第99期，中国社会科学出版社1999年12月版。

我们的路子是一条

——致杨寅初

寅初同志：

来信收到了。宋明轩[①]先生捐房子的事，这是没有人不赞成。希望你们那方面用生教社[②]和新旅[③]的名义进行，同时我这方面也这样同时进行。不过你们进行如何，请告我!

保育院院歌有空闲当写来。再者，目前经费都支配出去了，以后经费扩充，再想办法吧!

中山学校健全起来了，这件事使我非常高兴!

《西南儿童报》是不是《少年战线》呢？《少年战线》已经收到了。

关于社里的事体，我不久就会写一封详细的信，托人带去。之外，我跟洞若他们谈的结果，意见一致。所以各方面正好互相信任、互相帮助才是。因为我们的路子是一条！不是吗？

谨此，祝好！

陶行知启

五月廿九日

注释

① 宋明轩　即宋哲元。

② 生教社　即生活教育社。

③ 新旅　即新安旅行团。

那位小朋友叫王万恩

——致常学镛、章泯

学镛[1]、章泯[2]二位同志：

信收到了，知道你们工作很好，我很高兴！希望你们更努力才好!

我以前说的那位小朋友，名字叫做“王万恩”，现在我特来信告诉你们。

没有什么事了。问

好！

陶行知启

五月廿九日

注释

① 常学镛　当时任育才学校音乐组指导员。

② 章泯　当时任育才学校戏剧组主任。

你的生活费增加十元

——致王省三

省三同志：

信收到了，因为忙，一时没有回你。

从六月份起，你的生活费增加十元，每月共卅元。现在，我们经费不多，所以只能增加这一点点。谨此，祝

康健！

陶行知启

五月廿九日

数事作答

——致方与严

竹因同志：

来信全收到了，因为事情忙，所以直到今天才一一地来回答你。

第一，怀毅一月十二日信，很有精神，很有魄力。原信随函附上，《父子集》（下）可编入之。一千元已托国际贸易局袁仲达弟汇，由王充工学团转。这两件事望你注意才好！

第二，《民族日报》撰文事，近来我特别忙，没有时间写文章，以后有时间，当然没有问题。

第三，业余事我已与沈钧儒先生接头，想他一定可以帮忙！

第四，《新华日报》[①]于渝市被炸后，即与其他渝市各报发行联合版，所以暂时不能订了。

第五，文粹[②]信已托伍廷扬先生带去，不久当可得达！

第六，□送书两份已收到，和三点钟交代制，这两件事一并使我非常高兴！谨此，祝

好！

陶行知启

五月廿九日

注释

①《新华日报》　1938年1月11日在汉口创刊，同年10月25日迁重庆，出至

1947年2月28日被国民党政府封闭，是中国共产党抗日战争时期和第三次国内革命战争时期在国民党统治区公开出版的报纸。

② 文粹　即晓庄学生唐文粹。

请宋明轩捐房子

——致汪达之

达之同志：

五月十四日的信收到了。现在我先答复你一件事：

宋明轩先生捐我们房子的事情，我意你们那方面要用生教社及新旅两名义进行。同时，我这方面也用生教社和新旅的名义和邓哲熙先生接洽。

你们那方面进行的结果如何，希望你告诉我。谨此。祝好!

陶行知启

五月廿九日

介绍谢捷女士到保育院工作

——致罗叔章

叔章[1]同志：

近日我听说保育院的小朋友们害病的很多，特别是痢疾、出麻疹等重要病症。所以现在你该快回来。

再者，友人谢捷女士系冰莹女士之妹，对儿童有丰富的情感，特别介绍给你，不知你那里缺人不？谨此。祝

好！

陶行知启

五月卅日

注释

①叔章　即罗叔章，当时为重庆白庙子大田坎保育院院长。

生活教育的目的

——致邓哲熙

哲熙吾兄：

在港相见，领教不少，我觉得非常高兴！

宋明轩先生在阳朔有一座房子，听说有捐给教育机关之意，不知是否确实？如果属实，我们希望他能捐给我们的生活教育社和新安旅行团，希望 老兄进一言。倘能有成，则敝社与新安旅行团可以立一永久基础，自能更为社会努力。现将敝社及新安旅行团之性质及宗旨，略述大概，以备参考：

生活教育社发起在十二年前，提出“生活即教育”、“社会即学校”、“教学做合一”、“在劳力上劳心”、“即知即传”的主张。我们的目的则在于教育的普及，生活的提高，自觉性之启发及创造力之培养。在第二期抗战中，我们更提出全面教育的方案，以配合全民抗战的需要。对于儿童教育，我们的主张是：培养他们团起来做手脑并用的小工人，团起来作追求真理的小学生，团起来作即知即传的小先生，团起来作百折不回的小战士。

新安旅行团是首先实行这种主张的一个儿童集团。从绥远抗战以来，行三万里路，脚迹遍十一省。到处慰劳军队，唤起民众，以谋军民之切实合作，并沿路帮助儿童们组织有力量的团体。他们一路是用着戏剧、电影、唱歌等实施他们的教育；同时向老百姓请教，以增加他们的知识。现在在广西分成三队：一队为伤兵服务，一队为难民服务，一队为乡下老百姓服务。他们希望有一个固定的地方，把生活安定下来，经常地进修，使自己的学问不致荒疏，又能给出外服务的小孩回来的时候，得到他们渴望的休息。

明轩先生这座房子如果能给我们，我们必定能够好好地运用，使我们的教育主张能够更有效地开展起来，以增加抗战的力量。有暇到北碚一游，藉叙阔别，尤为欢迎！专此奉托，尚希示复。敬祝

康健!

弟陶行知启

五月卅日

育才即将开学

——致周畸

周畸同志：

五月二十五日信收到了。育才已经觅得地址——一座庙，现在正在校址旁开井，一切设备好之后，就可开学。计算起来，大约尚须个把月。

玛丽[①]之来，我们非常欢迎！不过我们想在育才附近，另外为玛丽及我们自己的小朋友计划一个组织，这样，不仅和育才有密切的联系，同时又不受育才定案拘束，小朋友们一定可以得到适当的教育，不过这组织时间要迟一些。请您将这情形告诉田太太[②]。

张曙先生的著作，希望能找到，丢了未免可惜！

您给常先生的信，已经转去了。谨此。祝

好！

陶行知启

五月卅日

注释

① 玛丽　即田野，田汉之女。

② 田太太　指田汉的夫人。

欢迎万先生来

——致万籁天

籁天[①]同志：

五月二十五日信收到了。您对育才那样地关心，我们感谢极了！

章泯先生已到歌乐山保育院[②]，现在正在选择学生。

万先生能来，我们非常欢迎，同时我们有许多事要向您请教！谨此。祝好！

陶行知启

五、卅

注释

① 籁天　育才学校聘请他为戏剧组主任，未到职。

② 歌乐山保育院　地址在重庆市西郊。

望你用冷静的态度来处理

——致方与严

竹因同志：

兹接到歙县旅沪同乡会来信，望您抄一份寄与怀毅，请他即刻忠实具体报告。该项报告要两份：一份给我；一份由我转给同乡会。

怀毅近来情形，想您有些隔膜，前次所荐的事难以胜任，请您转告他把公文退给我，代为说明不能就职。前接您寄来的通信处，即将一千元托国际贸易局电汇而去。如已收到，望他电汇回渝，使我可以代为退还。我想现在平电很慢，明日拟发急电召回汇款，为此则可以省却许多麻烦。

这件事望您用冷静的态度来处理。怀毅现在还是要从小一点的事重新做起。我们以前对于王充工学团是毫无监督指导，现在应该帮助他得到一件适当的事，好好的来指导他。新近保荐的那件事[①]是太大了一点，恐怕要害了他。我新近听了好些关于怀毅的批评，使我不得不悬崖勒马。我收回的精神和推荐的精神是一致的，要帮助怀毅。

我的决定不仅是同乡会的来信所致。王充工学团的事情我也知道了一些。舆论不甚好。总之，有好几件事凑合起来，使得我为了各方面的顾虑，还是撤回为妥。我想您如果完全知道这里面的曲折，您也是一定赞成我的主张。我想怀毅知道各方面的关系也一定赞成这次的变更。

我们现在的任务是帮助他找一件适当的事。望您于接信后，给我一封信，使我知道您的意见。敬祝

康健!

行

二八、五、卅

注释

① 指4月28日致方与严信中提到的：怀毅被保荐为战地党政委员会皖南视察员。

烟桥先生旅费问题

——致张谔

张谔同志：

五月廿三日信已收到。陈烟桥先生旅费问题，我已托吴涵真君给他国币二百元。

育才不久就办起来了，您若能来，就快些来吧！

日前曾飞信给吴君，想他该收到了。

谨此。祝

好！

陶行知启

五、卅

还是应该老将出马

——致方与严

竹因同志：

毅事考虑至今仍以昨晚决断为是。但是如果您自己愿意担任的话，我愿意推荐。您的工作成绩，您的修养声望，您在故乡所有的朋友关系，您在二十二个月抗战的认识及忠勇奋斗都能使您胜任愉快。上述之要素，怀毅尚未具备。您当然也有一些客观的困难，但我相信以您的主观的力量，可以克服一切而有余。所以，还是应该老将出马也。当然，香港的事要继起有人才不致因为一人的调动而引起已成事业的幻灭。我相信您必能和吴先生好好协商安排。请您仔细想一想，倘使您愿意代毅，便请立刻赐一飞信，以便进行。款如未汇出，当代为保留二三星期。不过，当局不一定听取我的建议。我只希望我的建议能成事实。较大的问题既庆得人，毅又能在您亲自指导之下将王充工学团恢复而光大起来，以无负于故乡父老兄弟姊妹之嘱望。如何之处，望与涵真兄妥商复我，以便进行。敬祝

康健!

行

二八、五、卅一

任民、山民、育华及青年中有人对毅皆不满，王充事已从大变小，小变零。毅对新职，现在是拿不起来，我们不可害他。

现决定先为您进行，如果成功，您不同意，可以辞职。

港事本地有人接替否，如果没有，泽甫如何，请与涵兄一商。

两代兵民计划写得好

——致罗公陶

公陶吾兄：

来信收到，至为感谢！两代兵民计划已经拜读。深谋卓识，至为钦佩，当于一二日内送交李先生，深望可以选择实行。目前弟为筹备学校所困，一时无暇入城，一切当可通信商榷。

研究问题，可望实现。现正待预算通过，暇时能来北碚一叙，尤为欢迎。谨此奉复。祝

好！

弟陶行知启

五、卅一

谢谢对我们的关心

——致戴自俺

自俺同志：

五月十二日信收到。

我和生活教育社在渝同志都安全无恙，谢谢您如此地关心我们。谨此。敬祝

健康！

陶行知启

五月卅一日

望早日试办抗战军人子女教养院

——致孔会长、陈总干事

孔会长、陈总干事钧鉴：

顷读大札，敬悉中华慈幼协会抗战军人子女教养院将在渝十字山成立，曷胜欣幸。抗战军人子女教养院收容办法大纲及抗战军人子女保送书，敝人读后敬表同意，深望会务进行顺利，早日试办成功，来日推广，庶免战士后顾之忧。谨此奉复。敬颂

道绥！

陶行知启

二八、五、卅一

望与一谈

——致戴伯韬

白桃：

二十五日晚到，希望到两路口巴蜀中学①冯公馆谈谈。

陶行知

五月卅一日

注释

① 巴蜀中学　在重庆两路口体育馆附近，现改名重庆二中。

对台湾革命同志表示无上敬意

——致一之

一之先生：

五月十五日信收到，首先，敝人对台湾革命同志表示无上的敬意!

转来之信，已妥收无误，不胜感谢之至！来日方长，以后晤谈，当多多向您请教。谨此敬复。祝
健康！

陶行知启

五、卅一

修建校舍要通盘考虑

——致马侣贤

侣贤同志：

昨天黄先生到古圣寺去，路经温泉约你同去，没有找着你。他回来说，已经把你和易、魏二先生介绍了。他也托易先生找了几个工人助你。住房有六间，可以租给教师家眷，请你看一看，是否要修理，再托易先生问一问租金，如果公道，便定了下来。三里路外的一家也有房子，可以看看，不必说定。井要下石，你今明必须去一趟。庙图请画一个，何处要修理？作何用途？图书馆至少容二万册书。木工厂也要放入，豆腐店怕是要靠近厨房。合川买的东西已到草街子，请易先生设法运至庙中好好收藏。易先生、魏先生，请你代我致谢。对他们要有礼貌，礼多人不怪。早上八时以前若有事，可从草街子打电话来。一切偏劳。我现拟了一个征书三万册的办法，最为高兴。敬祝

康健!

陶行知启

二八、六、六

遥想难童各得其所[①]

——致宋鼎

调公吾兄：

顷奉大札，敬悉。

吾兄致力于儿童教育工作，始终如一，至为敬佩。前在桂林晤马超俊先生曾谈及，得知吾兄近年来在抗战期中教养难童之卓越成果，不胜佩慰。可见志士之举，尽人皆赞！

贵院小朋友生活照片十六张已妥收无误。数友传阅，恍如置身贵院生活之内，遥想难童被春风时雨之化，各得其所，甚为可喜。

联额当于暇时涂后奉上，谨此敬复。顺颂
文祺！

弟陶行知拜启

注释

① 此信写于1939年6月上旬。原信手稿上写有“宋调公：万县中国战时儿童救济协会教养院”。

遇有好书 随时寄来[①]

——致白动生

动生同志：

十九日来札收到，已悉一切。《教与学》月刊三卷五期至四卷二期均收到无误，惟普通用书五十七册，白桃同志想不久可以送到，尚希勿念！

所言不便组织征书队事，我甚表同意，即作罢论。时遇有好书，尚希随时收集寄来为盼。谨此布复。敬祝

康健！

陶行知启

注释

① 此信写于1939年6月上旬。白动生当时在重庆正中书局《教与学》月刊社。

砍伐树木　违背契约

——致马侣贤

侣贤同志：

接读六月十五日来信，知道有人要砍庙旁树木。这事违反森林法及保存古迹。契约上明载“其界内森林及寺内神像均须保持原来状态，不得任意拆毁。但其森林有碍建筑者，可由学校斫伐。所斫去之竹木完全归寺僧收用。”界内森林，学校及和尚均须将其保持原来状态，若由一方任意拆毁，均系违背契约。只是有碍建筑者，照约学校可以斫伐，物归和尚。所谓有碍建筑之树木，亦只是指少数树木而言，决非说学校可以将树木完全斫去。学校尚且不能斫树，何况出典者。这件事不必采取别的办法，只须招呼和尚说：出卖森林是违反契约。联保主任处亦请将此意告诉他：毁灭树林是违背契约、违背森林法、违背保存古迹，请他注意。照惯例佃户房子是包括在契约之内，不必另行标明。专此奉复，敬祝

康健!

陶行知

二八、六、十六

被窝所用布棉，还是北碚价钱较太镇[①]为廉，请逢阴历二、五、八来，请于五月初二来办为盼。

注释

① 太镇　即太平镇，在成都市南面。

请准办夏令共学会[①]

——致卢子英

启者：生活教育社于去年十二月依法在桂林正式成立。中央社会部、教育部且准予备案，兹为便利社员进修及交换工作经验起见，特由生活教育社重庆办事处主办夏令共学会，[②]拟假北泉小学为会址，并已与该处邓主任商借，且蒙允准。现奉上《夏令会简章》一通，敬希察阅，深望准予立案，并莅会指导为感。

此上

三峡乡村实验区署区长卢

生教社理事长　陶行知拜启

注释

① 此信写于1939年6月17日。

② 夏令共学会　即生活教育社暑期共学会。于1939年暑假，陶行知利用北碚温泉北泉小学的教室所组织。学习参考书目为孙中山、蒋介石、毛泽东、杜威的著作及生活教育有关书刊，实际学习内容是战争和时局，交流经验和提高觉悟。

望自行筹款进行研究

——致王造时

造时先生：

多日未晤，曷胜系念！年来第九战区抗战兵役伤兵、难民问题之研究，承兄指导进行，至为感激。

惟此项研究费，从三月份起，政治部便减半发下，并且从五月份起又完全停止了。故以后对兄所主持之研究费，一时不能再发，尚希鉴原。

弟意此项研究，关系抗战建国，至为切要。深望　台从于可能范围内，自行筹款，赓续进行，以免中辍。弟如筹有新款，自当酌量接济。兹将陈部长代电抄录一份奉上，敬希察阅。谨此奉商。敬颂

文祺！

弟陶行知拜启

二十八年六月廿一日

假公济私现象定会淘汰

——致周颂平

颂平吾兄：

来信收到了，您这样帮助我们，真令人感激不尽！江苏医学院①距清凉亭②甚近，日内我即想约刘女士③一谈。

加拿大方面情形尚可，不过我这里也没有什么消息。

十字车的事情，实在令人痛惜，不过在不久将来的一个阶段里，这种假公济私、腐化的现象一定会被抗战的洪流淘汰下去的，愿我们都不要灰心。谨此敬复。祝

康健！

陶行知拜启

二八、六、二一

注释

① 江苏医学院　由江苏省立医政学院及南通学院医科改组而成。1938年更名为国立江苏医学院，抗战时迁重庆北碚。周颂平当时在该院任职。

② 清凉亭　在北碚中心火焰山上，陶行知当时住在此地。

③ 刘女士　即刘亚珍。时为江苏医学院学生。

有暇请来一谈

——致刘亚珍

亚珍女士：

兹接周颂平先生来函，敬悉　台端在江苏医学院求学读书，并热心为社会服务，钦佩之至！贵校距清凉亭育才学校筹办处甚近，何日有暇，来敝处一谈，无任欢迎。此祝

康健！

陶行知启

二八、六、二一

商请组织征书队

——致陈裕光

裕光先生大鉴：

敬启者，敝校为培养具有特殊才能之难童而设。学生学习与教师研究均需借重良好图书，原有图书费只敷购备最低限度图书之用。兹为便利师生及民众博览深造起见，特发起征集图书运动，以征足三万册为目标。现奉上简章一通，敬希察阅。素仰先生爱护人才，提倡文化，深望领导组织一队，广为征集，如蒙俯允，至为感激。敬祝

康健!

育才学校校长　陶行知拜启

二八、六、二一

附：育才学校征集图书简章

一、育才学校的目的在选拔有特殊才能之难童，加以适当之培养。兹为师生学习参考起见，特发起征集图书运动。

二、征书运动以征足三万册为目标。

三、本校组织征书队一百队，每队至少征集三百册以上，其队长由本校校长敦聘之。各队队员由队长自行邀请，报告本校。

四、应征图书可采用下列三种方式：

甲　捐书

乙　捐款　捐款代书，平均以一元代书一册。

丙　存书　凡寄存图书以半年以上为期，且允许本校使用，运费由寄存人担任。

五、普通用书藏入普通书库供普通阅览之用。专门用书如音乐、戏剧、画图、文学、自然科学、社会科学、工艺、农艺、医药卫生等类之书，则分设专室保管以供参考。

六、专门用书由一人捐助，其数量质量足够设立专馆者，则设立专馆以纪念捐书之人。各专门图书室中，捐书最多之人则以室名纪念之。普通及专门书，捐书上一百册者刻碑纪念；不满一百册者登报致谢。

七、经收图书处为：（一）重庆武库街生活书店；（二）四川北碚清凉亭育才学校筹备处；（三）四川北碚草街子古圣寺育才学校；（四）上海江西路工部局华人教育处陈鹤琴先生（五）香港九龙太子道二〇八号吴涵真先生；（六）昆明文庙西巷缪云台先生；（七）桂林王辅坪中山纪念学校杨寅初先生。

望赞助晓庄研究所补助费[①]

——致陈诚

辞修部长勋鉴：

顷奉六月六日代电，敬悉　贵部对于晓庄研究所之补助费因业务开展难以继续发给。闻讯之下，一方面固然要为敝所惋惜，忽然失去这一可靠之援助；一方面又为贵部欢欣，且贵部事业在先生亲自指导之下，日渐发展，必大有造于抗战之前途。兹有陈者，近日先后接到桂林办事处来函，一称五月份补助费已于六月二日具领，分发各研究员，开销五月之账款；一称七日由西南行营会计科来函，要求缴回。办事处因所领之款已照预算分发，未能缴回，嘱弟报告左右，请示办法。想系交通不便，停发命令迟到数日，致有此不接洽，尚希鉴原指示。查敝所　因先生一诺之鼓励而创成，不啻为先生提携自己之事业。弟极愿遵嘱另筹的款，赓续进行，以不负于先生之厚望。但匆促之间立集巨款，平时犹难，何况今日？且联络专家，分工研究，性之所近，乐在其中。若为无米之炊，日日过卅夜，则事倍功半，苦多乐少。深望先生援助，本提倡学术之初衷，继续接济。万一部中有不可克服之困难，则展缓数月，再予停止，俾有回旋余地，从容开源。倘即此难行，则希望权由先生私人略予赞助，以示先生精神仍在吾所。凡此所言，实缘念念对于抗战建国愿贡献其小小力量而不甘中途而废。知我如先生者，当能谅我絮絮而谈。至桂林办事处最后一次所领之款，亦当在先生裁夺之下解决之。如需缴回，自当

筹还。专此奉商，祇候复示。敬祝
勋安！

陶行知启

注释

① 此信写于1939年6月下旬。

非难童寄学须征费用[1]

——致石凌鹤

凌鹤先生：

六月十六函收到，欣悉令郎具有音乐戏剧之才，至为可喜。入校一层，任先生[2]临行匆匆，未及报告，当与敝校艺术组导师商量，再行奉复。不过育才学校系为难童而设，非难童寄学，须征费用，其规程正在拟订。艺术组定于下月十六日先在草街子古圣寺开学。因修理布置需时，要到十四日始能接受学生。谨此奉复，此祝

大安!

陶行知启

注释

① 此信写于1939年7月上旬。

② 任先生　即任光。当时任育才学校音乐教师。

谢捐助育才精神粮食

——致黄次咸

次咸先生大鉴：

奉读来札，敬悉　贵会在两路口设立之影院即将开幕，“七七剧团”演剧事，敝人已与该团接洽，大约三、四日内该团可正式答复。募书事，知已收到九百余册，想不久当可送来。台端所予敝校之精神粮食，深致谢忱。谨此奉复。敬颂文祺！

陶行知拜启

二八、七、十

免费为老百姓打预防针

——致马侣贤

肖生同志：

十五日早晨，我陪卫生所医士来选择卫生室、疗养院，并带一些药来，顺便可以为老百姓看看小毛病。预防针也带两百来。如果有人愿意打（要稍事宣传，不可大宣传），大夫可以免费效劳。中午可到（最好十一时有工人在码头等候拿东西，二人即可）。学生怕要十六日以后来。听说大司务弄饭不行，愿知其详。敬祝

康健！

陶行知启

二八、七、一三

学生用簿订了二百本，挂钟当带来。

志在服务　不计报酬[1]

——致罗叔章

叔章同志：

多日未见，曷胜系念。兹有恳者，友人谢石深，系谢冰莹先生之令妹，文学造诣甚佳，对儿童更有丰富之情感。深望能在　贵院担任教师。五月三十日曾给您寄到重庆保育院一信，未得示复，殊为念念。谢君志在服务，不计报酬，希望　贵院能够聘请。万一不能，则望您将她荐给赵院长[2]。谨此拜托。务请迅速示复。祝

康健!

陶行知启

注释

① 此信写于1939年7月下旬。

② 赵院长　即赵君陶(女)，当时任直属第三保育院院长。

不能用人之长便是自己之短

——致马侣贤

肖生同志：

接读七月十三日的信，知道郭树干先生不能来。会计一职仍由您推荐，望即物色为盼。

厨师、会计、医生都是办学的重要角色。现在不称职的厨师已去，这是一个好消息。我们应该乘这个机会请一位好的厨师。

办学如治国，眼光要远，胸襟要大，否则事情会愈办愈局促。望大家留意。

易必光先生，您应该指导他，把账目一笔一笔的交好，收条一张一张的补足。耐心是重要的。赶场是四川乡下人的生活，多数是每场必赶，每赶必到晚上才回来。我们要用他的长处。不能用人的长处，便是自己的短处。我希望你们能用人的长处，而又帮助人克服短处。

黄先生的长处我是看见了好多；他的短处我也正在帮助他克服。他在古圣寺曾不欢而散，在这里还是欢而未散。我希望您也以这个态度帮助古圣寺的同事。

您对人，对四川风俗习惯，还不大明白，似宜以学习的态度来待人治事。胸中的城府是不可有。我们不能用江南的尺来量四川的人情。

学生由少而多，已到三十余人（温泉住数日再来）。做衣事请你明早九时到北碚商量。这三天有重要演讲，望您们也来。

敬祝

康健!

衔

二八、七、廿三

育才学校款子十二月份已领得，谅已汇到。我再于前天汇出五千（吃饭在外望你将这款匀作一二两月用）。务望本着“不冻不饿，省吃省用”八个字办理。伙食每天夹一餐玉米或可稍省。

十一名小朋友已安全到达

——致杜贵文

杜院长：

贵校小朋友十一名已于二十三日安抵此间，无任欢迎！到达北碚后，我们便将他们护送到北温泉，一切请勿念！

小朋友胡文山因饮食不调，于昨日发热，当即送入北碚地方医院，大约明日可出院。小朋友李萍罹感冒疾，发热甚重，亦于昨日送往该处，今日病势已好转，数日内可痊愈。谨此奉复，敬祝

康健！

陶行知启

七月廿五日

附名单一纸（略）

清水是第一要事 厕所是第二要事

——致马侣贤

侣贤同志：

学生来到，清水是第一要事，厕所是第二要事。别的工人可省，挑水的工人不可省。临时厕所要盖，方不致引苍蝇。最便当的办法，不是用灰，而是用竹凳欲〔通坎〕板当盖，可移可放，较为便利而清洁。土坑要洞小而深为宜。每十人一座够了。立组灭蝇队，将厨房蝇子肃清，四周垃圾肃清。书架以长方书箱形为宜，每箱可分置案头，几箱成架，平时合而为架，运时分而为箱。高度以最高之书为准，深度以最宽之书为准，长度以平常书架之宽度为准，大约是二尺五寸左右，请你们考究一下。这是游击式的图书馆用的书架。

医生日内即去约请，或亲自陪来。敬祝

康健!

二八、七、卅一

小朋友胡文山已出院，托冷同志带来。

请为暑期共学会讲课

——致约请的讲员

××先生或夫人赐鉴：

敬启者：敝社宗旨在探讨有效而合理之教育原理与方法，以促进教育之普及、生活之提高、自觉性之启发、创造力之培养。去岁在桂正式成立，并蒙经中央社会部、教育部、内政部准予立案。兹为社员继续进修及增加服务能力起见，由驻渝办事处举办一暑期共学会，地址假定北碚温泉北泉小学，限期自七月二十日起，至八月五日止。素仰　先生，夫人德高望重、学术渊深，提携后进不遗余力，敬请　先生、夫人于×月×日下午三时驾临指教，时数自一小时至三小时悉从尊便。讲题拟请先生自选，倘蒙对于《……》[①]一题有所启示，亦所欢迎。倘对于所拟日期、时间感觉不便，尚希俯予指定时日，快邮示知，以便更改。专此奉约，祇候复音。敬祝

康健！

生活教育社理事长　陶行知

二十八年七月

注 释

① 原信如此，为已拟定的某个讲题。

三十名小朋友已安全到达

——致曹孟君

孟君[1]先生：

贵院小朋友……十九名已于二十一日安抵此间，二十五又有小朋友……十一名到达，欢迎之至!

到此间后，我们便在地方卫生所里请到了医生，略施行检验，大体上都很好，只有两位有眼病，当时配了药，并指导小看护代为上药。他们都很好，有几位已经学会游泳。

一年来，您像母亲一般抚养小朋友，一旦离开了，一定免不了互相挂念。休息一个时期，精神当能更好，将来造福儿童，岂可限量。我是这样为您和小朋友预祝。

对于社会科学有兴趣的小朋友，二十八日左右，我们便有人到您那里去，再去选拔。

日昨冯焕章先生莅温泉生教社暑期共学会讲演，贵院小朋友全体参加听讲，当场歌咏，颇得到会人赞美。贵院教导有方，于兹可见。谨此奉复。敬祝

康健!

陶行知启

二十八年七月

注释

① 孟君　即曹孟君，当时任战时儿童保育会理事、重庆歌乐山保育院长。

卫生环境不良报考请稍缓

——致阎宝航

宝航吾兄：

三日来书收到，目前敝校之卫生环境，还没有良好地建立起来。令嫒及其他小朋友投考敝校事，恳请稍缓，等到确有把握，再行奉约来校应试。谨此奉复。敬祝

康健！

陶行知启

二八、八、一

科学组尚未筹备好

——致张友鸾

友鸾先生大鉴：

敬启者，顷读来札，敬悉令郎对科学颇有兴趣。目前敝校科学组，无论在设备上、书籍及选择学生诸方面均未就绪，故恳请台端于敝校科学组设备就绪后，再行前来应试，届时当专函奉闻，不过大抵须于二三月后。谨此奉复。敬祝康健！

陶行知启

二八、八、一二

请拨药品与器械

——致张蔼真

蔼真先生大鉴：

敬启者，敝校对于选来难童，首先注重其健康之培养，惟成立伊始，一切药品及诊疗器械二项，均感缺乏。目前交通阻塞，若从港沪购买，既不经济，又费时日。闻中国妇女慰劳自卫抗战将士总会有丰富之药品与精良之器械，深望代为请拨若干，为敝校学生保健之用。素仰　台端爱护难童无微不至，如蒙俯允，造福匪浅。谨此奉恳。敬祝

康健！

陶行知启

二八、八、一二

会商测验推迟

——致马侣贤等

肖生及诸位同志：

现因紧急事须到重庆去，十九赶不回。会商测验俟回碚当来古圣寺面商。敬祝

康健!

行　知

二八、八、十七

青年至少要学好一种外国语[1]

——致陶晓光、陶城

晓光、蜜桃：

接读晓光九月一日及蜜桃八月十五的信，我很高兴。蜜桃那封信是表现了一些进步。晓光的俄文有这样好的进步，是可以庆幸。每一个青年都得擅长一种外国语。无论是学习社会科学、自然科学或是艺术、文学都得要至少一种外国语。晓光要精益求精的把俄文学到最高的境界。蜜桃也要风雨无阻的把一种外国语学好，不可间断。晓光的才干，依我看来是专攻自然科学来得有成效。你的性情不适合复杂的环境，因此研究自然科学是对的。苏联的科学进步、发明介绍到中国来很少。你可以把这个岗位站稳。为着达到你要达的目的，只要于民族、人类有益，我总是支持的。

钱可向王省三同志取一百元，我收到通知，即付研究所北碚办事处。如此可以双方省一些汇费。蜜桃是以进中学为是。

我很为三桃担忧。六个月没有得到他的信。我给他的信是退回来了。子云也没有信来，你有所闻否？

有病即须快医。病后要养，不要爱惜钱。祝你们

康健!

爸　爸

二八、九、九

菲利〔律〕宾暂时不去了。那里主持人给方先生私信论菲岛教育，竹因将其公开，以致群起而攻。竹因粗心如此，可为殷鉴。

请接待赈委会视察专员

——致马侣贤等

肖生、学镛、东明[1]、昌书[2]、章泯、铭勋及全体同志：

赈济委员会[3]“九一八”曾派陈婉慈先生来参观，谅已相见。最近该会又派黄节文先生为视察本校之专员。到时请招待，并与详谈。学生方面开一欢迎会请其指教。

我昨从永川来。明日天晴即来校共商一切。天雨则顺延。专此奉达，敬祝

康健!

派来采办货物同志，银钱须有慎放之衣袋，外露易失，如何赔偿？此层望肖生同志特别注意。

陶行知启

二八、九、廿四

注释

① 东明　即魏东明。当时任育才学校文学组主任。

② 昌书　即帅昌书。曾参与创办育才学校，并担任指导部主任。

③ 赈济委员会　国民政府在抗战期间设立的救济机构。

加强排队练习
会场必须整齐

——致马侣贤及全校同志

肖生及全校同志：

现探听明早这里准八时开会，你们要准时到会，就得于五时从校中动身。晚上雇好了船，一到草街子即顺流而下。

我已通知会里把你们的节目排在三时以前，使你们可以当天回去。倘使要在北碚住夜，是一定要带被来，否则就要受冻并带得一身虱子回去。

排队要加强练习，会场上必须整齐。

现送上大旗两面（一为国旗，一为校旗，为你们排队来碚之用），中号旗两面为本校悬挂之用，小号旗两面奉送古圣寺小学。

敬祝

康健！

陶行知启

二八、十、九

用纱窗布除油代纱布

——致马侣贤、林护士

肖生同志及林护士：

纱布很难买。从前在北碚买的做纱窗的布，可用碱除油代用。将新买的蚊帐布余下的一匹来换下纱窗布，再将换下之纱窗布交林小姐除油使用。敬祝

康健！

陶行知启

二八、十、十八

作好准备欢迎保育院长参观

——致帅昌书、马侣贤

昌书、肖生各同志：

我现在计划隔一日、至多两日来一次。不来之日由孙敦乐小朋友来任交通，使我们的联系可以更加密切。

保育院院长定三日到育才参观，已见报，请大家准备开一盛大之会欢迎他们，要预备一餐较好之菜饭招待。扎造“欢迎难童之母”、“欢迎全国保育院院长指教”的牌坊。

小朋友的棉大衣应催促赶快做起来。在哪家做？我可以代催。

饭食委员会改革得怎样？二十八日商议之事已实行否？请桑先生写一信来。

小孩疾病状况怎样？请林护士写一信来，是否需要桑大夫来一回。

请将信交孙君带来。

衍

二八、十、卅一

木筏已到金滩

——致马侣贤

肖生同志：

桑大夫信（并给昌书同志看），请切实执行（阅毕交回）。

木筏已到合川金滩。请携数十元到合川木帮茶社找何福吉。不要付清。我已写快信叫他们放到草街子，我希望你自己去一趟，顺带买点东西。但是要防备他们自来，要招呼好才去。

昨天布置甚好，要长久保持如此，再加改良。

（请告诉帅同志）

行　知

二八、十一、四

“新旅”伤兵工作原则[①]

——致汪达之

达之同志：

关于“新旅”[②]的伤兵工作，我是一样的兴奋。具体计划要就你们所在地的情形产生出来，现在决定特约你在桂主持伤兵教育之研究。小朋友是你现成的艺友，现在开上几件原则，做你们进行的参考：

（一）伤兵教育根据伤兵生活进行研究；

（二）伤兵教育要配合重伤、轻伤、残废兵士的需要；

（三）伤兵教育方案，依在途、在院、愈后分别拟订；

（四）伤兵教育方案要从实验中产生；

（五）伤兵教育实验以伤兵救护队、救护站、伤兵医院、休养医院、残废医院、荣誉队，在乡军人组织为中心；

（六）参观优良中心，以资比较；

（七）随时试验医愈伤兵在前方、后方教导士兵及民众的办法；

（八）记录优秀之伤兵、伤官之抗战故事；

（九）记录优秀伤兵、伤官之详细地址及其家属地址。

我写这几点，只是供你参考，具体计划、办法，是要从工作中产生，祝你们工作顺利！

陶行知

注释

① 此信写于1939年11月上旬。

②“新旅” 新安旅行团的简称。

附一： 汪达之致陶行知信

行师：

新旅的服务伤兵工作，已经决定在桂林干，是根据以下三点决定的：

（一）自我赴渝后，新旅即分一支人，成立乡村工作队到离桂林二十五华里的万正乡（冯先生办的安徽巢县难民垦殖团也在这一乡）去工作，第一是动员儿童；第二是动员壮丁；第三是服务军人家属；第四是慰劳难胞。他们的工作情绪极高，自己去打扫一间破祠堂住下。工作进行后情形甚好。儿童节发动儿童生产献金；乡下的生产只有砍柴是本行。动员结果，砍了四十担柴，义卖。全乡小学教师座谈会已协助成立。各项工作都在逐步进行，原定一个月不能完成，要延长时间。我回来根据报告，去看了一下，看到他们那样高的工作热忱，并且有理想，有计划，有步骤。为了让他们更能坚决的实现工作理想，只有延长时间继续工作一段。

（二）新旅自我赴渝后招收试验团员卅余人开始训练，还要一个月才能完成。这次收的试验团员中有不少天资卓越的。同时，每天来要求加入的人还很多，实在无法容纳，婉辞拒绝。这些孩子大半都是很好的，觉得可惜得很。

（三）目前来渝的车子太不便，段先生虽答应向后勤部交涉，但后勤部的车子现分三段。第一段由桂林到河池；第二段到贵阳；第三段到重庆。换车麻烦费时。

根据以上三种原因，就决定继续留桂工作。桂林现已决定组织新旅伤兵之友社专为服务伤兵之工作的。又因要与已经工作的乡村取得联络，所以又决定在离桂林三十华里大墟镇第六七两陆军医院去进行。一切手续正在开始进行。从五月到七月这三个月告一段落。

拟协助医院把俱乐部的工作做起来，再一面认识环境，一面计划工作纲领，进行工作。

现在要请问你的：

（一）把你研究伤兵问题的计划给我们知道，有文字的，请抄写一份把我们。

（二）要我们帮你做哪几件有关的工作，如搜集材料，或实验方法等。

（三）我们的工作，应该是你研究工作和实践上的一环。这样我们才能接受到你的指导。我们的工作有效果，也就是你研究问题的成功。

你以为怎样？请接此信即给我们复信，如觉此信报告不够，即请指出，以便详告。

此次过贵阳，因换车，须等候，有时间可以下车去，就到青岩实验区，这是宋怀中、戴自俺和另外几位新入社的同志们所经营的事业。他这里有个特点，就是苗彝人最多，离贵阳二十华里大水沟地方是清岩推广区，黄明方同志在那里工作，他是一位很诚实，勤恳，忠于抗战工作的青年同志。他要有一件大事可以告诉你，那就是彝族同胞要办学校，去年新谷上场时，每家每石收一升建筑校舍经费，我这次去，新校舍刚要落成了，在一个落后的村庄里看见堂皇的校舍，是一件令人兴奋的事，他们除自筹千余元的材料费，还自己献出两千多人工。

这是我们要向黄明方同志表示敬佩的，他们努力的成功，也是生活教育的光辉，他们一致希望你能去看看他们，这是很必要的，不知道你什么时候能到各地走走，那是各地生活教育的同志们一致所要求哩。

达之谨启

附二：　伤兵之友队致陶行知信

亲爱的陶先生：

我们二十个小朋友在大墟的工作，已于九月八日结束了。或许你会问，为什么做了四个月就结束了呢？结束后又将怎样呢？因为你关心我们，所以现在我们就告诉你吧!

我们离开大墟有几个原因：

（一）我们这个组织，新旅伤兵之友社的目的，是在探求伤兵工作怎样做，找出适当方法来帮助解决伤兵问题。所以我们觉得只了解大墟两个医院的伤兵，情形是不够的，必须到各处去参观一下工作，才能得到较多的经验。

（二）我们在那儿的工作，已告结束了，在院内我们办了识字班，又在这时毕业了，还有座谈会，小组会也算立下一个基础了。民众方面，小朋友的儿童干部暑期训练班，也已结束，小朋友们学校要开课了。地方与院方因为我们在中间做媒介，已有相当的融洽。老百姓对伤兵也没有什么恶感了。照这样，我们想离开这儿也没有什么关系了。

八日前的几天，我们开话别会，招待地方学校和负伤同志代表，他们各处也开欢送会，我们整天的开会忙。

七日的晚上，我们作临别公演，在这个会场上两院的负伤同志代表，打着锣鼓，放着鞭炮，向我们献旗，一共是三面。他们又向我们讲话，会场上庄严得很。八日早上，我们要走了，负伤同志及小学生都排好了队，放着鞭炮，送我们一直出了大墟。我们叫他们回去的时候，他们都不大愿意回去。还有三个负伤同志送我们到好几里路外才回去。

就这样，我们拿了三面旗子回到团部，你想我们多么高兴啊!

我们到了团部——桂林东江镇休息了两天，接着，就是开会忙，因为双十节就要到了，是新旅四周年纪念，我们恐怕在那天已要离桂林来到重庆。

加上西工队湘桂路的流动工作，就要开始。所以四周年纪念会提前开。全体团员七十三人都集合了，整整的开了三天会，讨论新旅过去的四年以及领导干部，和拟第五年计划。这次大会给我们每一个人极大的兴奋，使我们对于新旅有了更清楚的认识：这个收获是我们在开会前万万料不到的!

大会现在已结束了。西工队已开始流动工作去了。别的工作队，也回到他们的岗位去了。我们仍在团部。因为无对外的工作，所以我们的工作主要是写作，把四个月的工作经验和教训整理出来。其余就是加强学习。

因为车和轮船以及我们要准备工作关系，我们大概要在双十节前后才能去重庆，预备到那儿后，先到北碚育才学校来作一个短时间的学习，一面布置工作。这是我们一个简单的报告。其他一切以后再报告你吧! 敬致

抗战胜利的敬礼!

伤兵之友队启二八、九、廿七

纪念中山先生宜以宪政期成运动做中心

——致帅昌书等

昌书、肖生、东明、章泯、绿汀[1]、洞若及全校同志：

昨天接白桃同志信有急事要我去渝。我定今午坐民厚船去，要四、五天才能来，一切偏劳。

木筏来，全停草街子。陆续运一部分到古圣寺。我不能赶来检查。家长们请优待他们。

送上痘苗五打，交林护士即与诸生种痘。

眼镜及洋钱二元及发票，系一位林女士托重庆配的，不知是哪一位林女士，来人说不清楚，请调查一下，交与原主。

校徽式样一枚，是否合用请通知白桃同志。

中山先生诞辰纪念，今年宜以宪政期成运动[2]做中心，举行宪政座谈会，将中山先生关于宪政之重要言论提出来研究，例如《北上宣言》[3]、《关于国民会议之演讲》[4]都是应该看的。《五五宪草》[5]及《国民大会组织法》也应该批评其缺点。我到渝当弄点材料来，但是纪念日还是要靠校中现有材料。敬祝

康健!

吴晓邦先生我已飞函去约他来。

陶行知启

二八、十一、十

注释

① 绿汀　即贺绿汀。当时任育才学校音乐组主任。

② 宪政期成运动　抗日战争前夕，全国人民要求民主、团结、抗日，当时国民政府被迫空谈“宪政”和“还政于民”，并公布《五五宪草》进行欺骗宣传。抗战爆发后，各界民主爱国人士继续要求制定宪法，实现民主政治。这股潮流即宪政期成运动。

③《北上宣言》 1924年10月，冯玉祥在北京发动政变，直系军阀曹锟、吴佩孚倒台。冯一面请皖系军阀段祺瑞担任“中华民国临时政府执政”，一面电请孙中山入京共商国事。孙接受邀请，于11月10日发表《北上宣言》，宣布对内打倒军阀，对外要“推倒军阀所赖以生存之帝国主义”，废除不平等条约。

④ 指民国十三年十一月十九日孙中山在上海莫利爱路29号住宅招待新闻记者之演讲《号召国民会议之演讲》。

⑤《五五宪草》 原名《中华民国宪法草案》因发表于1936年5月5日而得名。

欢迎到育才任指导

——致吴晓邦

晓邦先生：

日前章泯先生说及　台从来渝，可以屈就本校指导，无任欢迎！来渝所需旅费，现已函知广西桂林王辅坪中山纪念学校内晓庄研究所季平先生，就近设法暂垫，请与接洽为盼。谨此奉商。祝

康健！

陶行知启

十一月十五日

璧山未去　旅费奉还

——致彭亮亭、徐松涛

亮亭、松涛吾兄：

十月二十四日来信及十五元汇票一纸均收到。承赐旅费，因弟未赴璧山，特此奉还。

再者，民教参观团月前来碚，招待不周，诸希鉴谅。谨此奉复。

此祝

康健！

陶行知启

十一月十五日

传染病治愈方可报考

——致任玉书

玉书小姐：

顷奉十月廿九日来信，敬悉。对于令弟入育才，学校甚为关心。我对于令弟是十分地同情！

目前本校测验员已出发选拔难童，一时不能回来施行测验①。一俟将来难童到齐，并将传染疾病治愈后，令弟与其他家庭小孩可一并投考，否则康健问题不能令人放心。令弟之名字已交校方登记，将来举行测验时定当通知。谨此奉复。

陶行知

十一月十五日

注释

① 测验　即智力测验。当时育才学校从难童中选拔学生，是采用自制“量表”，派专人去保育院进行智力测验，收录“智商”高的学生入校学习。

难童病好后方能收其他学生

——致章伯钧

伯钧先生：

接读十月二十日来信，承蒙介绍小朋友唐万一来敝校入学，至为感激！目前敝校正在各保育院选择学生，不久当有百余难童来校。据过去经验，难童身体带病，故必须难童病好后方能收其他学生，否则健康不能令人放心。该小朋友唐万一之名字，已交校方登记，将来能入学时，当再行奉告。谨此奉复。

陶行知

二八、十一、十五

无意中弄到一点建筑费

——致马侣贤

肖生同志：

这次到渝，无意中弄到一点建筑费。请你把地买好，瓦窑办成，款一到即兴工。图在设计，木料怎样？小庙已布置就绪否？敬祝

康健！

衔

二八、十一、十五

谢赞助赐捐

——致程希孟等

希孟[1]吾兄
开禄[2]先生
大作[3]吾弟

久未通音，曷胜系念！育才学校捐书运动承蒙赞助赐捐××元，至为感激！敝校当即以之增加精神食粮，以谢厚意！

现在敝校圕[4]分中文书库、西文书库、儿童书库，阅览室、借书室，现在书籍已达五千册。感谢之余望继续赞助，共观厥成。一年内完成三万册目标，谅可达到。谨此奉复。此祝
康健！

陶行知启

十一月十五日

注释

① 希孟　即程希孟，当时在国民参政会工作。

② 开禄　即黄开禄，当时在重庆青年会工作。

③ 大作　即刘大作，晓庄学校学生，当时在中国工业合作协会西北地区办事处工作。

④圕　当时“图书馆”的合体字。

关于两位小朋友入学事

——致欧阳执无

执无吾兄：

十月二十八日前后两信均收到。关于您的两位小朋友入学的事，我当即转托卢区长设法。据江秘书来信，北碚小学现已扩充学额，请您的两位小朋友即去区署见江秘书，请其介绍插班。谨此奉复。此祝

康健！

陶行知启

十一月十五日

母校关心同学令人欣愉

——致陈裕光

裕光[1]校长吾兄：

接读十月十六日来件，敬悉一切。母校如此关心同学，更令人欣愉！

校友调查表格，已填好寄上，请查收为感！校刊每期几时出版？校刊及通讯录印好请寄下一份。再者，前出《金陵光》[2]，图书馆中有全套否？尚希赐寄。谨此，祝

康健！

弟陶行知启

十一、十七

附校友调查表一份。

注释

① 裕光　当时任金陵大学校长。

②《金陵光》　金陵大学学生办的学报，创办于1909年2月，始为英文版。从第四卷第一期起增辟中文版，陶行知任中文版编辑。从1913年10月第四卷第五期起，至1914年4月第五卷第二期止，陶行知任中文主笔。

附：　陈裕光复陶行知函

行知学兄赐鉴：

复函及校友调查表均奉悉，就审起居佳胜，至深欣慰。校刊两周出版一次，已转知编辑部按期寄奉。吾兄海内名流，吾校先进，敬祈此后对于校刊常惠稿件，以光篇幅。至《金陵光》南京图书馆内尚存有数份，未曾□出。

前闻吾兄将有蓉城之行，甚望　台驾早临，不独故人间得以剪烛话旧，即本校员生亦得一良师机会以快睹丰采而拜聆教诲也。　　（时金陵大学已迁到成都——编者）

耑此敬复，并颂

铎安!

弟陈裕光谨启

十一月廿二日

请给《智慧测量》写书评

——致艾险舟

险舟[①]吾兄：

久未通音，曷胜系念！兹代李信慧小姐寄上《Measuring Intelligence》[②]一册，收到后望示知为感！并望于阅后，对该书之评价，写介绍书评一篇，以光敝刊《战时教育》。如蒙俯允，感激之至！谨此拜托。顺祝

健康！

弟陶行知启

十一月十七日

注释

① 险舟　即艾伟。当时在重庆沙坪坝中央大学任教，应陶行知约写了《介绍推孟麦雨二氏著〈智慧测量〉》，一文，发表在《战时教育》第5卷第9期。

② 书名。当时译作《智慧测量》，通译《智力测验》。

失败是成功之母 奋斗是成功之父

——致“中业”诸同志

敬爱的“中业”[1]诸同志：

接读十一月八日来信，已悉一切。你们大家在艰苦环境下奋斗的精神，真使人感动极了！本来失败是成功之母。单有母亲不能生子。成功之父为谁？吾友曾俊侯说：“奋斗是成功之父。”愿我们一同牢记着。

筹款事因汇水太大，故改向港方友人代为筹款赞助，我意暂时努力民众教育，俟筹足款项再行复校。谨此奉复。敬祝

康健！

陶行知启

十一月十七日

注释

① “中业”　即香港中华业余学校，为陶行知于1938年在香港发动香港同胞和海外华侨创办的学校。当时陶行知任董事长，吴涵真任校长。

艺术组已长得很好

——致任光

西达老弟：

接读你七月一日的来信，知道你在新加坡的工作进行顺利，不胜欣喜。

育才学校在你来信之月已经开学。我们的学生仅比孔夫子的门徒少一个①。你所筹备的艺术组是长得很好了。贺绿汀先生已来上课。担任着音乐组主任。戏剧组万籁天先生没有来，主任一职由他介绍章泯先生担任。陈烟桥先生已经到校担任绘画指导员。绘画组还要等到增加经费时才能成立。你在汉口赏识之秃头小音乐家陈贻鑫小友，已经由我们从大田坎迎接来了。安娥先生为我们小朋友写了一个儿童歌舞剧本，叫做《牛鼻子上前线》，还在别的事上帮我们忙。我们也推举她做“育才之友”。你要我们写些儿童音乐教材，这是要文学与音乐同志合作才干得成功。因为你的鼓励，我们将特别注意这个工作而加倍努力。倘有歌词自当飞寄来新，请你制谱灌音。国内有一位朋友有志提倡音乐，我们希望他用全力来帮助育才发展音乐的工作。我们虽然有了钢琴和风琴，但是其他乐器缺少甚多，希望你能在新加坡为我们捐一些来。介绍信不久当奉上。

你回到香港的时候，如果得便，还望到重庆来看看初生的育才和你的心血所灌溉的艺术各组。敬祝

康健!

行知启

二八、十一、十七

注释

① 相传孔子门生有贤人72，育才学校当时有71人。

附：　西达致陶行知函

行知老师：

我在北碚静养了两天，不告而别，同安娥到了重庆。五月二十六日晨乘欧亚航空机，于是日下午三时到昆明，乘车赴安南海防。因经济困难，向上海要钱，终于六月九日乘船经过西贡换Aramis邮船于六月十五日到新加坡。这里抗战情绪非常高涨，一切报纸比香港好得多。因为经济还是困难，所以在半个月中奋斗写作《台儿庄》歌剧，有钢琴的帮助，成绩甚为满意。现在预备收灌抗战歌曲唱片，其事已与百代驻新经理商量成了。这是我想不到的顺利。大约几个月还要回香港灌片。预定我的歌剧年底写成，要在新加坡表演后，再赴香港或许要请费穆兄上电影摄影场。因此在我个人方面，工作认为满意。北碚育才学校进行如何？贺兄等已上课否？念甚。一切音乐书籍，你可否设法要新加坡友人捐助，或给我介绍，我代你募捐。我想我可以帮助的地方，我总竭力去作，特别是为育才学校艺术学院。

这里天气想不到的风凉，地方也很清洁，一切比在重庆的工作实际。短时期可告满意。生活教育社同志能写几本儿童音乐教材？若有歌词寄下，我可编成乐曲以充儿童之用。非但育才儿童需要，别地儿童也很需要。我将来还可设法灌成唱片。新加坡的朋友，希望你介绍。除此之外，还求你常给我通信指教为荷。专此，即祝
教育顺利！

生西达上

七月一日

育才急需款用

——致育五

育五[1]吾弟：

在渝晤谈，甚为快慰!

兹者育才学校之款，据新华银行报告，尚未领到。不知何故，尚希示知。倘手续已完，望即电知新华银行，以应急需。谨此拜托，万望劳神。顺祝

康健!

陶行知启

十一月十七日

注释

① 育五　当时在赈济委员会会计科任职。

为《老百姓报》题词

——致李敷仁

敷仁[1]先生：

拜读九月八日来札，敬悉贵处同志喜欢研究生活教育，并且来现身说法以谋生活教育之推进，诚令人敬佩之至！

《老百姓报》到手必读，如获至宝。你们的丰富成果，固由于党政长官的扶掖与培养，更由于诸先生为文深入浅出，用老百姓的话语说出老百姓的心中事，才有如此成绩。

我近来深深觉得非老百姓追求真理，即知即传，实不足以使教育普遍的动起来，倘使教育不普遍的动起来，实不足以唤起老百姓以打倒日本帝国主义之任务。承嘱题字，爰将此意写成：

“我们要老百姓来动员教育，要教育来动员老百姓，以争取最后胜利。”一语，藉请教益而申贺意。

《战时教育》近来出版稍迟，至为抱歉！从五卷一期起力求改良，增加内容，如期出版。我们要集中精神把这一刊物办好，以便与国内同志们交换意见。有暇尚望不断赐稿，以光篇幅，并望鼎力提倡，介绍读者，则收效较宏，皆诸先生之赐也。谨此奉复。敬祝

康健！

陶行知启

十一月十八日

注释

① 敷仁　即李敷仁，当时任西安《老百姓报》编辑部负责人。

《战时教育》杂志收到

——致戴伯韬

白桃同志：

带来信及五卷一期“战教”及稿费七元二毛收到，并已悉一切。

兹者林砺儒先生之社员证[1]，暂时不必发给他，徒为敌人增加力量。王醉霞之信，我已代你转交，勿念！谨此。敬祝

健康！

陶行知启

十一月十八日

注释

① 指生活教育社社员证。

解雇工人徒为敌人增加力量

——致陆费逵

伯鸿[①]先生：

多年未晤，曷胜系念！兹接到贵局工友来函，藉知贵局与工友方面有点问题。这是很不幸的。

顷读杜月笙先生之调解办法，觉得尚属妥善，现在余下之争执，只是解雇的名义。在此抗战建国之严重时期，厂方与工人方面似宜力求了解，避免僵持，否则不仅厂方与工人遭受损失，即国家、社会亦蒙其害。目前我们正需要大批的熟练工人，从敌人的后方，来到我们的后方，以应印刷及其他技术之迫切需要。若坚持解雇，似乎为渊驱鱼，徒为敌人增加力量。贵局爱国向不后人，且为文化事业之先进，若能将解雇条件免除，更进一步为工友们开展工作，使他们能在抗战的文化事业中发挥出更大力量，则不仅　贵局问题、工友生活得以解决，即国家前途及整个文化事业，亦蒙利不浅。素仰先生提倡文化不遗余力，故敢在文化立场上略述愚见，藉供采择。专此奉商，尚希示复。敬祝

康健！

陶行知启

十一月十八日

注释

① 伯鸿　即陆费逵时任中华书局经理、总经理、编辑所长。

赞工友不甘回沦陷区受敌驱策之精神

——致工友同人

××工友同人钧鉴：

接读十一月十四日来信，藉知，甚为钦佩，并悉你们和厂方的问题，还未解决，不胜挂念。现下所余问题，已遵嘱致函贵局总经理陆费逵伯鸿先生，敦劝其免除解雇条件，以副厚望。你们的不甘接受解雇，实不甘回沦陷区受敌驱策之精神，当为陆费逵先生及一般社会人士之谅解也。谨此敬复。此祝

康健！

陶行知启

十一月十八日

赐示所学致用大概

——致朱启贤

启贤吾兄：

前后两函均拜读过。前次来渝未能迎迓，至为抱歉。弟于本年春间移居北碚办学，下次到渝望过我详谈。

老兄南下对于所学致用，谅有所发展，尚希赐示，俾知大概，以免挂念。谨此。敬祝

康健!

陶行知启

十一月十八日

保持俭朴本分 关心同志生活

——致马侣贤

肖生同志：

听说近来有许多同志和小朋友到草街子吃饭、买零食。这要注意：

（一）学校饭菜，俭朴是我们的本分。但味道要弄得好，现在的大司务是否能办到？

（二）同志和小朋友在外买东西吃，价钱贵而不卫生。尤其是草街子那种不卫生的状况，可算是首屈一指。请与大家一商，筹设一个消费合作社，大家做老板，大家做顾客，由学校指导其卫生。

（三）有时同志要请客，如果学校厨师好，可以代办，价廉物美而卫生。再不然，大家合资在草街子办一个经济餐馆也好。

敬祝

康健!

衔

二八、十一、十八

烟桥先生的信请即派人送去。

广东省立文理学院应设教育系

——致王越

王越[1]老弟：

接读九月十三日来书，已悉一切。粤省与内地远隔，贵院宜有教育系，以利两粤青年之欲从事于教育事业者。我对于高见甚为赞同。俟下次赴渝，当将尊意转达当局，以副厚望。

栗原兄乞代致候。谨此奉复。敬祝

康健!

陶行知启

十一月十八日

注 释

① 王越　当时在广东乳源公渡广东省立文理学院任教。

不能忽略教师的康健

——致帅昌书等

昌书、肖生及各同志：

我们专注力于小孩的健康，而把教师的康健忽略了，这是要赶快纠正的。刚接到烟桥先生的信，知道他和章泯先生同居的农友是有肺痨，这是应当当天搬移的。务望把附近的民房一起租来，最好是由校独租，否则同居的要健康，要没有传染病。赶快打扫修理，请陈、章二先生搬进居住。

马家沱的地有希望，但不要对外说。请拿我的名片到澄江联保办事处，则〈见〉王主任、黎副主任，把木筏运到马家沱，托他们帮忙。只说帮忙木筏，不要说别的。肖生把总务事暂托桑先生代，集中精神带人照顾木料，下运到马家沱。每根木料要写“育才”并写“号数”。看管人要训练。

嵇钰同志来，请向各同志介绍。

点眼药一瓶，请交林护士。敬祝

康健！

行　知

二八、十一、廿一

寄上捐款　查收赐复

——致安徽旅渝同乡会

启者：十一月十三日来件，于十一月廿一日方收到，故未能于十六日如期赴会。

捐款事，因敝人附近安徽同乡甚少，无从捐起。兹特寄上本人捐款五十元及寄来之捐册及募捐手册各一，尚希查收赐复为感！此致

安徽旅渝同乡会公鉴

陶行知启

十一月廿一日

闻学生陈银山病殇安慰其姊

——致陈仪贞

仪贞：

顷读来札，哀悉一切。令弟之噩耗传来，不胜悲戚！国内学校，多不注意学生健康与卫生环境，致有此结果。这便是所谓之教育杀人吧。我们的学校能早办一学期，也许令弟来了，未必误死，思之诚可痛心。但他是去了，不能叫他回来，望你好自珍摄，万勿过分悲伤。托育德中学立碑事，当写信催他们速为办理。南京府上，自当遵嘱叫陶宏去信。南京的小朋友，我们这里有王金连、陈德祥，他们在我校中，当然可以负责照顾他们。尹来弟及唐凤宫当写信到他们求学的地方，拜托校长特别照料，代小弟弟加挑一份担子，来创造好学校、好国家、好世界，让小孩们好好地长起来。你写的碑文，情文并佳，不必琢磨，即为完璧。要我转给金连和德祥的信，准备明天给你送去。谨此奉复

敬祝

健康！

陶行知启

十一月廿二日

请告陈银山病殇情形及善后事

——致宋耀汉

宋校长[1]赐鉴：

敬启者，顷接陈银山之姊陈仪贞小姐来信，知陈银山已于八月二十日患赤痢于八月二十三日逝世。在其得病时间，经哪一位医生诊治，所服之药是什么，我们急想知道。甚望您将这一切情形详细示知，俾便给银山的家中去信。

再者，银山之姊为纪念银山，拟于中华圣公会银山之墓旁立一石碑，碑文随函转上，敬恳　您费心替她办理一下，完成这一心愿，好来安慰陈银山的姐姐。专此奉恳，尚希示复。

敬祝

康健！

陶行知启

十一月二十三日

注释

① 宋校长　即宋耀汉，当时任绵阳私立育德初级中学校长。

妥善照料木筏

——致马侣贤

肖生同志：

安插木筏的地点与澄江联保主任接洽情形如何，尚希示知。木筏何时能到下溪口，请告知，以便托内行前去估价。倘马家沱照应不能周到，则放在靠近马家沱之煤炭公司左近坡上也行。总之，要与荒山距离较短之处为宜。王醉霞所租房东有无传染病，该房卫生环境如何，便中请示知。敬祝

康健！

衔

二八、十一、廿三

请给测验团送款

——致马侣贤

肖生同志：

测验团需要肆佰元寄与成都，请开一张支票（重庆的）交敦乐同志带来，以便转交生活书店送去。

敬祝

康健！

衔

二八、十一、廿三

学问与革命是一件事

——致吴羽白

羽白吾兄大鉴：

拜读十一月二十四日手书，哀悉令兄检斋先生殉国。你说："他从一位旧学家变成积极革命分子。"据我看来，这并不是偶然的事。学问不论新旧，只要是追求真理，便与革命之精神符合。若以学问作买卖，则无论新旧，都有作汉奸之可能。旧学如郑孝胥、罗振玉，新学如汪精卫、汤尔和，不是明证吗？我常说，在学问上忠于真理的，则在政治上必忠于革命。这个意思，现在是在检斋先生之治学、行事上，得到了有力的证实。一个人在学问上能追求真理，则在革命上能杀身成仁。依据有正确理论指导的实践看来，学问与革命是一件事，不是两件事。

至于抚恤、表扬之呈请，以弟愚见，可请许世英、冯焕章及在渝皖籍参政员领衔，弟当附骥尾。现在请您撰呈文及传略各一篇。弟七日赴渝，能在六日前寄到北碚最佳，以便请人签字。

行　知

十一月廿七日

附：吴羽白致陶行知函摘录

兹有大不幸者，家长兄承仕先生号检斋，自平津沦为国防前线以来，思想即转变，由旧学家变为积极革命分子，极力领导平津学生为抗日救国运动，其勇毅无前之奋斗精神，及不顾一切之牺牲气概，足令腐儒咋舌，汉贼胆寒。双十二领导北平八大学教授通电主张团结抗日，致使某种浅视政客目为不稳，曾受警告及压迫。先生毫不为馁，仍进行工作如初。前年春，弟曾至平一面，目睹其每晨黎明起身，怀烧饼两枚，入校工作，至午夜往往因集会撰稿，饥不得食，渴不得饮，自奉极苦。其刻苦奋斗之精神，为弟辈等绝难企及；故能得平津学生界之仰望，奉为领袖。及七七事变发生，首遭日寇通缉，幸有二十九军某军官身任侦缉队长，事先通知，得以避免，于八月七日潜至天津租界后即与家族及友人鲜通消息，问有知者，谓已变名易服，匿居英租界某一小楼上，一面教书，一面仍进行秘密工作。（据家兄去岁二、三月间曾有便条附家函内寄徽，内云：现作小贩外，尚与旧日学徒，创办一店云云。此系隐语，然意可知。）弟等皆为危险万状，促其南来，但家兄意志坚定，绝无挽回，致有今日之祸。先是弟接到北平舍侄一函，谓先生罹病，竟于九月二十一日在北平协和医院病故，所罹何病及病状何似，皆无只字提及。弟已心疑不祥，且该函于九月二十四日始发出，至十一月三日始到重庆，且非快信，而为平信，亦一怪事，疑云万状，不料事实之惨酷，竟逾于理想十倍，弟于十四日阅读《扫荡报》所载香港航空信，始将内幕揭明，则家兄系在津法租界被捕，被捕后拷掠备至，受尽毒刑，敌寇坚欲家兄将平津学生运动之秘密露出，家兄至死不屈，竟遭寇敌肢解惨刑（弟实不忍详述，请先生一览是日该报一读），竟以殉难，嗟乎！人间惨事尚有逾如此者乎！弟于心崩肠碎之余，恨不能抢地呼天，誓以身代。然而死者不可复生，家兄之大义凛然，誓死不屈之忠毅正气自足以传千古而不朽，为家兄可谓求仁得仁，亦复无憾。况抗日胜利之日益接近，自有家兄之烈绩在。惟家兄既不慕名，又不为利（家兄屡售物接济平津学生，弟所目睹），无非信仰救国主义，及秉承我国历代相传之正气，及太炎先生之节概，其死也不为无价值。惟念家兄合家尚处敌军铁蹄之下，无日不惨遭蹂躏(虽无音信然可想而知)。一妻三子茕茕孤寡，万分可怜！中央方面，似可仰邀恩恤否（即小儿辈之学费一切不知能邀免否)？表彰之事，有待于同乡诸先生，代为申请！犹忆前年，家兄为兄等救国会案，曾至泰山，面谒冯副座，叙谈二日（系代表平津学生)，冯副座记性极好，决未忘记，在此时，褒锡虚荣，家兄决不在意，生前尚不图名利虚荣，视如敝屣，何况死后，尤为无聊，但为国家提倡气节，表彰忠义，及沦陷区鼓气起见，政府似应有所举动。弟拟亲来面谒奉告一切。惟以人地生疏，兼相距甚远，故特函奉恳！

中华经济研究社的光辉贡献[①]

——致胡敦元

敦元吾兄大鉴：

接读七月十九日来信，敬悉中华经济研究社[②]，在你们千辛万苦努力之下，有了这样光荣的贡献，实在是非常高兴的一件事。于斌先生回来，谈及你的成绩，更觉得欣慰。你的大文《日本如何获得军用材料之研究》，已托本所[③]研究员李信慧女士译成汉文，先在《时事类编》上提要发表，然后商由中山文化教育馆[④]出单行本，以广流传。我为你写了一篇介绍词，附奉以备参考。你寄来的剪报十余种，颇足以代表大作在美国所引起之影响，我已托人用打字机复写数份寄给朋友们，并将你的大作和我的介绍词寄去。预备为你们筹点款子。同时我想写几封信到美国去，不知有无成效。去年回国时，曾和××先生商量酌量补助，他已口头答应。因为和你约好的信，在港没有收到，所以没有进行。现在知道你还是百折不回的努力到底，将来前途，必有光明。我当尽我的绵力，以为后盾。

你的朋友　陶行知

二八、十一、二七

注释

① 此件在1939年12月25日《战时教育》刊出时，标题为《关于美国对日禁

运根据的两封信》，并在胡敦元和陶行知的信前有如下说明文字："中华经济研究社研究员胡敦元先生对日本军用材料来源及购买力研究结果：1937年报告美国运日军用材料占日本军用材料总输入54%，1938年即一跃而为56%。这两篇报告，都先后列入美国国会公报，成为对日禁运之中心根据。"

② 中华经济研究社　陶行知在美国发起成立的学术社团，主要研究美国军用物资输出与日本军用材料的购买之经济关系。

③ 本所　指晓庄研究所。

④ 中山文化教育馆　设在上海，1937年迁南京，后迁重庆。编辑的刊物有《时事类编》半月刊和《中山文化教育馆》季刊。

附：胡敦元致陶行知函

（前略）兹特寄上经济社最近报告五份，美外交协会所出报告一册，关于最近本经济社报告之剪报十余种，美国会纪录一份，亚美杂志十本，希望皆能达览。

本经济社最近报告印发后，在宣传方面，已有意外良好收获。科学通信社先后为报告写 Syndicated News Release 登载各地一百余家大小报纸上。此外，如"Christian Science Monitor""NewYork Post"等大报纸，另由其驻华盛顿通信员，为该报写特别通信，在第一张上大登特登。一九三七年由美输日器材占日军用材料百分之五十四，到一九三八年一跃而占百分之五十六的研究报告，已成为美国对日禁运之中心根据，故经济社自成立后，在艰苦维持两年中，对国际宣传工作，不能不说已有很好的贡献。此皆先生之功劳，盖元在工作上虽卖了一番气力，但是若无先生当日之远见与辟道精神，一手创办研究社，则元力亦不得有所用也。

现研究社之地位，自此报告印行后，更为提高。接各方来函索报告，或要其材料，日必数起。《纽约时报》在社论上，用研究社名字及数字；美国某大学教授来函要研究日本材料；美国外交部、农部、财部、海陆军学校及图书馆来函要报告；芝加哥大学圆桌讨论会于上星期播音，讨论远东危机，写信索取材料；外交协会出版物引证本社刊物：凡此种种皆足证明本研究社已被视为庄严的学术研究机关，在国际宣传上，有远大前途，尚希先生接此信及报告与关于报告之剪报等后，在国内各方多作宣传。能接洽一有地位可靠学术机关，译成中文更好。闻最初研究社所印行之“Japan's Ability to Finance the Purchase of War Materials”报告，已翻译成中文，不知先生已见到否，可能找到一份寄下？

阅报知先生近来致力于战时教育工作，必十分忙碌。但由先生一番苦心劳力打下基础之海外宣传工作，尤其是先生创办领导之经济研究社，亦必常在观念中，故不惮累赘，将本社实况报告先生。务祈拨冗赐覆，俾有所遵循，不胜企盼之至。

敦　元

七月十九日

关心教师住房问题

——致马侣贤

肖生同志：

烟桥先生等住的地方已搬移否[①]？学校附近所租的房子，修理得怎样？望一并示知。日前所谈，卖去大木料，留着小木料，从事经济的建筑，请和大家一商，可赞成否？

马家沱的地，桐林公司回信也赞成给我们，要我到重庆去解决。我预备七号去。这个好消息也望告诉大家一声。

衙

二八、十一、廿八

注释

① 陶行知得知陈烟桥、章泯二位教师的房东患了肺结核病，再次写信询问是否已搬移住地。

请速送赈济请款书及领款书

——致马侣贤

肖生同志：

前天我们是捉迷藏，你从小路去，我从大路来，竟未会见，至为遗憾。昨天请了专家去估计木料，除了你留下者外，现在马家沱之木料可值四千八百元，靠近码头的一百根大者可值三千元。统计前后两次之木筏，除去费用，可赚三分之一。

赈济会款尚未发，新华来信，等候正式收据去领。请依该会寄来式样大小，准确的立刻印成。请你自己盖会计章，张同志盖出纳章，手续照他们的办，如由一人盖章，将来驳下来，又要等到新年才领得到了。等了新年则旧年的款又不生效了。这请款书及领款书，务必交孙同志带下为盼。

你买的棉花四张，被老鼠咬得不像样子了。原因是棉花有子，子有油，正合它们的胃口。裁缝缝的被套始终未送来。望将店号门牌开示，以便去取。下次这种手续是必需做的，否则我们就无法代催。

郭永照先生带来的小朋友怎样办了，请示知。敬祝

康健！

衔

二八、十一、廿八

请介绍杨子勋夫妇到保育院工作[①]

——致戴伯韬

白桃同志：

杨子勋先生及其夫人来渝，急觅工作，我意能把他们夫妇介绍到保育院里去才好，望你和保育院接头。我七日即来重庆。专此。祝

康健!

陶行知启

十一月廿九日

注释

① 手稿右侧还有如下字样："李信慧渝遗爱祠49号李家花园张伯谨转"。

辞谢兵役协会职务

——致北碚区署兵役协会

敬启者：顷接十一月廿八来函，敬悉贵会推选敝人为优待组组长，理应承乏以资效劳。但敝校现有职务纷忙，且行踪不定，势难胜任，至为抱歉，尚乞另请贤能以重役政而免误事。专此敬复。此致

北碚区署兵役协会

陶行知启

二八、十一、廿九

竹因已到徽州

——致吴涵真

涵真吾兄：

十一月廿四日来札收到。竹因自离港后，我处亦无只字来。但彼已到徽州，那是确实的，有好几位朋友已来信提过。他是顶喜欢写公事报告。我谅想他对战地党政委员会的报告是被检查掉了，我已去信促他注意。

附来一〇五四元四角二分的新华收据，已收到。我想晓研[①]没有这样多的款子在你那里，你怕是错出了，望将总账托人抄下一对。专此奉复。敬祝

康健！

陶行知启

十一月廿九日

注释

① 晓研　指晓庄研究所。

为杨效春伸冤

——致杨何伯宏

伯宏同志：

十一月十二日来函收到，敬悉一切。我在海外闻效春受冤惨死，至为悲恸！五日得你信即去渝与李宗仁副司令长官陈述效春为人，并望为之伸冤。李先生已允为彻查，其后又访张文白先生，彼因深知效春为人，故亦愿为洗此沉冤。其水落石出之期，当在不远。

现在梁漱溟先生为草呈文，请求表扬与抚恤，我已托钱焕文先生为我签字。

再者，安徽新主席李品仙先生自认失察，允许发抚恤费二千元，钱焕文先生未敢代领。但此款已有着落。最好由你委托人把它领来。

现在我们要做到的有三件事：（一）表扬；（二）抚恤；(三) 惩办诬告。下月初当赴重庆，届时我再与梁先生等一商。谨此奉复。务希节哀抚幼，完成效春未竟之志。专此奉复。敬祝

康健！

陶行知启

十一月廿九日

难童治愈后方能举行测验

——致罗又玄

又玄先生：

数年未领教益，至今为念。奉读十一月十六日来函，已悉一切，介绍贵友唐君之女来敝校上学，至为感激！惟目前敝校之测验员正前往各地选拔学生，大约二月后将有二百左右难童来校，据过去经验，难童身体多少带了一点病来，轻重不一，有的传染，故必须难童治愈后，方能收其他儿童来校举行测验。尚望台从将唐君之女之姓名、履历、特长寄下，俾便登记，俟将来举行测验时，再行奉告。谨此奉复。

敬祝

健康！

陶行知启

十一月廿九日

请写报告以重职守

——致方与严

竹因：

自您离港，此地对您行踪毫不知道，至为怀念。但从朋友来信知道您早已到徽州。战地党政委员会李副委员长顷托人来信说，您就职数月无只字报告云云。现特转达。尚希直接呈报该会，以重职守。我不常去重庆，来件不必由我转。

陶行知启

二八年十一月

安徽当成立新安学校

——致汪达之

达之同志：

经我改过之寄与桂林季平之“新旅”文件，现奉上一份，望你查收，以备参考。

我意新安学校当在安徽成立一个，望能于日内见一见安徽省主席李品仙先生一谈。倘能成功，岂不更好！专此。

敬祝

康健!

陶行知启

二八年十一月

请更改任课时间

——致新运妇女干训班主任

敬启者：顷接第五周课程表，知将敝人所担任之课程排在十二月七、八、九三日，惟敝人只能来两日，敬恳将时间改在七八或八九或其他两日下午，因由此间来渝，一定要花费一些时间，上午难来得及。谨此奉商，如蒙速复，不胜感盼。敬祝

康健!

新运妇女干训班主任大鉴

陶行知启

二八年十一月

请转嘱理清账目

——致刘季平

季平同志：

寄给白健生、方叔平、李任仁、雷宾南、唐现之诸先生的信，希即转交。吴瀚同志的账目已经收到。手续清楚，至堪佩慰。省三之账请转嘱其立即理清，以完手续。以后来信，请寄到北碚中国科学社陶宏转，以免延误。谨此奉复。

祝

康健!

陶行知启

二八年十一月

介绍词已草就

——致陈洪进

洪进[①]吾兄：

承嘱为胡敦元博士一文作介绍词，兹已草就，寄上。胡博士文几时可以登出？收到后尚希示复，以便转告。再，昨日因将台从之通信处写错，故今日补寄一份，收到两份，望将介绍词寄回一份为感。敬祝

康健!

陶行知启

二八年十一月

注释

① 陈洪进　当时为中山文化教育馆《时事类编》社负责人。

应约去求精中学演讲

——致马博厂

博厂学长：

顷奉来函，敬悉中正大学①积极筹备，至可庆贺！天翼②主席来函，业亦拜读。弟于下月七日左右应妇女指导委员会之约，来求精中学③演讲，届时当来奉访，藉受教益，并聆筹备之规模。谨此奉复。敬祝

康健！

陶行知启

二八年十一月

注释

① 中正大学　抗战期间创办于江西泰和，后迁南昌望城岗。解放后改为南昌大学，经院系调整各院系并入中南区其他大学。

② 天翼　即熊式辉，时任江西省主席。

③ 求精中学　在重庆曾家岩。妇女指导委员会设在该校内。

寄通讯稿事

——致李赓

李赓同志：

介绍信六封寄上，乞查收，应用为盼。倘通信稿不够，则吕超然及梅友卓、周宇凡诸先生之信可以暂缓寄出。寄信办法可用航空到香港，再由香港由邮船送递，则信资较直用航空要廉四五倍，而速度则较平信快一倍。请酌量行之。

陶行知启

二八年十一月

请将程尔丁作品寄来审核

——致戴伯韬、殷金陵

白桃、金陵同志：

我的稿子三日可齐，寄到何处，望示知。

十一月廿六日来信已收到，已悉一切。

白喉药已经收到了，勿念。

你所说的第七保育院的程尔丁小朋友善戏剧、木刻，请你给他写信，把木刻创作寄来，或托人带来，以便审核，再行决定应考与否。专此奉复。敬祝

康健！

陶行知启

十二月一日

希快为《白庙子》谱曲

——致贺绿汀

绿汀同志：

寄上胡绍轩作歌谣《白庙子》一篇，音节及调子，读来还真不错，即希快些谱起来，然后还请你寄给千厮门下行街三十四号华通药房后进《战时教育》编辑部，以便在《战教》上发表。专此拜托。敬祝

康健！

陶行知启

十二月二日

奉还药钱

——致五云

五云先生大鉴：

夏天的时候，由桑先生经手，承蒙您借给我们疟疾药十四粒与痢疾药四针，至为感激！我们弄来预备还您的药，因牌子不符，难以合用。

兹桑大夫将药价估计，特遣人送上国币二十三元整（疟疾药十四粒，每粒一元，共十四元；痢疾针四针，已奉还一针，共用三针，每针三元，共九元，合计共二十三元）。即希于收到后赐开一张收据为感。专此致谢。敬祝

康健！

育才学校　陶行知启

十二月四日

令兄抚恤与褒扬事已妥为接洽

——致吴羽白

羽白吾兄：

七日曾寄江津快信一封，不知收到否？我在渝千厮门“战教”编辑部候兄数日，迄昨日方返碚。

兹者，令兄抚恤与褒扬事，已与诸同乡妥为接洽，大家都愿列名。望到渝后，去千厮门下行街三十四号后进《战时教育》编辑部拿那一封我留下的信，然后进行，较为便利。谨此奉约。

敬祝

康健！

陶行知启

十二月十一日

捐款已交生活教育社

——致陈志中

志中同志：

接读十一月□日书，承询七月二十五日来信及照片二张、国币廿元，均收到无误。勿念！款子①当时已交“生活”白桃同志为发〔展〕社务之用，至为感谢！

介绍工作事，我即代你进行。专此奉复。敬祝

康健！

陶行知启

十二月十一日

克由②同志均此致候！

注释

① 款子　指生活教育社社员定期或不定期为发展社务所捐之款。

② 克由　即虞克由，陈志中的夫人。

请发育才新生寒衣

——致许世英

许代委员长钧鉴：

敬启者，日前承示对育才学校可以酌发寒衣一事，当时以为不需，后查新生将要相继到校，如有合用寒衣发给，于学校经济不无补益。兹查　贵会寒衣中有棉背心，甚为合用。请发下一百八十件交来友俞文华君带下，不胜感谢之至！谨此奉商，尚希核发。敬祝

康健！

育才学校校长　陶行知启

十二月十一日

请办理向赈委会领棉背心事

——致俞文华

文华同志：

现育才学校拟向赈济委员会领棉背心一百八十件，望到渝模范市场银行公会，托朱蕴山先生带你去见许代委员长，较为易办。专此奉托。敬祝

康健！

陶行知启

十二月十一日

请拨给治疗器械和药品

——致张蔼真

蔼真先生：

健康为求学之本。故敝校对于小孩卫生特别注意。前承　贵会赐拨药品十二种，至为感激！惟敝校对于治疗器械甚感缺乏，顷闻　贵会有从国外捐来之器械，深望拨下若干，以济急需。如有新药来到，亦望酌发，现将敝校所需治疗器械及药品开单奉阅。如蒙慨允，参照来单发给，则造福难童，功德无量。肃此奉商，尚希示复。敬祝

康健！

育才学校校长　陶行知

附上所需治疗器械及药品单各一 (略)

十二月十日

寄药方

——致尹来弟

来弟小朋友：

前些日子给你一信，没收回信。疥疮好否？好久未见面，想你一定长得很大了！现在我给你寄去药方三个。第一个是治疟疾的，害疟疾的人照此方服药一二次，至多四次就会痊愈的。据过去中国科学社研究的经验，大约十分之八九可收其效。第二个是治痢疾的，也颇灵验。第三个治咳嗽的方子，简直难以令人相信，可是确实可以治伤风咳嗽。夏日蚊子多，最易得疟疾；秋天不注意饮食，也容易得痢疾；冬日天寒，能止住咳嗽，便不至于害肺炎了。你一人在外，处处都要注意身体，并望你时常来信，俾知你的进步。专此。

敬祝

康健！

陶行知

十二月十二日

领导抗战应占重要地位

——致吴羽白

羽白吾兄：

大札及令兄事略均已拜读。我意事略中令兄在华北领导抗战经过，也当占一重要地位，不知高明以为然否？呈文究竟交到哪里，我也不大清楚，请你在渝市和许、冯[①]诸先生商量一下，自然不会错。离渝时曾留一札在千厮门下行街三十四号华通药房后进《战时教育》编辑部内，不知你取去否。弟所能贡献者，尽在信中，暇时能来北碚一游，当甚欢迎。若为令兄事，则宜在渝促成，似不必急急来碚。倘有垂询之处，尽耳通信交换意见。专此奉复。

陶行知

二八、十二、十四

注释

① 许、冯　指许世英、冯玉祥。

《新华日报》有功抗战

——致潘梓年、吴克坚

梓年[①]、克坚[②]先生：

接读十二月八日来信，藉悉贵报诞生将届二周。有功抗战，无任敬佩！纪念茶叙约柬，系于十四日方接到，故不能于十一日趋前领教，不胜抱歉。专此致谢。敬祝

康健！

陶行知启

十二月十四日

注释

① 梓年　潘梓年当时任重庆新华日报社社长。

② 克坚　吴克坚当时任重庆新华日报社总编辑。

育才学校为难童教育机关

——致何从则

从则先生赐鉴：

接读十二月十二日来信，承蒙驾临敝处，不胜感激！按育才学校为有特殊才能之难童而设，所有学生，均由各地保育院选来，年龄在十五岁以下，程度相当于初中一年级或高小第五、第六学期。因系为难童教育机关，故学生皆免费，亦不招收其他自费学生。专此奉复。敬祝

康健！

陶行知启

十二月十四日

为难童订购优价布

——致唐必直

必直[1]吾兄：

兹有恳者，敝校难童须向民生公司物产部订购浅峡蓝布二百七十尺，尚希与该部商量，打一优待难童之折扣。布样奉上参考。现托邹先生[2]前来面洽，如蒙偕其前往该部交涉，不胜感谢！专此奉托。敬祝

康健！

陶行知启

十二月十六日

注释

① 必直　唐必直当时在重庆民生公司物产部任职。

② 邹先生　指邹绿芷。育才学校文学组教师。

《战时教育》代销事

——致邹韬奋

韬奋吾兄：

西安《老百姓报》为一民众刊物，文字通俗，销路很广。主持人李敷仁先生为人可靠，拟代销《战时教育》五十份，不过销不完要求退。尚望　吾兄通知生活书店营业部，委托该社代销，以资推广。原函附上，肃此奉商，尚希示复。敬祝

康健！

陶行知启

十二月十六日

抗战时期之小先生

——致重庆第六中心学校小先生推行委员会

小先生推行委员会大鉴：

接读你们给我的信，知道你们对于运用小先生唤起大众抢救危亡，非常努力，我们是何等高兴而钦佩。承你们虚心垂问，我们很愿意贡献一点小小意见，以供参考。你们所拟的几条办法，多数很好，只有一、两点想请你们重新考虑：

（一）小先生的义务不但是教人认字读书，尤其是在与日本帝国主义拼命的时候，小先生要把他们的小小力量贡献出来，影响整个民族起来为中华民族争取自由平等，所认的字和所读的书，都要和这个大目的紧紧的配合起来。

（二）小先生一遇到机会，便需在救国的具体工作上积极的参加，并影响别人积极参加，如献金、募寒衣、写慰劳信、慰问抗战军人家属，以增加抗战力量。

（三）组织不必呆板的用小先生名义，有时抗敌服务团等等组织要比较有效些。

（四）教小先生读书认字的方法是要一句一句的教，不要一个字一个字的教。比如钱字、力字、出字、有字，与其一个一个的教，不如直截了当的把它们联成与抗战有关系的句子教。你们看这四个字，倘使联成这样的句子便成了："有力出力，有钱出钱。"读起来又顺口，又有力量，又有意义。你们用报纸写字块，意思很好，倘若把字块灵活的联成各式各样的短句教更好。

（五）教民众一定要把趣味与意义打成一片，我们只需在报纸、杂志上留意，随时可以采来做教材。比如，十一月十六日《扫荡报》[①]登载，各报的记者四月十一日访问马相伯先生于谅山，马先生说了几句话，又通俗，又有趣，又有警告国人的力量。马先生说：

我是一只狗，
只会叫，
叫了一百年，
还没有把中国叫醒。

这一课的课题可以用“国狗”两个字。我的经验是用教材只要有趣、有意义，生字多几个也不妨碍。

（六）根据兴趣与意义合一的原则，你们可以充分运用漫画、故事、金钱板、独幕剧、笑话来指导小先生干工作。

（七）过一些时，留意提拔学校四周乡村成人、妇女、儿童团体自己的干部，而让你们大先生和小先生处于顾问的地位。

我很欢迎质疑问难的通讯。你们在工作上遇有困难或对困难如何克服，我很愿知道。尚希随时指教。敬祝
康健！

陶行知启

二八、十二、十九

注 释

①《扫荡报》 中国国民党军事系统的报纸。1931年创刊于南昌，先后曾出汉口、重庆、南京、上海、桂林、昆明等版。

附：重庆第六中心学校小先生推行委员会的来信

行知先生：

自从渝市实行疏散以后，我们的学校下乡了。校长及教师对于战时教育，本极热心，我们在这新的环境里，就推行小先生制来推动战教工作。

小先生当前是风靡一时的，可是我们没有经验，完全凭借我们的热忱冒失地就干起来了。我们确信在民族的存亡的绝顶关头，要普及国难教育，唤醒大众起来抢救危亡，小先生制是当前异常迫切需要的教育，我们推行方法是这般的：

一、以学校为核心，周围三里至五里为施教区域。

二、先由部分小先生及教师组成五个劝学队，用作先驱，向固执的乡民说得他（她）心悦诚服。

三、来校读书的民众学生，男女大小有二十五个，每日午后三时半为活动时间。因工作忙碌不能来校的学生，男女大小有二十七个，亦于是时由我们的小先生送上门去，有时在田沟、土边、树下，就施起教来。

四、民众学生分为校外校内两大队，校内队以学生程度分为三小组。校外队以路线远近分为四小组，每大队设队长一人，每小组设组长一人，小先生三人至八人，队长、组长都由小先生选任。

五、教师担任辅导员，每日有一节课专讲“怎样做小先生?”关于字义及教学做等法，先让小先生学习纯熟，然后教学。

六、我们用的教材是《民众学校课本》，但多数民众学生，都感觉深了，我们就用报纸制成方块，每块用红色写上一字或两字，一天读两三个。集到相当的字，便成了一句口号，读者感到极大的乐趣，另外还有习字、唱歌、时事、救亡与指导。

七、辅导员轮流地、经常地作巡回的、个别的、集体的辅导，想许多方法克服困难。

八、教师与小先生另组有小先生推行委员会，每周开会一次。辅导员、队长、组长都有工作报告，之后互相批评，之后便确定新的计划。

以上所述就是我们工作的概况，虽说在这儿的民众，许多都认清了识字的重要，并且对我们有着相当的信仰，这不能不说对于读书的风气，起了相当作用。但我们究竟没有经验，有时叫我们感觉着空虚，每每像觉得有许多工作还没有干起来，可是又不晓得怎样去干。有时竟使我们感到苦闷。

这个工作，究竟怎样做才尽善尽美？关于这工作有没有专书讨论？希望先生指教我们。

第六中心学校小先生推行委员会

十二月九日

请告知黄杰先生通信处

——致戴伯韬

白桃同志：

五月三十日，黄杰先生曾借去《育儿问题》及《小儿按年养育医治法》各一册，迄今未还。望你问一问黄杰先生的通信处，俾便写信去要。谨此奉托。敬祝

康健！

陶行知启

十二月廿一日

谢捐助育才药品

——致张蔼真

妇女指导委员会张主任赐鉴：

顷奉十二月十六日大札，敬悉贵会捐助敝校药品五种，无任铭感！兹托俞文华先生持带正式印收趋前领取，尚希派员点交，以便照收。谨此致谢。敬祝

康健！

育才学校校长　陶行知启

十二月廿五日

令弟不幸溺毙令人伤心

——致屠传薪

传薪先生赐鉴：

奉读十一月十五日来札，敬悉　台端欲知令弟消息，兹仅据所询奉告。小朋友屠传猷系在新安旅行团伤兵之友队工作。该队于本年春即在桂林大墟服务，努力于慰劳及宣传工作，成绩卓越！不幸于五月十四日在大墟游泳溺毙，殊令人伤心！据该团团员称，他游泳之水流，恰为一漩涡，多人皆不敢贸然前去。当令弟落水时，有勤务兵一名，前往捞救，该勤务兵亦葬身水中。渔翁则袖手旁观，自谓"救死不救活"。这大概是他怕水鬼报复，所以见死不救。至于令弟究竟安葬何处及当时详细情形，敝人现正写信给该团顾问汪达之先生，他回信后，当详细奉告。专此奉复，尚希节哀。敬祝

康健！

陶行知启

二八、十二、廿五

将屠传猷溺毙详情函告其兄

——致汪达之

达之同志：

“新旅”伤兵之友队小朋友屠传猷之兄（屠传薪）来函问他近状。据稽钰说，他已在大墟游水溺毙，我已回信给屠先生，不过其详细情形、安葬何处等，望写一封详细的信告诉他。他的通信处是香港德辅道中六七号至六九号爹核行吉和洋行交。谨此奉托。敬祝

康健！

陶行知启

十二月廿五日

《战时教育》半月刊方针[①]

——致戴伯韬

《战时教育》半月刊应该怎样办？这是我们的方针问题，我们必得想个透彻，否则会叫我们走入牛角筒。有人希望给我们划一个“教育”圈。叫我们老在这里面打转。我们当然要守住我们的岗位。但是老在“教育”圈里打转，《战时教育》半月刊会办成一个酸溜溜的教育杂志。我们希望有时跑到圈外来看看，甚至于要坐一只飞机，飞出圈子，在高处远处往下看看，对着四面八方看看。这样才能把《战时教育》办好。所以我的建议是，《战时教育》应该采取这样的方针：一般的特殊，特殊的一般。在一般的生活里，找出教育的特殊意义，发挥出教育的特殊力量。同时要在特殊的教育里，找出一般的生活联系，展开对一般生活的普遍而深刻的影响。把教育推广到生活所包括的领域，使生活提高到教育所瞄准的水平。朋友们的意见我们自当择善而从，但本社的灵活方针，不可丝毫受其拘束与妨碍。

我所以主张一般的特殊与特殊的一般之方针，并非出于个人的主观，而系由于客观的事实所决定。本刊的对象有如下几种：一、生活教育同志，我们要运用这个刊物来互教共学。二、全国各级之教师，希望他们能经常听取我们的意见，并经常的给我们指教。三、广大的较有教育影响的知识分子之父母们、社会服务人士及不能入学而施行集体自学者群。这些人大多数是经济困难，只能买一份杂志，倘只能谈专门的教育，那是把我们的服务影响缩成一个皮包骨的瘦子。而且我们生活教育者，兴趣比较是多方面，提起笔来，老是教育教育，也觉得干燥无味。我希望《战时教育》半月刊，不但制醋，酸甜苦辣咸各种味道的作料，都让我们作一点，那么写的人便有用武之地，也觉得兴高采烈了。长篇有系统的文字，不能每期每人都写，即写一些杂感或笔记诗歌，只要能给读者一些指示和力量，便能丰富他们的生活，即是丰富他们的教育。

注释

① 此系陶行知给白桃同志的信，载1939年12月25日《战时教育》5卷4期。

请去妇委会领取捐助药品

——致俞文华

文华同志：

日前托买 620 号软片三卷及请客帖 100 份，谅已达览，尚希速予寄下。十二月十日托送各信，收据还希寄下存查。

妇女指导委员会捐助育才药品五种，望你持信前往领取，并将所给之药品点过之后填在收条内。谨此奉托。敬祝

康健！

陶行知

二八年十二月

照目录购书

——致里之

里之同志：

开来“儿童之家”购书目录，我已看过，即希照办为感。专此奉复。敬祝

康健!

陶行知启

二八年十二月

隆树法师捐助育才建房地基

——致邓少琴

少琴先生：

承示隆树法师契约一纸，已请卢区长看过，育才将来能在马家沱建造房子，是最好不过的。隆树法师愿将此地捐助，俾敝校得建立基础，最为感激！弟明日赴渝，十一日回碚，捐约何日可立即以何形式出之，尚希示知。现托邹先生将契据送上，务希赐复为盼。敬祝

康健！

陶行知启

二八年十二月

欢迎育才选拔学生

——致陆维特

维特同志：

淞溉直属第六保育院的信已经写去了。那里的院长是齐笑尘先生，听说很好。你们大家前往选择儿童，当不致发生问题。金剑山院长已换段超人先生，为齐院长同学，表示对育才往金剑山选拔学生甚表欢迎。谨此奉闻。敬祝

康健！

陶行知启

二八年十二月

介绍选拔学生测验团

——致齐笑尘

笑尘院长大鉴：

敬启者，敝校选拔学生测验团孙铭勋（社会科学）、陆维特（文学）、常学镛（音乐）、江峰（戏剧）四君不日由成都转赴淞溉，到 贵院竭诚奉访并选拔学生，尚希鼎力惠助，予以多方面之指导。如蒙俯允，不胜感激！专此介绍。

敬祝

康健！

育才学校校长　陶行知启

二八年十二月

请借枪支给育才保卫团

——致谢县长

谢县长赐鉴：

顷奉大札，承示一切，至为感激。草街镇联保主任唐文祥及附近保卫团已取得联络，自当守望相助，以副厚望。垂询有何所需，敝校保卫团武器所缺者，惟手枪或盒子炮。倘蒙拨借两支，尤为感激！所配子弹，当照价缴付。专此奉商，尚希示复。

敬祝

康健！

陶行知启

二八年十二月

奉约候教

——致吴羽白

羽白吾兄：

第七日赴渝，十日返碚。在渝住千厮门下行街三十四号华通药房内最后一进《战时教育》编辑部。晚间九时后候教。专此奉约。敬祝

康健！

陶行知

二八年十二月

请为育才测验团写介绍信

——致陈纪彝

纪彝[①]先生：

日前函请为敝校测验团写介绍信给成都分会及直属各保育院，谅已蒙发出，至为感激。现测验团已到成都，成都事毕，即赴淞溉直属第六保育院选择学生，望您直接先给齐院长一信，以便接洽。谨此奉托。敬祝

康健

陶行知启

二八年十二月

注 释

① 陈纪彝　当时任战时儿童保育总会总干事。

请写一封感谢信

——致帅昌书

昌书同志：

寄上杨静桐先生来函一件，请你赶快叫学生们推一位文笔最好的小朋友写一封谢信，写好之后再抄一份（一共两份，一封是正式的，一是复稿），一并寄到重庆千厮门下行街 34 号华通药房《战时教育》编辑部我收。专此奉托。敬祝

康健!

衔启

一、二、

希再为育才物色一位护士

——致朱大夫

朱大夫[1]赐鉴：

去年承蒙介绍林护士到敝校服务，照料害病儿童，成绩卓越，感激之至！兹因林小姐婚期在即，本月二十二日即将离校。务希　台从从速再为敝校物色一位护士，于二十日以前到校，俾敝校儿童照料有方。如蒙俯允，无任铭感！再者，前承介绍田先生，几时可来，亦请示知为盼。专此奉恳。敬祝

康健！

陶行知启

一、十五

注释

① 朱大夫　当时在重庆白庙子金剑山保育院任职。

请接待小朋友李继环参观

——致段超人

段院长[1]赐鉴：

兹者小朋友李继环前往　贵院谒见朱大夫，顺便参观贵院小朋友生活，尚希俯予指导一切。天晚不能回来，如蒙赐借一宿尤感！专此介绍。敬祝

康健！

陶行知启

一月十五日

注释

① 段院长　即段超人，当时任重庆白庙子金剑山保育院院长。

澄江小学学生需款甚急

——致张曾荫

曾荫吾兄赐鉴：

去年年底，承蒙允许自十二月起，按月捐助难童工作团学生三名学额，每名每月十元，无任感激！目前该生等在澄江小学需款甚急，甚望　台端将该项补助费径寄北碚下溪口澄江小学唐校长收，并希示知为感！专此奉恳。敬祝

康健！

陶行知启

一月十五日

请为张禹平先生查找《战时教育》

——致戴伯韬

白桃同志：

顷接张禹平先生来信。据他说，曾订了半年的《战时教育》，可是一期也未收到。望你向生活书店查一查，他的通信处是开县东街王永兴转张禹平。此人好学，倘没有下落，即由社送他一份。谨此拜托。敬祝

康健!

陶行知启

一、十五

给《国讯》推荐一文

——致孙起孟

起孟先生赐鉴:

兹者迅雷先生寄来《吴涵真先生访问记》一篇，能在《国讯》[①]上发表最为适宜，特随函附上，希查收示复。倘蒙登载，请寄两份，一份给泸州川康建设期成会第二办事处吴涵真，一份给安南[②]河内《全民日报》馆陈健中先生。此祝

康健!

陶行知启

一、十五

注 释

①《国讯》 中华职业教育社机关刊物。1931年12月3日创刊于上海。初名《救国通讯》，不定期，不收费。1933年1月改为半月刊，同年8月改为周刊，发行达万余份。1937年11月22日因淞沪弃守被迫停刊。1938年8月13日在重庆复刊，由黄炎培、江恒源、杨卫玉、叶圣陶、孙起孟、孙凡伊、张雪澄等人组成编委会。1948年4月8日发行至178期时被国民党政府查封。

② 安南　越南的旧称。

请帮助游泓就业

——致昆明生活书店经理

经理先生赐鉴：

兹有中华业余共学图书馆校友游泓先生，现在昆明。蒙贵店寄彼待事人员登记表，已填就奉上。尚希俯予鼎力惠助，俾可得一枝之栖。如蒙俯允，感谢之至！专此介绍。

敬祝

康健!

陶行知启

一月十五日

请安心静候

——致游泓

游泓同学：

一月四日来札已读过。我已去函昆明生活书店经理，请他鼎力惠助。请安心静候为盼，专此奉复。敬祝

康健!

陶行知启

一月十五日

此地可望找到工作

——致陈志中、虞克由

志中、克由同志：

前飞函一件，计达。此地有几个位置，惟我不知道你希望有多少薪水，不敢代为作主，望来信示知，以便进行。专此。敬祝康健!

陶行知启

一月十五日

林护士已允留校工作

——致朱大夫

朱大夫赐鉴：

日前曾派小朋友趋前奉访，并请为聘护士一位，当时您恰好赴渝。兹者林护士经我们再三挽留，已允留校继续工作，其情可感。请护士事暂请作罢，以后有事，定当多帮忙。专此奉达。敬祝

康健!

陶行知启

一月十九日

请为《儿童节歌》谱曲

——致贺绿汀

绿汀先生：

赈济会每月要教材分送各地保育、教养院，育才学校对此义不容辞。兹寄上拙作《儿童节歌》四支，望你于二月初旬以前谱起来。谱好之后，请寄到北碚中国科学社陶宏先生转我便妥，以便汇寄该会，并送校应用。专此奉托。敬祝

康健!

陶行知启

一月廿二日

欢迎对生活教育提出批评

——致吴革

吴革同志:

年前来信，均收到无误，并已早就复您了，按您来信，我将给您的信都寄到国际新闻社去了，望您到那里去取!

对于生活教育，随时我们都希望得到批评，对于善意的批评我们总是欢迎的，并且也随时接受批评。专此奉复。敬祝康健!

陶行知启

一月廿二日

文章未看 不胜抱歉

——致徐治平

治平同志：

一月十七日来信收到。寄给吴革先生的信，请暂存尊处，二三日后，吴先生当到贵处去取。寄来文章，我因太忙，所以没有给您看。特随函寄上，不胜抱歉！专此奉复。

敬祝

康健!

陶行知启

一月廿二日

抢救高士其先生

——致杨槐

杨槐吾兄赐鉴：

顷奉大札，知高先生病重，殊出人意外。台端如此关怀高先生，弟甚表敬谢。今日弟已拍电报给您，转致各友，此时想您该收到了。许俊仁先生、六河沟公司李组绅先生、妇女慰劳会何艾龄先生、中国银行戴志骞先生、太平洋通讯社陈彬和先生，均请 吾兄前往接洽。之外，如接洽款项不足，则把芬道二号王儒堂先生和大坑利群道十号杨德昭先生处，亦烦 吾兄代陈。俾能集腋成裘，以恢复高先生之健康。

按：高士其先生为一细菌学家，因研究细菌，致细菌由鼻入脑部，现在脑中细菌业已消灭，惟脑中为菌所伤处，迄未痊愈。本来社会国家及政府对于这样人才，应当有所救济。现在既没有救济，只好由私人来帮忙。高先生去港时，系由重庆友人筹得一千元，始成行。弟甚望港方亦可用此办法协力援助。万一款项不足，尚希示知为盼。港中诸友赞助情形，尚希随时赐函四川北碚中国科学社转弟即可。专此奉托。敬祝

康健!

陶行知启

一月廿二日

欢迎观音菩萨来临

——致马侣贤等

马、帅、桑[①]三位同志：

今有一好消息报告，即朱、田、罗三先生来校参观指导。并且承朱大夫慨允，让罗慕义护士帮忙代理一些日子。在这青黄不接之时，真是观音菩萨来临，我想大家必是万分欢迎。桑大夫的小弟弟感冒，要候他好一些他才能来。白增起据我调查是在江苏医学院[②]附属医院诊的，最好是搬到吉林路七十八号邹先生那儿住，就近医治（是否必须来请朱大夫断定）。还有一位患疝气的小朋友可以在该院医。桑大夫希望参观后再定。敬祝

康健!

陶行知启

二九、一、廿四

船钱请校付，问朱大夫一声多少。

注释

① 马、帅、桑　指马侣贤、帅昌书、桑文澜。当时均在育才学校任职。

② 抗战时期迁到北碚。

通知成都分会选拔保送学生

——致陈纪彝

纪彝先生大鉴：

敬启者，前请函知成都分会①，准予敝校前往所属各保育院选择学生，并保送学生来敝校肄业，惟贵会成都分会现在尚未接到该项通知，测验员尚在期待中，甚望贵会早日通知成都分会，如蒙飞函通知尤感。以便敝校前往进行事宜。专此奉恳。敬祝康健!

育才学校校长　陶行知启

一月廿五日

注释

① 成都分会　全称“战时儿童保育会成都分会”。

请找向崇吉小朋友

——致陆维特

维特同志：

你们在选学生回来的时候，请到合川孤儿院即教养院找一找向崇吉小朋友，十二岁。据说这小孩子会绘画，并且文学也很好，然后测验一下。专此奉托。敬祝

康健!

陶行知启

一月廿五日

送上捐款及捐册

——致卫琛甫

琛甫吾兄：

年前承蒙您送来百岁堂捐款册一，兹者弟经手共捐洋八十六元，现由小朋友将捐款及捐册一并奉上，尚希收到赐据为感。专此奉托。敬祝

康健!

陶行知启

一月廿五日

关于生活教育社数事

——致戴伯韬

白桃同志：

兹接《生活教育社社报》等六期，知桂林生活社[①]通信处已改为桂林信箱一四六号，望你注意。

《生活教育社社报》上有《春季旅行指导大纲》一文，他们希望能刊登在《战时教育》[②]上。

又，长江以北各地社友名字，请你托人抄下，寄到季平那里，以便由桂林按名单寄发《社报》。

《战教》连编两期，我甚赞成。我这里的稿子，大约月底可寄去。

信封、信纸十元是我用的，当由我来还你们。其余十六元五角为软片钱，及育才十学生赴校费二十五元三角，共四十一元八角，我当通知马先生寄给你。

现在金剑山保育院需人，子勋夫人是否合适，望你考虑之后，写信给金剑山保育院段超人院长。专此奉托。敬祝

康健!

陶行知启

一月廿五日

注释

① 生活社　全称“生活教育社”。

②《战时教育》　生活教育社主办的刊物。

找工作事有无结果

——致游泓

游泓同志：

昆明生活书店经理，我早已写信去了，同时也给你一信由生活书店转，不知收到否？

近日有无结果？望来信示知。专此。敬祝

康健!

陶行知启

一月廿五日

承以教育设计委员相委

——致战时儿童保育会

敬启者，前接去年十二月十五日来函，知贵会为谋儿童教育前途之改进，成立教育设计委员会，不胜为难童庆幸。并承以该会委员相委，事关儿童福利，自当竭尽绵薄，藉请教益。专此奉复。

此致

战时儿童保育会

陶行知启

一月廿五日

为国家社会保此不可多得之人才

——致许世英

俊仁先生赐鉴：

兹有恳者，科学家高士其先生，前曾在美芝加哥大学研究细菌学，于研究时，细菌由鼻入脑部，现在脑中细菌业已消灭，惟脑中为菌所伤处，迄未痊愈。四个月前，此间朋友筹得千元，助其飞滇赴港求医，想长途辗转已经告罄，现在在港诊治，病势危重，颇需社会人士援助！敝人前已拍电报给您，代为求援，惟恐电报码有错，讹字太多，以致误事，尚日期甚缓，故再将电文抄一份飞函奉上，尚希鼎力惠助，俾高先生早日迁入优良医院诊治，恢复健康，为国报效。素仰我公爱才如命，故敢代为申请，使国家社会得以保此不可多得之人才。如蒙慨助，无任铭感！专此奉托。敬祝

康健！

陶行知启

一月二十五日

总务部事将来校议商

——致马侣贤

肖生同志：

我星期五来校，总务部的事就在校中谈，较为便利。决算书此刻想已准备好了，我希望明天看过之后，再寄赈委会。预算书也想于明天来校商定，提交董事会通过，望准备材料根据，以便参考。所要谈之事，请你准备具体建议，俾能统盘的仔细考虑，谈话时也能节省时间，并且日后彼此都有记录，可谓一举数得。棉背心陆续带来，可省些钱。

明家房子租来是一大幸，要妥为分配，才有助于指导员之家属。他处有房，望再留意租来。敬祝

康健

衔

二九、一、廿五

高士其之照护人实一大问题

——致高度宇[①]

度宇先生：

日前接得友人杨槐先生来函，知令兄士其在港病重，其后敝人电函向港友人多方呼援。近日又得杨先生函，知已恢复以前状况。惟令兄此次病重，据云系因沐浴不慎，致使背部神经发热。因之，士其先生之照护人实一大问题，兹特将友人来函复抄一份奉上，以供参考。您有什么好的办法，尚希示复北碚中国科学社陶宏先生转。专此。敬祝

康健!

陶行知启

一月卅日

注 释

① 高度宇　高士其之妹。

请查明代借之书是否归还[1]

——致北碚图书馆

北碚图书馆诸位先生大鉴：

兹有恳者，去年春天，敝人代黄杰先生向贵馆借得《育儿问题》及《小儿养育医治法》各一册。据黄先生来信说，已托陆纯一先生奉还。此书是否已还贵馆，务请查明示复为感。专此拜托。敬祝

康健!

陶行知启

注释

① 此信写于1940年1月。

药品及治疗器械清单[1]

——致桑文澜

桑大夫大鉴：

兹者我由重庆带来药品及治疗器械数件，计开如下：

听筒一个；

灌肠器一个；

体温表二个；

洗眼杯二个；

注射器（5c.c.）一个；

可拉明强心针一盒。

陶行知启

注释

① 此信写于1940年1月。

寄来的结婚礼款已捐育才[①]

——致家栋

家栋同学赐鉴：

前蒙寄来结婚纪念品洋三元，无任铭感。不过事先已决定不收贺礼，故将该款交给育才学校，为小朋友捐购图书之用。兹将收据奉上，敬希查收为感！专此致谢。敬祝

康健!

陶行知　吴树琴启

注释

① 1939年12月31日，陶行知与吴树琴在育才学校举行了简朴的婚礼，决定不收贺礼。此信写于1940年1月。

谢为学生补充文化食粮

——致张西曼

西曼吾兄赐鉴:

敬启者，北碚晤教，曷胜欣慰。承蒙捐助敝校图书馆国币拾元，当即交校内为敝校学生补充文化食粮。台从慷慨解囊，造福儿童，感谢之至! 兹将收据奉上，望查收。敝校计划募捐书籍三万册，如蒙随时代向有志朋友劝募，则口角春风，拜赐无穷，尤为感激。专此致谢。敬祝

康健!

陶行知启

二月一日

百岁堂捐款已交

——致育才学校诸同志

诸位同志：

建筑百岁堂捐款已送交经手人卫琛甫先生住宅，并已承其夫人桑大夫开来临时收条，兹特奉上。将来正式收据送来，当再奉寄。专此。敬祝

康健!

陶行知启

二月一日

请示知汪珍擅长科目

——致阎哲吾

哲吾[1]吾兄：

多年未晤，殊为悬念！顷奉来函，不胜欣慰！尊夫人汪珍女士之社会服务精神，至堪钦佩。敝校于二月中开始春季作业，倘能于二月十二前来校，无任铭感！尚希先将尊夫人之擅长科目示知，以便编排。专此奉复。敬祝

康健！

弟陶行知启

二月一日

注释

① 哲吾　当时在四川江安国立剧校任职。

内地书荒
请托人将书带来

——致陈翰笙

翰笙吾兄赐鉴:

敬启者，兹奉上胡敦元博士来函一件，具见其奋发探讨，始终不懈，我们应该尽力助成。吾兄有何高见，敬请赐教。在美时有林语堂之 *My Country*，*My People*[①] 及关于墨西哥之书籍存兄处，不知带回否？现在内地感觉书荒，如蒙航空寄下，最为感激！寄费弟当奉还。如有飞机师朋友，托其带来更好，专此奉托。敬祝康健!

弟陶行知启

二月一日

注释

① 书名，中译为《吾土吾民》。

望代为查明书籍着落

——致杨槐

杨槐吾兄大鉴：

敬启者，前闻涵真先生称道您之为人，钦佩之至！日前高士其先生承蒙亲切关照，足见名不虚传。弟前有四箱西书，存业余图书馆,闻现在已迁移到红磡明新学校内，不知确否？李秋生先生常去该校，或可知道底细。望　吾兄代为查明着落，并为保管。如蒙俯允，至为感激。内地感觉书荒，有机会时，我还想设法运来，或托飞机师中朋友分批带来。涵真先生有这样朋友，您知道否？倘有此种朋友，请给陈翰笙先生知道，彼处有我存书数本，亦想如此带来。专此奉托。敬祝

康健！

陶行知启

二月一日

为学术珍重身体

——致高士其

士其吾兄：

别后久不见您来信，大家都很挂念！接元旦来信，甚为喜悦。其后接杨槐兄来信，则颇为忧虑。后再接槐兄来函，知已转危为安，至慰！甚望在港安心静疗，为学术珍重身体！暇时望能写一简信与卢子英兄，他甚念您。专此敬复。敬祝

康健！

陶行知启

二月一日

望将贵友情况详细介绍

——致徐治平

治平同志：

接得一月二十五日来书，已悉一切。你的进步很快，至为欣慰！承蒙询问敝校是否需要添人，尚望将贵友擅长何科、履历和您对他的印象，详细开来，以便考虑！最好就近介绍与白桃同志一谈。同时给我知道。专此敬复。祝

康健！

陶行知启

二月一日

有重要校务会商

——致孙铭勋等

铭勋、维特、学镛及江风诸同志：

我近日不能来渝。前托永川保育院①转信，请你们回校，想未收到。现有重要校务会商，请即由青木关回校。专此。敬祝康健!

陶行知启

二月一日

重庆千斯门下行街34号华通药房后进

注释

① 永川保育院　指永川县临江乡保育院。当时孙铭勋等正在永川淞溉、临江及壁山等地保育院选拔学生。

望对于现实有更深刻之描写

——致汪曼铎

曼铎[1]先生赐鉴:

接读寄来大作，至为感谢。已交敝校戏剧组读过，内中与现实描写稍有出入。《战时教育》登稿，希望对于现实有更深刻之描写。今后倘有此类大作，尚希不吝赐下，以光篇幅。原稿随信寄回，敬乞查收。专此奉复。敬祝

康健!

陶行知启

二月二日

注释

① 曼铎　当时在四川郫县新场戏剧学校任职。

谢介绍敝友为通讯员

——致郁达夫

达夫先生:

奉读一月十六日来函，敬悉一切。承为敝友李赓介绍为贵报通讯员，无任铭感。报告文学办法，甚为合适。弟即当将尊意转达李君。

承嘱写文，卒因事忙，未成，殊觉歉仄。如尚需稿，当随时奉寄。

令郎现在何处？最好能开明通讯处、年龄、学级及特殊兴趣、才能等项，以便登记。专此奉复。敬祝

康健!

弟陶行知启

二月二日

请赞助研究防治油桐虫害工作

——致穆藕初

藕初[1]先生赐鉴：

敬启者，许久未晤，曷胜系念！兹者中国科学社研究防治油桐虫害工作计划，前托毕云程、邹秉文二先生代达愚见，谅蒙接洽。科学社研究此项工作有二优点：第一，苗久棚先生系中国惟一之森林昆虫专家；第二，该社六七年来所收集之森林昆虫图书最为丰富。兹特将该社之计划书奉上，以供参考。倘蒙成全，必有贡献。专此介绍。敬祝

康健！

陶行知启

二月二日

注释

① 藕初　当时任国民政府行政院农业促进委员会主任委员。

希望你做育才的兼职教员

——致陶晓光

筱桃：

你如果考虑之后，觉得现在要来，我想有两件事你可以做。一是跟倪尚达先生做助理，在无线电工程上精益求精，以为国家效力。一是在育才学校教导小朋友干儿童科学。育才科学组就要成立，希望你做一位兼任教员。你可以同时学无线电工程兼助发展儿童科学，培养小朋友从事于科学活动（你若以为不适合，当然可以熟商）。和季平商量向研究所借旅费（要充分一点），在解款中扣，倘使无〔法〕解决，我得季平付款信即汇还桂〔林〕事务所。敬祝

康健!

爸　爸

二九、二、二

请直接写信给郁达夫先生

——致李赓

李赓同志：

兹接郁达夫先生来信，特抄一封奉寄。您究竟采取那种办法，请你直接写信给郁先生吧。他的通讯地址是：Sin Chew Jit Poh，Limited No.128 Robinson Road，Singapore（新加坡罗敏申路一二八号《星洲日报》编辑部郁达夫）。

其他地方有信否？甚念。得便深望示知。专此。敬祝
康健!

陶行知启

二月二日

讨论事项

——致戴伯韬等

白桃、铭勋、维特、江风、学镛诸同志：

兹定于二月六日早八时至七日三时讨论：甲、学校公约；乙、课程大纲；丙、二九年[1]预算计划。望于五日以前到古圣寺为盼。专此奉约。敬祝

康健！

陶行知启

二月三日

注释

① 二九年　指民国二十九年，即公历1940年。

火炬象征抗日必有黎明之时

——致振声等

振声、文甫、雨苍三兄转中华会馆及抗日救国会全体侨胞：

许久未晤，至为想念！顷陆璀女士来，藉悉大家都安好，热心救国，甚慰！

承赐贺年片，片上图案，火炬辉煌，一望而知为象征抗日正在黑夜奋斗向前，只须坚持到底，必有黎明之时。专此奉复。敬祝

康健！

弟陶行知启

二月三日

来育才学校的路线

——致陆静霞

静霞同志：

顷接来书，至为欣慰！令兄已有信到我处。如来育才，我们欢迎您做教育艺友。来时可坐汽船或公共汽车到北碚，然后步行到金钢碑，由金钢碑上船到白沙沱，然后由白沙沱步行五里到草街子，再三里到古圣寺育才学校便可！如有行李，可一直从北碚坐船到草街子。专此敬复。此祝

康健！

陶行知启

二月三日

欢迎大驾任职

——致张亚生

亚生吾兄：

接读一月二十八日来函，藉悉有心研究内燃发动机，至为钦佩!

育才学校有自然科学组，欢迎大驾任职。待遇面商，总能使你生活安定，不比现在少。您可一面完成机器构造，一面帮助国家培养科学幼苗。专此欢迎。敬祝

康健!

陶行知启

二月三日

推荐儿童剧《活捉日本鬼》

——致许世英

赈济委员会许代委员长：

敬启者，前接快邮代电，承示将敝校研究所得材料，按月寄奉，以备审查，分发各院采用，自当遵照尊意，选择试用有效者，奉尘清览，以副雅望。现有舒强先生所创儿童剧《活捉日本鬼》一篇，经敝校试演数次，并加修正，效果尚好。现先将该儿童剧本奉上，希斧正。以后有所收获，自当陆续寄上，藉请教益。专此敬复。敬祝

勋安!

育才学校校长　陶行知启

二月三日

请更改上课时间

——致张蔼真

张主任赐鉴：

顷奉聘书，敬悉一切。贵会举办高级干部训练班作育人才，至为钦佩。承以讲师相委，自当贡其一得，藉副雅望。所订功课，二月十二日当可照来表所开钟点上课，但八日与九日因校务不能来，请改在十三、十四两日或移到三月十日左右。二月二十二日与二十九日之课，亦请改在三月十日左右。如蒙俯予改正，最为感盼。倘有困难，再请函商。专此奉复，敬候确示。敬祝

康健!

陶行知启

二月三日

小朋友应有长统袜

——致马侣贤

肖生同志：

音乐组买钢琴两个，共洋二千八百元，业已核准，可以照发。在贸易委员会三千五百元捐款中开支。余七百元作印刷设备，不足再捐。小朋友应有长统袜（脚冷），湖南土布炒米色很合用。洗脸巾亦可用，请与桑先生一商。

纽扣及破衣应下一决心立刻补好。

裁缝铺靠不住，将来做衣服，必须买料交做。我们做的衣服几乎是纸做的，是将来之殷鉴。敬祝

康健!

衔

二九、二、九

欢迎令弟来校应试

——致黄美善

美善先生赐鉴：

奉读来书，藉悉令弟欲来敝校应试，欢迎之至！兹者敝校订本月廿日上午八时起至廿二日止，为自费生测验之期。即希令弟于十九日到北碚北温泉北泉小学报到，以便测验。来时并请将该小朋友之图画、作文及其他作品等带来，俾便考核。专此奉复。

敬祝

康健！

陶行知启

二月十七日

告自费生入学测验时间

——致谢铸陈

铸陈先生赐鉴：

久未晤教，曷胜挂念！尊夫人日前来碚，适敝人去渝，未及欢迎，殊深歉仄！接读来书，藉悉您有小朋友要到敝校上学。查敝校定于本月廿日上午八时至廿二日举行自费生入学测验。尚希令其于廿日早八时前到北温泉北泉小学报到，以便应考。专此奉达。敬祝

康健!

陶行知启

二月十七日

望按时报到应考

——致玉生

玉生小朋友:

敝校定于本月二十日上午八时至廿二日为新生入学测验之期。望你能于十九日午后到北温泉北泉小学报到，以便应考。专此函达。敬祝

康健!

陶行知启

二月十七日

寄送《智力测验》一份

——致陈纪彝

纪彝先生大鉴:

这次到渝，畅聆教益，不胜佩慰。敝校选拔学生及经费事，荷蒙关怀赐助，俾能建立基础，依情发展。瞻望前途，尤所感激！承嘱寄送《智力测验》一份，兹奉尘清览。尚希指教。敬祝康健!

陶行知启

二九、二、十七

速来育才议事

——致汪达之等

达之、洞若、昌书诸同志：

季平同志有重要信件到碚[1]，甚望您们快来育才，共同商讨。专此奉约。敬祝

康健!

陶行知

二月十七日

注释

① 指刘季平所写《战地师范意见提纲》一文寄达。该提纲是对生活教育社提出的《战地教育提纲》的重要补充。

对《战地师范意见提纲》的意见

——致刘季平

季平同志：

你所拟的《战地师范意见提纲》已经看过，最为高兴！现在提出意见如下，以供参考：

（一）战地师范与战地教育督导团最好打成一片，最少要有密切的联系。

（二）最近看到你在汉口时建议的办法，要把植物性的学校变成动物性的学校，我希望战地师范出来的学生有这样的本领。

（三）我在《战时教育》第五卷第六期上，发表了一篇《游击教育》，希望战地师范出来的学生有游击教育的本领。

（四）战地师范对于培养人才，应该分两个步骤：第一步，用集中训练的方法，号召后方优秀教师及初中简师以上之优秀毕业生，加以短期培养，并用督导与函授方法引导原任战地优秀教师，以增加他们应变的学识与力量；第二步，俟新教师养成，再将战地优秀教师调来集训。这样可以免去战地优秀教师忽然调开致使文化阵容空虚之危险。

（五）战地师范应如何与干部学校分工合作，似宜考虑。

我赞成你们的主张：生教社应以极大努力参加保卫大西南。如果雷厅长赞成你们的计划，或觉得我有来一次的必要，我是很愿意来帮助完成这个工作的奠基。我还愿意帮助别的同志一同来。为着便利你们工作顺利进行，晓庄研究所解渝每月之一百元，可以暂作保卫大西南教育活动之用。关于参加战地师范，有必需用款，也可动用。这是一点初步的帮忙，等到将来有得款时，再作他用。专此奉复。敬祝
康健!

行　知

二九、二、十七

赴渝一礼拜，所以迟复。昨晚先用电报略表鄙见，谅已达览。

介绍岳从风转学

——致复庆

复庆吾兄赐鉴：

敬启者，久未晤教，曷胜挂念！兹有恳者，友人岳从风君前在中正医学院二年级肄业。今持转学证书拟转入中央大学三年级继续攻读，以求深造。深望　台从鼎力惠助，予以介绍，俾能转入该校。如蒙俯允，无任感激！专此介绍。敬祝

康健！

陶行知启

二月十九日

望接收岳从风转学

——致戚寿南

寿南吾兄赐鉴:

敬启者，久未晤教，曷胜挂念！兹有恳者，友人岳从风君前在中正医学院二年级肄业，今持转学证书拟转入贵校三年级继续攻读，以求深造。深望　台从鼎力惠助，俾能在兄指导之下完成其学业。如能俯允，无任感激！专此介绍。敬祝

康健!

陶行知启

二月十九日

关于订阅《战时教育》事宜

——致刘琼瑶

琼瑶同志：

一月二十九日来函已拜读，藉悉您在闽努力于社务之推进，很有成绩，无任钦佩! 小册子尚未收到。订阅《战时教育》之社员名单已收到无误，惟自五卷一期至五卷六期因出刊已久，再订颇为困难。我已托社内职员检送一份，并与书店交涉，期能从五卷一期起代订。万一卖完，则从五卷七期起订寄。价目全年三元四角，半年一元八角。优待社员办法，书店只允八折，再再交涉，能否达到六折，尚未可知。专此先复，俟暇当再详谈。以后您的通信处如有改变，望随时示知为感。

张宗麟先生通信处为：上海博物院路青年协会吴耀宗先生转林仲璋[1]先生收。因上海环境恶劣，给他写信，措辞要谨慎。敬祝

康健!

陶行知启

二月廿日

注释

① 林仲璋　张宗麟的化名，系本名颠倒的谐音。

请送《战时教育》给妇女干部训练班

——致殷金陵

金陵同志：

寄上订阅《战时教育》社员名单。见信后望能到生活书店，将《战教》从五卷一期到六期搜集数份，一份烦您送交曾家岩求精中学高级妇女干部训练班，一份寄交福建三元公务人员训练班王江山先生转刘琼瑶。

订单上之社员订户，从五卷七期起，望能按期寄去，倘能从五卷一期起订寄更好，望与书店一商，订费由生活教育社担保缓交。专此拜托。敬祝

康健!

陶行知启

二月二十日

垫被用散草代

——致马侣贤

肖生同志：

昨晚在北泉睡了一晚，旅馆都用稻草做垫，实在省钱而且省得多。他们用的是散草，不是扎成的草垫，所以软的很。你前天告诉我要轧棉花做垫被，这是不必需。望停止做垫被，统以散稻草替代。每人省三元，五百人便能省一千五百元。已做成的或改或作病人或客人用。

本月及一月请款书与领款书望即日（帅同志来时，校章为他携去必候他来才能寄出）盖章，派人交下，以便写信去领（每月法币叁仟伍百元）。数目字要大写。

垫被用散草代很软很暖，定期在大太阳中晒而复晒，可免跳蚤，一切和桑先生商谈。总之，可省则省，而且必省，使得别的要务可以有钱举办。例如垫被省了一千元便可得一石印①了。岂不更好？

行　知

二月廿日

注释

① 石印　指石印机。

请以优价卖给难童英文课本

——致开明书店执事

开明书店执事先生大鉴：

敬启者，敝校为培养具有特殊才能之难童而设，学校经费不及一般公立学校之充分。兹有恳者，敝校拟向贵店购买初中用林语堂著《开明第一英文读本》四五十本，尚希将价目规定格外便宜，便利难童，功德无量。如蒙俯允，无任感激！专此奉托。敬祝

康健！

育才学校校长　陶行知启

二月二十三日

接洽购纸事

——致吴克坚

克坚[1]先生赐鉴：

敬启者，敝校拟购嘉乐纸十领〔令〕，前承允许，帮忙代购，尚未收到。兹特介绍小朋友孙敦乐君趋前接洽。如已购妥后，即希交孙君一部分带下。倘已运来，亦请告知由何人运来，以便接洽。专此拜托。敬祝

康健!

陶行知启

三月一日

注释

① 克坚　当时在重庆新华日报社工作。

望将钥匙寄回

——致邓华

邓华小朋友:

日前您在敝处小住，招待不周，至歉。兹有恳者，房门钥匙恐系由你带去了，我们这里急需那只钥匙，望你见信后，用一个坚固的信封将钥匙装在里面，快函寄下为盼。专此奉托。

祝你

康健!

陶行知启

三月一日

请撰《生活教育发展史纲》

——致戴伯韬

白桃同志：

兹接桂林季平同志来信，拟出生活教育十三周［年］纪念特刊。八日集稿，九日即付印。《生活教育发展史纲》①及《长江以北之社务报告》，彼请你即日动笔，写好后飞函寄往桂林为盼。去年预备的生活教育社工作年表，随信附上，供你参考。专此

敬祝

康健!

陶行知

三月一日

注 释

①《生活教育发展史纲》 由戴伯韬撰写，除函寄刘季平外，公开发表在1940年3月25日出版的《战时教育》第5卷第10期上。

请撰《育才学校概况》

——致帅昌书

昌书同志：

兹接桂林季平同志来信，拟出生活建设十三周纪念特刊，本月八日即集稿，九日即付印。《育才学校概况》一文，望你根据日前征集报告，速写一篇，与白桃、洞若之文飞函寄往桂林为盼。专此奉达。敬祝

康健!

陶行知

三月一日

请撰《生活教育研究提纲》

——致王洞若

洞若同志：

兹接桂林季平同志来函，拟出生活教育十三周纪念特刊，本月八日即集稿，九日即付印。《生活教育研究提纲》一文，季平望你即日动笔，写好后，与白桃，昌书之文一同飞函寄桂林为盼，专此奉达。敬祝

康健!

陶行知启

三月一日

从前竹因不该将你私信披露，使你受到意外打击。我写信告诉了他，他也知错。他在半年前到了皖南服务，音讯杳杳，我最近才收到他一信。他之有疏音问是别有困难，不是对你有成见。

纳卯来札一封。

约请专家学者来校讲学

——致马侣贤、帅昌书

马、帅二同志：

（一）奉上伤兵之友社章程，请在本校及绅粮[①]征募。本校请收款、开名单，即交来人带下，以便代填志愿书。此地情形，每人交款一元以上即行。我明日赴渝，最好交来人带下，以便于行前完成手续。

（二）日前交帅同志捐募军鞋，捐册望即交来人带下。捐款可同交来人带下。

（三）五月书店隔壁作文簿每本一角五，但每百本为十四元。可便中来看，酌买。

（四）艺友学习计划及要请的专家[②]，通信处及担任专题讲演请与孙、魏、章、陆[③]诸同志及艺友商后开来，以便进城面约。但同时由校去信约请（信要写得恳切，来校路线开明，招待要准备），充分运用复旦教授及北碚附近专家，重庆方面以请最擅长之学者为主，旅费由校致送。

（五）保育院寄读生名单，注明年级，请交来人带来。敬请近安!

衕

二九、三、九

注释

① 绅粮　四川方言。一般指地主和有官职的人。

② 为提高育才学校的教育质量，陶行知先后聘请了不少专家、学者和社会名流到育才学校讲学，如周恩来、吴玉章、博古、邓发、翦伯赞、郭沫若、周扬、夏衍、刘白羽、邵荃麟、徐迟、周而复、萨空了、吴晓邦、盛婕、姚雪垠、曹靖华、戈宝权、光未然、田汉、何其芳等都到育才讲演过。

③ 孙、魏、章、陆　指育才学校社会组主任孙铭勋，文学组主任魏东明，戏剧组主任章泯，文学组指导员陆维特。

欢迎罗广文师长来校参观演讲

——致马侣贤

肖生同志：

本月十八日中午，十八师师长罗广文先生等来校参观，望代办宴席一桌为盼。学校方面举行一欢迎会，并请罗师长演讲。

敬祝

康健！

行　知

二九、三、十

任光先生托你为他留一间房子，他不久从昆明飞来，请告音乐组同志。

有健全的身体才能完成事业

——致吴树琴

琴妹：

接读三月十一日的信，至为安慰。我来渝之后，经过二次共五小时之演讲，头晕尚未发现，真是可喜。今天额外加了一小时，我想不会［有］什么困难。我这几天睡眠甚足，所以精神不错。你说“有健全的身体，才能完成你的事业”，这话当成为我的指南针。你要的《本草纲目》及做丸药的器械，我明日有空去打听。做丸药器械，最好用硬纸或木片做一模型比较具体。你给我称呼，最为欢迎。祝你康健!

衔

二九、三、十三

在渝受病
育才校务请多偏劳

——致马侣贤、帅昌书

马、帅二同志鉴：

我因在渝受病，暂难到校，一切偏劳为念。

（一）罗师长三月十八日来校参观过吗？（二）陶宏星期一未回北碚，至今仍未回，请偕来人到其家中查明原因，详细告我。倘身体不适，或请助其叫滑竿来碚就医。（三）《申报》所出地图及说明书系育才所买，望检收。（四）历史书十三本系晓庄研究所所捐，先给图书馆登记，写收条给所，再交魏东明同志为编历史教材作参考。（五）东明同志编历史教材由宜天[1]同志教导，这方法最好，他科宜仿行。（六）保育会领款需开明年级、年龄，并注明长得特别高或特别矮，以便发衣服参考。前表写得草率，不好交去。每生写一行，比较清楚。望即写好，备文，盖章送下。（七）甘肃、广西教育厅长日内或来参观，请特别招待，并请其指教，讲甘肃、广西战时教育实施或此次国民教育、中等教育会议之要点与感想。（八）小朋友闻头上有虱，望用“捉身上汉奸”口号限期大举肃清。（九）同人小朋友有病较重者，宜对家属立即报告。例如王金陵之病，我据医生报告并详问医生，据实写信，即日告诉其父母，父母得此消息，一方面知道校中对病孩特别注意，可以放心；一方面知道病情，可以斟酌增加照料。（十）校中有失眠小朋友，望减其功课，促其注意自己健康，并查原因何在，以图根治。（十一）校中有《儿童科学

丛书》，请关照张亚生先生等指导木匠辅导学生实地做去，当有进步。书中有不少好图，可作科学玩具及仪器设备之制造参考，

敬祝

全校康健!

衔

二九、三、廿

（十二）五百元药快要到了，请告桑、朱二先生。

注 释

① 宜天　即张宜天。

关于木料、药品事

——致马侣贤

肖生同志：

八十一号地拟照价加一分利卖掉。附近木料前估价值得一千元，现已以一千二百元卖与宋大年先生，支票存在陶宏处。周老先生的行李、药品来时请派人代他送到旅客服务处。卫生署药品已发下约五百元，不日送渝，托白桃觅人带下。敬祝

康健!

衔

二九、三、廿四

马家沱之木料，请你亲去看一看，用缠［绳］捆稳以免大水冲散。大料排可卖五千元，较小之条料排留着自用。

工学艺友每人增发五元

——致马侣贤

肖生同志：

艺友工学额①自本月份起每人增发五元。

敬祝

康健!

衔

二九、三、廿五

注释

① 艺友工学额　边工作（辅导或教学）边学习的艺友名额。注重个人实际工作能力的培养，通过协助指导教师进行辅导或承担一部分教学任务的形式，在工作中学习和进步。

购买制药片机器

——致吴树琴

树琴：

我昨天到汽车站，只有十一时，因此就到镇上去吃了面，再动身来渝。到渝后即托文华[1]去打听制药片（可以做三种大小的片子）的机器。他们要 560 元，只愿减少二十元。那是贵得很。不过，这也不过是一个工人一年的工钱，算来也不吃亏。在北碚那一部，如果二三百元愿卖，零件要齐，你就商同宏[2]开支票去买了来。晓光已经来了。我一到，他是第一个人与我拉手，那是很心［欣］慰了。我身体很好。祝你

康健!

衡

二九、三、廿六

注释

① 文华　即俞文华。

② 宏　即陶宏。

购煤问题

——致马侣贤

肖生同志：

煤矿事照前所谈办理，本校可将一年用煤之钱投资，稍多亦可。同志愿加股者征求之，可预支半月薪。潘同志已谈否？

三月份请款书、领款书，请盖章交孙敦乐同志带来。

敬祝

康健!

陶行知

二九、三、卅一

为育才募捐兴学事

——致帅昌书、马侣贤

昌书、肖生同志：

久未晤谈，至为悬念。现有事数件，先行奉商。

（一）赈济会请款书及领款书之第三联，须加盖本校图章于国字之下，式样已与孙君说过。要端正、完全，不可偏缺。一、二月份经费，因缺此不能领得。

（二）楚图南队捐得壹千壹拾元。计：郑一斋先生捐壹千元，钱平阶先生捐十元，请分别出图书捐收据。此款已存入新华[①]，收据送上，请赐复。

（三）张军光队捐得陆百元。计：张军光先生叁百元，张瑞芝先生参百元。支票要盖校章，交北碚美丰[②]托其代收。

（四）保育会送下支票计二一七六元四角，请加盖校章托美丰代收。此款立独立会计，另辟账户，依来文分别开支，不得移用。

（五）大宗垫款如下，请开支票赐还，以应急需。

甲、我付文学组请艾青先生旅费，分三批寄，共 150 元（见汇款收据）。

乙、我付贺绿汀先生 200 元。

丙、晓庄研究所代垫 500 元，为让加（嘉）乐纸十令之用，收条未到。

（六）收洪范五队捐来图书费二十元，请在甲、乙中扣。

（七）请代向贺绿汀同志慰问，并向全体同志致候。我体较好，但仍须休养。

衔

二九、四、廿四

注释

① 新华　指重庆新街口新华银行。

② 北碚美丰　指北碚美丰银行。

服务人选[1]

——摘录写给某同志的信

（一）

关于你所推荐的三位女同志，我现在不能下断语。我希望提出几条标准：（一）汉文清通；（二）思想清楚；（三）治事有条理；（四）服务有热诚；（五）与人能合作。育才学校之艺友希望于下列两种人物中物色之：

（一）在学术上有贡献之可能者；

（二）在事业上有独当一面之可能者。

就你们所观察，有这种可能之一者都欢迎，否则应当另外给他们设法介绍，或有力时另设培养机关助成之，你所提的三位，望你再就上列路线重新考虑，而后告诉我。

（二）

关于艺友的意见，我在前面一封信里写了一些，请你参考之后，再行推荐，那就没有错误了。

在原则上我赞成先生带太太来，太太带先生来，爱人带爱人来，未婚夫妇携手同来，初期要节制生育大家把生命集中在学术的研究与事业的开展上。

陶行知

注释

① 本篇原载1940年4月25日《战时教育》第5卷第11期。

请派人来抬药箱

——致马侣贤

肖生同志：

雷醴泉同志灵柩来到否？

药已到，一箱共一一七市斤，请派人来抬。

痘苗敷用否？如不够，卫生所可交涉。账目急须报出，请特别督成。

衔

二九、四、卅

感谢捐助育才学校图书费

——致郑一斋、钱平阶

一斋、平阶先生赐鉴：

奉读图南先生来札，藉悉台端爱护敝校无微不至，曷胜欣幸，承蒙捐助敝校图书费国币一千元、拾元已收到无误[①]。敝校学生及工作同仁闻讯之下，均为振奋，并铭感之至！兹将收据托楚图南先生奉上，尚希查收为感！专此致谢。敬祝

康健！

育才学校校长　陶行知启

五月一日

注释

① 指郑一斋捐一千元，钱平阶捐十元。

捐款作育才学校添置图书之用

——致楚图南

图南吾兄赐鉴:

拜读三月二十七日大札，欣悉一切。郑一斋先生捐款一千元及钱平阶先生捐款拾元已由任光先生携来交到无误。贵处诸先进如此爱护敝校小朋友，无任铭感! 敝校小朋友及工作人员于收到该款后，精神更为振奋! 弟已将该款交育才学校，以备添购图书之用。兹将收条呈上，尚希转交并代为致谢。

承捐书籍百余册，因交通不便，转捐贵处书报流通图书馆。事关大众文化，敝校敬表同意。专此敬复。此祝

康健!

陶行知启

五月二日

育才小朋友万分感激您

——致张军光

军光吾兄：

四月八日大札及国币六百元支票一纸，均收到无误。值此物价飞涨之际，承您节衣省食来提倡教育，弟和育才学校的小朋友真是万分感激您!

来款收到后，当即交到育才学校，以备添购精神食粮之用。将来敝校小朋友得蒙您的福利，定当不浅! 兹将收条呈上，敬希查收为感! 专此申谢。敬祝

康健!

育才学校校长　陶行知启

五月二日

谢捐图书费

——致张瑞芝

瑞芝先生赐鉴：

顷奉军光先生来信，承蒙台端捐助敝校图书费国币三百元，已收妥无误，无任铭感！兹托张军光先生将收条呈上，敬希查收为感！专此鸣谢。敬祝

康健！

育才学校校长　陶行知启

五月二日

谢赠图书费及书

——致洪范五

范五吾弟赐鉴：

晓光来碚，藉悉台端爱护敝校无微不至，曷胜欣幸！承蒙捐助敝校图书费国币廿元及《总裁言论》两部，已收到无误。敝校学生及工作同志闻讯之下，均为铭感！兹将收据奉上，尚希查收为感！专此致谢。敬祝

康健！

育才学校校长　陶行知启

五月二日

感谢纳卯中华学校的捐助

——致杨静桐

静桐吾兄：

拜读由宿务[①]来札二封，敬悉一切。纳卯中华学校小朋友汇款国币五百二十三元八角七分，已收到无误。无任铭感！您这样为我们的小朋友努力，真使人钦佩极了！

纳卯中华学校小朋友来信，指定捐助“新旅”二百元，余三百二十三元八角七分捐助敝校，当即照办，收条径寄纳卯。

吾兄为着改善侨校教育而遭受到一般守旧分子的歧视，可谓浩叹！但是您的精神、您的意志是非常使人感动的。您在海外，对于生活教育的推行，我们将永志不忘！关于捏造罪名一事，可置之不理。您说得好，事实胜于雄辩，时间会把真相漂白。专此奉复。此祝

康健！

陶行知启

五月二日

注释

① 宿务　地名。菲律宾宿务省首府。

捐款用来充实小朋友的精神食粮

——致菲律宾纳卯中华学校全体小朋友

纳卯中华学校学生会转全体小朋友：

三月二十二日大札，并陈淑华[①]先生寄来国币五百二十三元八角七分，均收到无误！您们大家如此为敝校小朋友努力，令人钦佩之至！我们一定本着大家爱护我们的热忱，把这钱用在充实小朋友的精神食粮上，好为抗战建国服务，以不辜负诸位小朋友的盛意。

承嘱抽出二百元给新安旅行团一事，当遵嘱办理，以副厚望！兹将敝校三百二十三元八角七分收条呈上，敬希查收为感！新旅的二百元收条由他们直接送上。专此敬谢。此祝

康健！

育才学校校长　陶行知启

五月二日

注释

① 陈淑华　爱国华侨，时为菲律宾纳卯中华学校幼稚园主任。

纳卯中华学校捐款已妥收无误

——致陈淑华

陈淑华先生：

奉读四月一日来札，敬悉一切！承转来纳卯中华学校捐助敝校国币五百二十三元八角七分，已收妥无误！回信及收条已径寄该校。专此致谢。敬祝

康健！

陶行知启

五月二日

向纳卯中华学校负责人再申谢忱

——致守璧

守璧先生赐鉴：

顷接贵校学生会来函，藉悉贵校小朋友在台端领导之下，为敝校小朋友及新安旅行团之小朋友捐款五百二十三元八角七分，已由岷尼拉[1]陈淑华先生汇来无误。台端热心抗战教育事业，令人钦佩之至！兹寄上敝校三百二十三元八角七分收条一纸，敬希查收。“新旅”之收据，将来由他们径寄。专此鸣谢。

敬祝

康健！

育才学校校长　陶行知启

五月二日

注释

① 岷尼拉　通译马尼拉，菲律宾首都。

催发晓庄研究所补助费

——致许世英

赈济委员会许代委员长勋鉴：

兹奉上晓庄研究所二十九年度一月份、二月份、三月份及四月份补助费请款书各一纸。务希核发支票，请赐交重庆新街口新华银行代收。专此奉恳。敬颂

勋安!

晓庄研究所董事长　张一麐

所长　陶行知

附件：晓庄研究所二十九年度补助费请款书一月份、二月份、三月份及四月份各一纸。（略）

二九年五月二日

造福难童功德无量

——致陶桂林

桂林宗兄大鉴：

奉读三月二十六日来书，无任铭感！弟日前去渝，久未返碚，故迟迟奉复，至为抱歉。刘庄刘湛恩先生纪念会失之交臂，未及领教，怅何如之！承蒙关怀敝校发展，高谊如云，佩慰何极！敝校学生现已加至一百五十人，另帮助地方办一小学一百廿人，共二百七十人。现正编一特刊，出版后当寄奉，藉请教益。目前进行一切，尚称顺利。惟物价飞涨，与之赛跑，颇感气喘。前次面请对敝校赐予补助，不知现在能否实现？如蒙慨允，则造福难童，功德无量。专此奉商。敬祝

康健！

陶行知启

五月三日

选拔合格适龄儿童入学

——致黄节文

节文先生大鉴：

奉读三月廿一日及四月十六日来札，敬悉一切。关于钢琴事，主人既有困难，亦不必勉强，即作罢论。但是您的热心，至足钦佩而感谢！我现在已经病了好久，并且在渝开会，故致迟复，歉歉！

小朋友杨丕汉、耿梦得，既蒙识拔，定系真才！请嘱其将作品、作文寄校，并将履历、学籍、年龄开下，以便与各组会商后再行奉闻。

薛茉莉对答如流，但以年龄太小，戏剧组未能录取，至为遗憾。敝校本期功课已上一大半，杨、耿二小友如各组会商合格，仍以下期来校为佳。专此奉复。敬祝

康健！

陶行知启

五月三日

请寄小朋友作品来检验

——致胡桂云

桂云先生大鉴：

顷奉黄节文先生来函，藉悉令郎丕汉文学、图画，颇具才能。耿梦得擅长话剧。望将两位小友之日记、作文与作品及履历、学籍、年龄等开下，寄到北碚育才办事处，以便交各组会商。专此。敬祝

康健!

陶行知启

五月三日

喜闻高士其病渐愈

——致杨槐

杨槐吾兄大鉴：

奉读四月一日来书，敬悉一切。弟去渝一月，现在刚回来，迟复为歉。敝友高士其先生病体渐愈，殊为可喜！港方许俊人、李组绅、杨德昭、戴志骞诸先生均有信来，愿帮忙。请用寄来名片代表我前去请援，当可有办法。前托寄存之书箱，现在如何安置？尚希示之。专此拜托。敬祝

康健！

陶行知启

五月三日

有合适位置即奉告

——致陈志中

志中我弟：

前接来电，所示薪金与所找得之事相差甚远，不能合意。当再留意，以后有合适位置，即将奉告。

现在铜仁[①]任何职务？务乞示知为盼！专此奉复。敬祝

康健!

陶行知启

五月三日

注释

① 铜仁 指贵州省铜仁县。

身体不适　缓寄文稿

——致盛光辉[①]

光辉先生赐鉴：

敬启者，去冬一晤，领教不少。当时招待不周，殊觉歉歉!

古宋学术研究会章程，拜读之下，甚觉完善。弟现在身体不适，六月不能投稿，歉甚！十一月前当寄奉拙作，藉请教益。专此敬复。此祝

康健!

陶行知启

五月三日

注释

① 盛光辉　时在四川省古宋县民众教育馆任职。

愿代制治疟丸药

——致歌乐山战时儿童保育会第一保育院

敬启者，奉读来札，敬悉 贵院索取治疟疾药[①]。按该方系水药，小孩服用，多不合宜。现正制丸药，做成当寄上试用。如试用有效，敝处可以代制，只收成本。专此奉复。此致
歌乐山战时儿童保育会第一保育院

陶行知启

五月三日

注释

① 研制土方防治疟疾，代替奇缺昂贵的奎宁等进口药，以应抗战的需要，是晓庄研究所的研究课题之一。

谢送车马费

——致新生活运动促进总会妇女指导委员会

敬启者，顷接四月三十日来函，并车马费国币五十元，已收到无误。感谢之至！兹奉上收据，敬希查收为感。专此致谢。

此致

新生活运动促进总会妇女指导委员会

附收条一纸。

陶行知启

五月三日

学校账目重要

——致马侣贤

侣贤同志：

醴泉逝世为学校一重大损失。

学校之账目，望能用全副精力完成，一切单据均须合法。此二点特别重要，其他琐事可暂时放下，此事须集中力量于五月廿日以前完成。会计仍请照旧由你找人，并由你划出大部分时间监督完成这一重要任务，不能再延。敬祝

康健!

陶行知启

廿九、五、三

学生要有完全的登记表

——致帅昌书

昌书同志：

第一，陆续来到之小朋友，应分年级照前定格式报告给保育会，按名单请款。

第二，已经离开育才学校之小朋友，应将离校原因并他现在何处报告保育会，并请保育会于下次发下之费用，将他的钱从离校之日扣去。

第三，保育院学生之名字，必与保育院送来之名字相符，绝对不许小朋友改名字，以免将来查名字时麻烦。已经改了的，必须再改称原名（保育会现有多数小朋友父母查不着，原因之一即为改名）。

第四，最重要的一件事，每个学生要有一个完全的登记表——关于他的历史、卫生、家庭状况、学业状况、学历测验及学业进程、个别问题等等，均需记载清楚。

发给保育会的公文，我要先看稿子。

指导员同志，请你以友谊给大家谈谈，有什么困难，个别的非正式谈话，是有助于解决。烟桥[①]先生因为学生日常生活所累，无法创作，颇感痛苦，我间接所闻如此，不知确否？专此。敬祝康健!

陶行知启

五月三日

注 释

① 烟桥　即陈烟桥。

物价飞涨　赛跑甚苦

——致魏东明

东明同志：

学校经费从四月起，每月亏空约二百余元，且有请的人即将到校，还有早定必须加请者，而物价飞涨，赛跑甚苦，故文学组加约艺友实无法开支。艺友改职事不但关系经济，现在亦不能解决。至为抱歉，有暇面谈。专此先复。敬祝

康健!

陶行知启

五月三日

出国前请来校指导

——致邵力子

力子先生勋鉴：

日前您到温泉，育才学校教员便到那里去拜访，可惜到时您已经回渝了。在北碚，我也想来欢迎，藉请教益。可惜闻讯已是大驾离碚之次日，真使人怅然。兹者育才学校工作同志、学生及生活教育社同志，深望您在出国之前，能来给大家指教。务请指定日期，快函示知，弟当在北碚迎接。育才学校在北碚上二十余里之草街子古圣寺，乘滑竿二小时即达，非常方便。专此奉约，祇候复示。敬祝

康健!

陶行知启

五月三日

基金筹募开始病儿好了一半[①]

——致季平转全体同志

季平转全体同志：

阅第九期社报，知道生产基金筹募运动已经开始进行，这消息使我觉得病儿好了一半，我现在认捐二百元，并拟根据生产计划认募一万元，我愿意参加在病夫队里竞赛。别的话已托晓光代达。敬祝

胜利!

衔

二九、四、廿八

注释

① 此件曾发表在1940年5月30日出版的《生活教育通讯》第10期上。信末附有陶行知所作短诗一首：《理事长带病参加竞赛》

基金筹募开始，
病儿好了一半。
捐二百募一万，
病夫队里比比看。

迅速处理账目

——致马侣贤

肖生同志:

关于账目处理之事，望你采取适当而迅速之方法。倘若延缓至月底而不必请假离校处理尤佳。我想两天用半天功夫或三分之二时间闭门督理，到月底总可以完成吧。希望不再问我，因来往通信，徒延时日，我甚虑其误事也。敬祝

康健!

衔

二九、五、六

将德文《图画史》带来

——致马侣贤

肖生同志：

烟桥先生处所存一本德文《图画史》（俄国史），请交怀毅[1]带来，以便还朋友。

衔

二九、五、九

注释

① 怀毅　即方怀毅。

观察考虑而后行

——致马侣贤

肖生同志:

给赈济委员会请款书和给新华银行领款书都收到，细看无误，正在盖章，由快邮发出。下次就由你们直接办理，无须经我的手了。

五月二十五日的信问我四千元左右可否出卖马家沱的木料，这是叫我负很大的责任来回答这样的话。我要答复这句话，是必得调查现在的木料价钱。我还必须知道马家沱木料每根的上圆周下圆周，和市价相比。这可不是我这个病人所能做的事了。你至少要拣大、中、小几根（各排找代表）可以代表的木料（每排独立）量一量圆周，再到北碚打听一下市价。急卖要不得。我们并不等用这几千元。但是把木排安顿在安稳的地方是一件非常紧急的事。我不能来。你必得找一个内行，靠得住的人去看地方。万不得已，运到北碚，搬上岸来，待价而沽。

上次木料才卖三四天，价钱即涨到一千六百元。我猜想马家沱的木料，现在是值得八千元以上。但这话望你不要信得太过，要客观的调查物价，继续的调查。

菜籽要大量的买，够一年用。谷要买够一年吃。在新菜籽、新谷未上市前准备买。

棉纱买了两包。纱布请你比较一下，如果觉得在臧其吉那儿买合算，就派人去买。纱则运来织布。总之，请你考虑，观察，

考虑而后行。敬祝

康健!

衔

二九、五、廿六

护士闻已辞职，我们接受好了。新护士已托桑大夫在物色中。

坚决缴还饭金

——致马侣贤

肖生同志：

闻区署①未收社会组旅行期内饭金，盛意至为可感。但来碚参观学校众多，即本校他组，将来也须来碚参观，借重之处正多，不应于便利之外再使区署感受经济损失。务希与卢区长商量，请求允许缴费，务必坚决。敬祝

早安!

衔

二九、五、廿九

付款后即请示知并通知社会组

注 释

① 区署　指北碚区区署，时卢子英任区长。

战时不宜用白布做夏衣

——致马侣贤

肖生同志：

附来药单是否要我们代买，也未说明。

灰布本为学生用，但是否做工装，请考虑。保育会添置夏衣一身，似可以此布使用。听说空袭时，学生有穿白衣出外看飞机者，最为不适。保育会用白布做夏衣实不相宜。可否即用灰布替代，望与桑先生熟商决定。工装裤太长，热天于小孩似不宜，也似不经济。区署之款仍以送去为是。他们等此款开支。敬祝

康健!

行　知

二九、五、卅一

经常费与临时费分开，每月超出多少请即开单来。账目整理至若何程度，亦请示知。

速来处理木料问题

——致马侣贤

肖生同志：

十三日木料漂流至现在仍未归拢，何以对学校？现有盗卖纠纷，尚希即日来碚处理，同时处理木料整个问题，以免全军覆没。来时仍带易君[①]同行，以免有失接洽。敬祝

康健!

行　知

二九、六、一

注释

① 易君　指易必光。

学生领蚊帐、零用钱的规定

——致马侣贤

肖生同志：

蚊帐从五年级以上每人发一顶（十元），四年级以下每二人一顶（二人共十元），共壹仟零柒拾伍元。

零用费每人从到校之日算起。书籍费，保育会说学期中途离保育院者不发。这二百四十八元系零用费。敬祝

康健！

衔

二九、六、九

开一张一千元支票，快信寄与瑞符[1]买东西。

注释

① 瑞符　即王瑞符，当时任育才学校出纳员。

反对因循办事

——致马侣贤

肖生同志：

兹接卢区长来信，知道温塘[1]木料仍有纠葛，不胜愤慨。我除去信给卢先生，请其向雷旅长查问，是谁盗卖，是谁串通趁火打劫，以便依法起诉外，并面请他公平处理，设法阻止。但你们这样因循办事，如何得了。望即来碚将此事彻底办好。敬祝

康健!

衔

二九、六、十

注释

① 温塘　即嘉陵江的温塘峡，位于北碚上游十多里的地方。

精估自制教学仪器及建造校舍的用料

——致马侣贤

肖生同志：

冯夫人[①]、田先生[②]等招待费由我个人担任。

（一）请羽军[③]兄计划精算一二年科学仪器制造、玩具制造要多少木料，到马家沱看后，告诉我。

（二）简单房屋加一百人、二百人住要多少木料，请适当朋友精算，要多少木料，也告诉我，然后再决定卖不卖木料及卖多少。

（三）陶桂林先生捐育才一千元，拟请其交新华，拨建筑用。请寄收条来。敬祝

康健!

衔

二九、六、十八

注释

① 冯夫人　指冯玉祥夫人李德全。

② 田先生　指田汉。

③ 羽军　即汪羽军，善于从事科学仪器和儿童玩具的制造。

介绍左诵芬先生等来校参观

——致马侣贤、帅昌书

肖生、昌书同志大鉴:

妇女指委会三峡实验区左诵芬先生等十余位来校参观。左先生为妇女生活改进努力，富有研究经验，至可钦佩。其同事均系三峡热心服务之士，今兹临校必多指教，尚希代为招待，藉请教益。专此介绍。敬祝

康健!

行　知

二九、六、十九

白桃同志认识左先生，亦请代约一谈。

注意书信格式及书写

——致马侣贤

肖生同志:

接读来函，俟后面谈。

陶桂林先生之收据及致赈委会信、请款书，或遗漏重要称呼，或书法草率，望改正另写，以便核发。我星期日不在家，倘有同志来谈，星期六或星期二较为妥当。白桃、维特望代转达。

敬祝

康健!

衔

二九、六、廿一

这不是你辞职的时候

——致马侣贤

侣贤同志：

今接来信，知道每月所亏超出预算甚巨，解决之法：一为开源；二为节流；三为努力生产。开源我担任。节流您主持。生产要全校动员来干，务使地尽其利，人尽其才。前天访冯夫人于白鹤场。她实行焕章先生之寸地运动，只要有一寸的空地，都给种起东西来了。

我对于您的辞职曾经仔细考虑。您的总务部没有办好，后继的人您也没有贤推荐，因此我在教育的立场，不愿接受您的辞职。假使您已经把总务部部署得很好，可以交待下去而无害于学校，那当然换个岗位是可以的。现在却非其时。

您的长处是不避劳苦，廉洁自守，再得几个好干部，好好培养，严明考成，一年半载之后可以摆脱而无碍。

育才学校是差不多飘流到尼嘎拉瀑布[①]的悬崖上头，我们这些船夫倘不依着把舵者所驶方向回转头来，整个的船可以从瀑布上冲下来。这不是您辞职的时候，而是努力立功的时候。我料理就绪，当扶病来校帮助您们奠定学校的基础。虽然一个病人的力量是很少的，但我也是船夫之一，不愿袖手看船翻。真正的要想打开一条光明的道路，还要靠全校和衷共济，把各人的生命放进事业里去，才能发挥出伟大的力量，以完成这个重要的任务。敬祝康健!

衔

二九、六、廿五

注释

① 尼嘎拉瀑布　通译尼亚加拉瀑布，是世界最宽的瀑布，雄踞于美国与加拿大的交界处的尼亚加拉河上。陶行知曾去该地游览。

深入调查拟制难民教育方案

——致潘一尘

一尘吾兄：

回国后得悉兄长浙之云和县，政绩卓著，今春又闻在桂对于社之工作提出许多宝贵意见，深以国有良好县长、社有继续不断进步之同志如兄者为欣为慰。我在国外从事国民外交运动垂两年余，回国迄今亦已一年又八个月，所见所闻，相当广阔，同志中相见者亦复不少，弟迄今未能与兄一晤，交换经验，实不得不引为憾事。深盼吾兄能于最近来渝一行，藉偿此积久之遗憾。

又，此间对于难民教育问题，冀能有较新之贡献。吾兄此次来渝时，深盼沿途能注意各地难民救济情况，并拟制下列各种难民之教育方案：（甲）屯垦难民；（乙）以工代赈之难民；(丙）小本借贷之难民；（丁）其他。此项请求，倘蒙荷允，不胜感激。特此。并祝

康健!

陶行知启

六月卅日

再者，来渝旅费请先向友朋设法借用，所费实数当由我奉还。

请来重庆代我负责对外联络事务

——致张宗麟

仲璋吾弟：

近两月来患病，医嘱在乡间静养，学校及其他文化事业既少过问，朋辈往还交谈，亦大见减少。迩来诸友咸一致建议，要求吾弟来渝代我负责一切对外联络事宜，经再四考虑结果，认为此种建议确有予以接受并促其实现之必要。为此特飞函来前，盼吾弟迅即离沪来渝，盖不特可以代我执行必要之事务，抑且足令吾早日痊可，俾得进行其他正在拟议中之新工作。至来渝旅费，可先向耀宗[①]先生借用，以后由我归还，决不有误。

由沪来渝所经地方不少，盼吾弟能同时进行一有意义之工作——沿途考察救济难民实况，并筹划新的教育方案，其内容包含下列各项：（甲）垦殖难民之教育方案；（乙）小本借贷难民之教育方案；（丙）以工代赈难民之教育方案；（丁）其他。此种调查研究与难民之福利有关，盼吾弟幸勿错过此为难民谋福利之好时机也。特此。并祝

体健!

陶行知

六月卅日

注释

① 耀宗　即吴耀宗。

请调今吾来育才学校工作

——致常务干事会诸同志

常务干事会[①]诸同志公鉴：

最近育才之社的同志[②]咸一致建议，增加对于生活教育有切实了解之老同志一人，加入育才工作。俾：（一）有可能于原有工作同人中择定一人，代理因病与忙不能常到学校视事之校长；（二）有专人负责增进艺友对于生活教育之了解。这一个建议经我仔细考虑的结果，认为白桃等同志既因病或其他事故不克加入育才工作，惟有于桂林方面抽调老同志担任，而今吾[③]实为惟一可抽调之同志。现在要求你们能特殊考虑此间之困难，并听取不久来桂之“新旅”同志嵇钰君之详细报道，郑重考虑上述之要求，深盼你们能同意这一个要求，并促今吾同志早日来渝。特此。并致

敬礼!

陶行知

六月卅日

注释

① 常务干事会　即生活教育社常务干事会，办事机构设在桂林，执行生活教育社总社事务，成员有刘季平、程今吾等。

② 育才之社的同志　这里指在育才学校工作的生活教育社的同志。

③ 今吾　即程今吾。

盼告二儿童交中大保育院情形

——致殷金陵、俞文华

金陵、文华同志：

维特、文华二同志已抵渝否？甚为系念!

文华同志所送之二儿童，交中大保育院时情形如何？深望将中大保育院之回信抄一份快函寄来，无任切盼，专此拜托。

敬祝

康健!

陶行知启

七月一日

汪先生之住处及一切请多照料

——致陈烟桥等

烟桥、昌书、侣贤诸同志：

兹者汪亦仑先生，过去在保育院工作，接绘画组信，已辞去本人优越之职务。汪先生服务精神及工作能力均值得钦佩！我意在学校总计划未定之前，暂时先让汪先生住一下，以便有服务、学习及休息之机会，一俟将来计划决定，再规定职务。汪先生之住处及其他一切，请侣贤多多照料。专此拜托。敬祝

康健！

陶行知启

七月一日

欢迎来碚

——致孙崇甫

崇甫先生赐鉴：

奉读六月二日来札及李敷仁先生介绍信，不胜快慰。弟近因病休养，故未即复，歉歉!

有暇来碚，欢迎得很。一方面我们生活教育社同志可以谈谈，同时育才学校也望你不吝指教!

白桃先生现在育才，你到碚后一定给您介绍一下。专此奉复。

敬祝

康健!

陶行知启

七月一日

艰苦工作　定有成就

——致林云峡

云峡同志：

奉读五月二十日来信，不胜欣慰！我现在乡间休养，身体稍有进步，蒙你关怀，盛谢之至！

你艰苦地在龙州工作，将来一定有成就。尚望将研究所得，随时赐知，以便获益。

龙州友人，只有少数，不知仍在该处否？可持片去探访。现在将通信处开列如下。（略）

专此奉复。敬祝

康健！

陶行知启

七月一日

本校不在外招生

——致煦南

煦南先生：

奉读六月六日来信，已悉一切。本校并不在外招生。所有学生，均由各难童保育院及教养院中选来。以后倘有招考机会，当再行奉告。目前最好将您的履历、年龄、擅长何种学问及成绩寄来，以资参考为盼。专此奉复。敬祝

康健!

陶行知启

七月一日

谢寄来文件

——致沙千里

千里先生：

奉读六月十九日大札，承蒙赐寄商业登记应[1]文件三种，无任铭感!

近日重庆屡遭轰炸，可受虚惊？不胜悬念之至！弟等幸叨平安，祈释远念。专此致谢。敬祝

康健!

陶行知启

七月一日

注释

① 应　可能系“之”字笔误。

零用钱俟商量后筹寄

——致尹来弟

来弟小朋友：

六月十一日来信收到，已悉一切。关于你的零用钱，我即将与白桃先生商量一下，然后筹寄。你们学校若是迁移的话，便请你快写信告诉我们，以免有误。专此奉复。敬祝

康健!

陶行知启

七月一日

学当其才必不能拘于一格

——致尊一

尊一先生赐鉴：

拜读六月十四日来札，承蒙您关怀敝校发展，无任铭感！按敝校学生进修情形，大抵有三种：甲，偏爱特修课者，则不喜普通课之加重；乙，偏爱普通课者，则不喜特修课之加重；丙，感觉特修课与普通课之分量合适者，则不主改变。承示当重视普通课之发展，与乙种学生需要相吻合。弟意学当其才必不能拘于一格。下期计划中，拟将此种需要顾及，最好是成立一普通组。否则，亦须加强普通课之教师，例如史地、物理、化学、算学、生物、外国文诸科，将加聘请优秀之教师任之。台端与潘次长爱护敝校备至，如蒙对此计划，酌予赞助，俾能尽量加聘普通科教师，实不胜感激之至。专此奉复。敬祝

康健！

陶行知启

七月一日

谢捐助晓庄研究所款

——致张治中

文白先生勋鉴：

奉读六月十二日大函，承蒙捐助晓庄研究所一千二百元，赐交新华银行代收，最为感谢！并蒙慨允，以后如为大力所许，仍愿酌量赐助，尤为感激。

汪达之先生业已于月中离渝，新安学校承蒙捐助之五百元，不知是否于汪先生离渝前交到彼处，如尚未交去，务请寄交桂林邮箱一四六号转汪达之先生收为感。专此致谢。敬祝

康健！

陶行知启

七月一日

为校址与饮水所限暂停招生

——致陈裕光

景唐吾弟大鉴：

奉读六月七日、六月十九日两函，敬悉一切。敝校为地址与饮水所限，下期不拟招收新生。《育才学校概况》及章程等已汇集文字多篇，在六卷一期《战时教育》月刊发表。出版后当寄一册，奉陈清览，藉请教益。专此敬复。敬祝

康健!

陶行知启

七月一日

感谢侨胞爱护育才及“新旅”

——致杨静桐

静桐吾兄：

奉读五月五日来札，敬悉热心侨界文化，爱护敝校及“新旅”①无微不至，最可佩慰。

承汇之款五百廿三元八角七分，收到后即交育才三百廿三元八角七分，交新安旅行团二百元，并早飞函报告，并将收据直寄纳卯，以表谢意。

尊处所需教员，弟已去函上海，在生活教育同志中代为物色，一俟有合适人才，当即可由沪上直接赴菲律宾，可以节省旅费。若沪上不成，当由此地介绍二教员前往。现有询者，在菲每人每月生活包括膳宿杂用，须费多少？尚希飞函示知，以便转达为盼。专此奉复，敬致谢悃。并祝

康健！

陶行知启

七月一日

注释

① 指育才学校和新安旅行团。

谨防坏人中伤教育界互助美德

——致谢县长

谢县长[1]勋鉴：

久未晤教，至为怀念。顷闻贵府六月三日令古圣寺初级小学吴校长向敝校收回校舍。查古圣寺全部庙宇、地产，于去年由庙主租与敝校，以二十五年为期，立有契约，并由当地士绅作证。庞督学所呈，想系传闻之误。敝校自北碚疏散至治下，将近一年。除进行本校之教育外，对于课堂、操场、设备，教师均竭尽绵力以赞助古圣寺小学发展。藉副贵府提倡国民教育之盛意，深恐有人蒙蔽真相，挑拨是非，以中伤教育界之互助美德，故敢直陈缘由，务希鉴察。如蒙大驾莅校指教，尤为感盼。敬祝

康健!

育才学校校长　陶行知启

七月一日

注释

① 谢县长　当时合川县县长。

派人合力看守木料

——致马侣贤

肖生同志：

这几天有大水可能，请派得力人员与联保办公处黎先生所派人合力看守木料（夜间也要有人看，本校三分之一的家产在此）。深恐猝不及防，被人割断缠索。此事最要。千万火速为之。敬祝康健!

衔

二九、七、一

要提防敌机轰炸

——致吴树琴等

树琴、小桃、蜜桃：

昨天敌机轰炸北碚，我托马先生打电话给区署，知道新桥未炸。但是西山路招待所被炸，十三号防空洞死伤一百人，不知多少朋友受害。请孙敦乐、陈良材等住在蒋家院子，被窝暂借给他们。吃饭暂在家中寄［食］，预备和工友在蒋家院子自炊。北碚仍是要提防。每次都该进防空洞，不可松懈,我明日可来。

敬祝

康健!

衔

二九、七、一

最重要最紧急的是防备空袭

——致育才学校全体同学

育才学校全体同学：

现在有一件最重要、最紧急的事，希望大家了解，并且切实的做成。一听见飞机声音，大家要立刻依分队的办法散开到指定的地方去躲避；如果正在会餐的时候，大家要立刻把饭碗放下，归队疏散；如果是在午睡的时候，大家要立刻起来，并且唤醒同房的人，依照规定的办法疏散出去。飞机临头，不可站在外面，手指嘴喊。一切要自觉地遵守军事纪律。我们就乘敌机来到的时间内，学习一点必要的军事管理。我们何以要离开房间去躲避空袭？（一）我们每一个人都是中国的抗战建国的力量，不应该给他白白牺牲掉。如果有人当敌机来到的时候，冒险偷懒，不去躲避，那就好一比是让一架活飞机暴露在飞机场上一样的不可原谅。（二）古圣寺的屋顶禁不起轰炸，倘使压了下来，那就可想而知。（三）我们左近没有医生，就是受点小伤，流血过多，或中了毒菌，也或送命。（四）寺庙对于轰炸，也有不能幸免的，如兰州就是一个例子。（五）这次敌机轰炸似乎是采用了一种普及的手段，我们离开镇市虽远，也必须有充分的戒备，以减少牺牲于最低限度。

关于防备空袭，前请诸位先生指导组织，谅已见效。但最近听说同学中对于此事有一些松懈，我很不放心。特别是在吃饭的时候，听说有人恋恋不舍。大家要知道，敌机来时，贪吃一碗饭的人也许是会永远不再吃饭了。离北碚有二里光景的一个小学校里，发现两个女人：一个女人的头炸掉不知飞到哪里去了，另一个女人是失掉两只大腿。我不希望我们的小小活飞机是这样失去他们的效能。倘使小朋友中有不服从共同纪律而自由行动，我只好割爱，把他或把她送回家长和保育院。倘使自由行动的人太多，那是我们教育不行，我只好把校长辞掉，让别人来办。最后希望大家爱护自己，爱护学校，爱护中华民国的战斗力。

陶行知

二九、七、六

喜闻宿疾痊愈

——致胡同炳

同炳吾弟：

接读来信，知道您五年的宿疾竟痊愈了，真使我高兴万分。您能利用疾病给予您的空闲，“还得到一些钓鱼、捉鱼、种菜的好方法，还学会上茶馆喝茶的习惯。”这些表示了您的耐心和适应的智慧。现在您已康复，希望您能继续拿出您的耐心和智慧，在积极的人生态度中改变了自己。我相信您是会获得成功的。

此间有一个研究机关，对旧有之单方作科学的研究。您服食的“健步虎潜丸”，其配制之药料及配制之过程我很希望您能作一详细的报告。

承告劳山几位同学的消息[①]。现在我也告诉您所关心的三个孩子：陈德祥、王金莲在育才社会组学习（关于育才，倘若您想知道较详细的情形，可问张先生)，尹来弟还在一个保育院，陈银山已经病逝了。老太太的坟墓[②]，丁大奎照应殷勤，希望您能代我写封信谢谢他。特此。并祝

体健!

陶行知启

七月七日

又，您所说关于唐凤岐的消息，我不能确切了解。请再告知。

注释

① 系指晓庄小学几位同学的消息。晓庄小学坐落在南京市北郊劳山脚下。

② 指陶行知母亲的坟墓，位于南京市北郊劳山脚下。

请择定时间晤谈

——致瑟若

瑟若先生：

来信到的时候，适有事已往重庆。您希望跟我谈谈，欢迎。请即择定时间，预先给我一个通知。此复。并祝

体健!

陶行知

七月七日

祖国需要您

——致谭堃珩

堃珩同学：

您离家弃业，求为祖国服务，感佩得很。也许直到现在，您还没有获得为祖国服务的机会，但祖国需要您，我想是不容怀疑的。您在香港既曾加入生活教育社为社员，希望您跟桂林总社能通一两次信，或者他们可以给予您工作机会，并解答您心中所感的某些疑难。倘若您不愿在华南工作，同时还没有失去来重庆的“财力”的话，您到育才学习并工作一个时期也好。

寄存在香港“自强社”的那六千多本图书，我想应该公之于社会，供公众阅览，只要客观上没有什么大的困难。余不赘。

即祝

体健!

陶行知启

七月七日

又，总社之通讯处为桂林邮箱146号

儿童教育的任务

——致业勤

业勤先生：

来信复迟了，抱歉得很。

您任教五年，没有染上那些老于教书者的习气，并且对于《战时教育》感到兴趣，在理论与实施上企有所探讨，这一点使我非常高兴来回答您的问题。您所提出的一些原则，大体上是正确的，只是您对于小孩子的看法和估量，我认为是值得商量的。您说“小孩子根本不会有错误”，倘若您的意思只是企图导出一种结论，认为孩子们的错误，根本上是由于环境造成的，那倒没有什么不对。但是，倘若您要据此作为训导儿童的一个重要的指导原则，那就有问题了。儿童不但有错误，而且常常有着许多错误。由于儿童年龄上的限制，缺乏经验，因而本身便包含着错误的可能性，这是一；环境不良，养成了许多错误的习惯，从这些错误出发，必然再造错误，这是二。因此教育的任务除了积极发扬每个儿童固有的优点而外，正是要根据事实，肯定他们的错误，从而改正他们的错误。

您想到育才学校作艺友，我们应该是欢迎的，无奈学额有限，倘若以后情形变动时，我想您不是没有机会的。

此外，关于生活教育社，还有一点要奉告的，就是它欢迎教育工作者参加，但不是要他们离开原有的工作，入社和参加社自身所举办的事业中去工作，完全是两回事。特此奉复。

　　并祝

康健!

陶行知启

七月七日

站在自己的岗位上努力工作

——致林宝

林宝同志：

接读你的信，我很高兴。民众服务团[1]解散后，你继续留在六十六军服务已两年多了。我想您一定有不少的进步。这回写的信便是个很好的例子。

工学团团员在各地服务的人数很多，大场[2]当地的也不只你和俞文华两个。沈一飞在浙江丽水某服务团，徐治平在重庆国际新闻社，徐禅仙在孩子剧团，沈增善于沪沦陷后回到上海。他们都参加与抗战建国很有关系的实际工作。另外，还有些人在做着比较不重要的事。您说抗战胜利后，再大规模地恢复山海工学团，这是非常有意义的话。但要做到这一点，就得靠大家努力争取最后胜利早日来到。我们每一个人站在自己的岗位上努力工作才是。祝你

进步!

陶行知启

“七七”三周年纪念日

注释

① 民众服务团　亦称战地服务团。成立于1937年9月底，团长为张劲夫。任务是宣传共产党的抗日主张、救助伤病员和运送军需用品等。

② 大场　地名，在上海市与宝山县交界处。山海工学团团址。

向张真如家属代致慰问

——致臧其吉

其吉学弟：

闻张真如同学噩耗，不胜叹息。盼 弟代向其家属致慰问之意，并暂垫十元作为赙仪。特此。并祝

体健!

行 知

七月七日三周年纪念日

所望之工作一时难觅

——致周蒋鉴

周蒋鉴先生大鉴：

读来信，知先生因事繁操劳，忽抱贵恙，并以警报频频，未克来渝施行手术。不识近况何若?但愿“吉人天相，早占勿药”。

先生专为介绍教导主任及二四年级级任，事关保育工作，自应效劳，惟此如先生所希望之工作，此刻一时尚不易觅得。特此先行奉复。并祝

康健!

陶行知启

“七七”三周年纪念日

校歌须表现学校立校方针与根本精神

——致西洛

西洛先生：

“复兴学校”及“平光小学”希望我能代他们各作一校歌。对于这件事，我有点意见。我认为校歌须表现学校之立校方针及根本精神，别人代做是不大容易写出好东西来的。因此我希望你能代达该二校之校长，并盼望他们自己或本校教师，甚至于优秀的小朋友动手试试，当有佳作，比别人写的要亲切动人。特此。并祝

撰安!

陶行知启

七、七

愿为《教育与职业》撰稿

——致莲仁

莲仁先生：

两信均已收到。《教育与职业》复刊，我很高兴写点稿子寄来，无奈病中休养，不克如愿，甚以为歉。至来碚住温泉小学，当不成问题。前数日我已请该校之教导主任曾先生径自答复您了。此祝

撰安!

陶行知启

七、七

证明书不日寄去

——致白君

白君吾弟：

多年未见，看到您的信很是高兴。您所要的证明书，当不日寄来。特此。并祝

进步!

陶行知启

七、七

因病写不出大文章

——致公照

公照先生：

《国讯》谋改善，忝属编委，自应撰稿，以尽绵薄。惟迩来因病休养，写不出大文章。以后当将小品、新感陆续奉上。特此。并祝

撰安!

陶行知启

七、七

抗属生产之毛巾供有贡献于抗战建国之人用

——致嘉陵江三峡乡村建设实验区兵役会

谢领抗属工厂出品之毛巾一条。除捐法币五元助该工厂之发展外，并有一事可奉告者：该毛巾为抗属出品，行知决留于舍下，专供有贡献于抗战建国之客人之公用。此致

嘉陵江三峡乡村建设实验区兵役会。

陶行知启

抗建三周年纪念日

工学团精神不能变

——致亚仙

亚仙同学：

读来书，甚感欣慰。陈珍渠先生，本其二十年之研究，发明三一纺纱机数种，前曾从汪达之同志处闻悉一二。今陈先生拟作大规模之制造，发动广大纺纱事业，并采用工学团之方法，以服务乡村，贡献抗建为目的，实不胜钦佩之至。工学团之形成，战时与平时容有不同，惟养生、明生、保生之旨则初无二致。此点尚盼与陈先生正之，俾工学团不失其原来之精神，能于抗战中获一新发展也。治安[1]在桂省[2]工作，不易离开，铭勋[3]在育才任教，亦难走脱，俟将来进行入具体阶段时，汪达之同志等或可前来有所助益也。特此奉复。并祝

体健!

陶行知启

七月七日

注释

① 治安　指戴自俺。

② 桂省　即广西省。

③ 铭勋　指孙铭勋。

重庆更需要宗麟

——致唐现之

现之吾弟：

信悉。您希望宗麟[①]能到您那儿帮忙，在目前宗麟已不能安全于沪之情况下，这个意思倒也很好。不过他在沪上工作近五载，重庆方面似乎更需要他。再从他自己个人的期望来说，只怕也是希望到重庆来。令郎病已痊愈否？特此。并祝

体健!

陶行知启

七、七

注释

① 宗麟　即张宗麟。

校务会开完才能回家

——致吴树琴

药品已托俞文华同志代办。他明早到合川去买。价钱已开给他做参考。我在这里过的生活很好。要等到校务会议开完了才可以来。照现在的情形看来，进行得很慢。指导委员会是费了三天才可以结束，校务会议顶少要两天，预计要十四日才能回家。如果有大水，我也不急来，也许还要延迟。如此，我可以把药带来。陈江先生如果来问，你可以请他到校来见面。空袭时，你和蜜桃、王志平是去防空洞好。鸽子和白兔请交来人带下。

此致

树琴

衖

二九、七、十一

图章等请交妥人带来

——致马侣贤

肖生同志：

所存图章等请交妥人带来为要。祝健!

今天大水，嘱晓光缓来。

衔

二九、七、十四

孩子是有力量的

——致新安旅行团第一工作队

第一旅行工作队同志们：

看到你们的来信，我感到兴奋。正像你们所说，我一向相信“孩子是有力量的”，这回从你们十九个流亡的大小孩子所做的工作上，这个信念又增加了新的佐证。

你们的工作做得已经很不错，我没有多少话可说的，只是对于你们的学习，我想贡献点意见：

你们的生活和工作本身，固然就是一种学习，但在你们这样的年纪，还需要多方面知能的学习，这是一。

第二，你们正在做着非常有意义的军人服务工作，要像在传统学校内一样学习是不可能的。因此你们必须争取一方面与工作多少有着联系，而另一方面又属于人生所不可缺少之基本知能的学习。

第三，要竭力争取学习有计划、有系统地进行。

要做到上面所说的地步，也许□一个工作是多少有困难的，但我相信，只要你们努力争取，一定是可以做到的。

最后要告诉你们，就是我们办了一个刊物叫《战时教育》，对于你们这封有意义的信，我们希望给登载出来。祝你们康健并继续努力！

陶行知

七月廿七日

秋初交稿

——致陈鹤琴

鹤琴吾兄：

读六月二十三日手书，甚为欣慰！迟至今日作复，则又感着很大的抱歉。大作《我的半生》将付印，甚喜。承嘱写感想一篇，决遵命写，惟因病未痊愈，且有种种事务羁身，恐只能简略地写些。交稿时日，约在秋初。知关锦注，特先奉复。并祝

撰安！

陶行知启

七月廿八日

设普通组事尚未确定

——致陈铭枢

真如先生赐鉴：

辱承二十四日偕吴、黎二先生来访，适值在渝未还，失迎得很。敝校下学期添设普通组事，目前因种种情形，尚未能十分确定。倘以后能成为事实，并定期招生，当即函告吾兄嘱朱姓小朋友前来投考。特此。并祝

体健!

陶行知

七月廿八日

就五百师生食盐问题恳商盐务局长

——致缪秋杰

缪局长赐鉴：

敝校为位于合川县草街子镇之难童学校，选拔难童中之聪颖优秀者，予以专科与普通兼施之教育，为国家造就未来建国人才之幼苗。最近感于物价高涨，全校儿童患营养不良，特就食盐一项问题恳商于足下：

(一) 盐价每市斤重庆为二角，北碚为三角，草街子则为八角，渝、碚二地与草街子相距不可谓远 (北碚离草街子只有三十里水路)，而盐价悬殊若是其甚。由巴盐产量关系，抑由汉奸操纵所致，实值得予以严密注意。

(二) 敝校师生近五百人，每日需用大量食盐，以有限之伙食费购每市斤八角之食盐，实不堪其负担。为全校难童之营养计，拟请

贵局允于重庆购买，并发给可供五百人食用之食盐运输护照，俾得由渝运至草街子。

该项请求务盼

足下念难童之营养问题及敝校创校宗旨而予以允准。倘荷慨诺，将不胜感激。特此。并颂

大安!

陶行知启

七月廿八日

愿为战时公债出国劝募[①]

——致孔祥熙

庸之副院长勋鉴：

顷奉行政院　蒋院长[②]七月十一日聘书，敬悉以战时公债劝募委员会委员见委，极愿竭其绵薄，为国效力。但弟在国外如美国、墨西哥、加拿大认识侨界朋友甚多，斐利滨[③]亦有认识的朋友。倘能出国一行，一方面宣扬政府三年来抗战成绩；一方面粉碎敌伪汉奸之反宣传；一方面鼓励侨胞踊跃捐输。一举数得，贡献较大，预计出国半年即可完成。至于国内劝募，知交多属寒士，效力很少。尚希代为请示　蒋院长。如荷同意，弟即整装待命。专此奉商，伫候复示。敬颂

勋安!

弟陶行知（印）拜启

二九、七、二九

注释

① 此项建议未获当局批准，出国募捐的计划未能实现。

② 蒋院长　即蒋介石，当时任国民政府行政院院长。

③ 斐利滨　通译菲律宾。

附录

熊朱其慧、陶知行、晏阳初致胡适函

适之先生惠鉴：

日前平民教育促进会筹备会开会，想在十年之内使十二岁以上、二十五岁以下一万万不识字之人民，受一千基础字所代表之共和国民的基础教育。此刻最重要的一件事，就是编辑相当之教科书，未编之前，应有极明了之目标作指针。这许多人受过这种教育之后，对于国家前途应当有何种贡献，对于个人生活应当有何种影响，国民性中固有的，何者应光辉充实，缺少的何者应吸收补足，这都是应当分析出来，做我们具体的目标的。同人所拟办法，暂定四个月教九十六课，或每课达一目标，或数课合一目标，或一课合数目标。但以全部论，必有数百或数十条明确之目标以为依据，才能发生相当之效力。夙仰先生对于国家大事、世界潮流研究有素，公推先生将新世纪中国民应有之精神态度、知识技能，条分缕析，赐作南针，并请于一星期内开单示知，最为盼切。专此奉达。敬请

撰安！

熊朱其慧
陶知行 同启
晏阳初

（1923 年 8 月下旬）

复信请寄南京陶知行为荷。

徐则陵、陶知行致特约应征机关函

(择成绩较优，交通较便各教育机关，请为特约应征机关。)

径启者：本年七月三日至九日，中华教育改进社在南京开第三届年会，同时与东南大学教育科合组全国教育展览会，其主旨在揭示全国教育状况，而各方办学特长足资观感者，尤望能罗列一处，以树模楷。　贵校成立有年，声誉卓著，其可以贡献国人者必甚丰富，兹特奉函请　贵校为特约应征机关，务祈不吝　赐教。附呈征品办法一册，又附应征物品表一纸。即请填记约数，俾敝处可代先期计划面积及排列等事。专此。

敬颂

教绥！

全国教育展览会筹备委员会正副主任徐则陵陶知行启

十三年

徐则陵、陶知行致南洋各校函

敬启者：本年七月三日至九日，中华教育改进社在南京举行第三届年会，并会同东南大学教育科举行全国教育展览会，藉以明全国教育实况，庶到会同人一方获观摩之益，一方可发见全国教育最要问题所在。华侨教育情形，国内同人素所关心，惟苦海天遥隔，难明真相。此次展览会特设南洋华侨教育一股，专陈列南洋方面华侨教育情形。兹附上展览会办法一册。素仰贵处热心侨胞教育，成绩斐然。所有须展览物品，即祈早日惠寄，俾便进行。又南洋各属学校情形，同人不甚谙熟，通函或有未周，如能代为征集，尤为感激。

专此。顺颂

台绥!

全国教育展览会筹备委员会正副主任徐则陵陶知行谨启

十三年三月二十四日

徐则陵、陶知行致全国各县教育局函

径启者：本年七月三日至九日，中华教育改进社在南京举行第三届年会，同时与东大教育科合组全国教育展览会，以供全国教育界之参考。关于各省地方教育行政方面，拟征求各地之学事年报及统计书等为比较的陈列。 贵县此项报告，逐年编辑可资参证者必多，拟请将最近数年所编成者，无论为抄本、为印本各赐一份，以便陈列。想 贵局素以提倡教育为职志，必当乐予赞助也。专此奉恳。并颂
台绥!

全国教育展览会筹备委员会正副主任徐则陵陶知行启

十三年四月十二日

徐则陵、陶知行致梁启超函

任公先生大鉴：

前由敝处函请先生担任全国教育展览会书院筹备委员，当蒙察及。我国书院教育状况，先生知之最详，而书院教育之制度及其精神，在今日尤为办教育者所应知。先生素以发扬国粹为志，此次展览定有以慰海内教育界之望。现为期已迫，尊处筹备经过及现状何似，统祈示知。

全国教育展览会筹备委员会正副主任徐则陵陶知行启

十三年四月二十一日

陶知行、凌冰致丁文江、胡适等函

在君、适之、兆熙先生大鉴：

来电诵悉。英国处分庚款问题，京中国立九校校长及九校教职员联席会议代表、私立五大学校长、学务局长及社会领袖，于十六日下午在欧美同学会会议，商定：一、反对英国政府所定关于庚款处置办法，以保国权；二、要求英国无条件抛弃庚款，否则无论此款在中国作何事业，均认为伸张其行政权于中国领土，中国决不承受，并极端反对之。此种决议，当由列席人具名寄阅，不久可以达览。此外，会议情形有为记录所未载者，请为兄等略陈梗概：是日会议，到会各人鉴于俄款处置办法，因表决权由中俄两国代表平均分配，处处受俄代表钳制，异常愤慨。因之对于外人参与办法深致不满，故对于英款主张无条件退还我国。如英国不能容纳，各校虽穷窘至一律关门，亦决不愿受分文，并极力反对。此种一致坚决对外之精神，为京中教育界三、四年来所未有。来电述及咨询委员会重要职务，在决定管理基金之组织，弟等对组织一层，亦曾稍加考虑。如果英国赞同无条件退还，在组织方面，吾人应有下列最低限度之要求：一、董事会应为独立机关，以行使保管、支配款项之权；二、中国人董事至少应居三分之二，表决时每人一权，由多数取决；三、董事会内如有设置英国人董事之必要，则其任期至一千九百四十四年庚款付清时止；四、全体董事均须由中国政府聘任；五、用途俟董事会依前列原则组织后，再由董事会决定。总之，董事会董事，我国人必须居大多数，而英国人董事任期必须于有限期间截止，且同由我国政府聘任，庶几主权在己，国体无伤，巨款可得正用，而中英邦交亦可望增进。不然，将来组织英款董事会，如全体董事不由中国政府聘任，中国人董事不占大多数，英国人董事无一定期限截止，以京中情形推之，其不能获国人同意，当可断定。日俄两款已铸大错，英款处理似不宜蹈其覆辙。谨举所知，以备参考，幸加亮察。复颂

台安!

陶知行　凌　冰同启

十五年三月二十七日

胡适致陶知行、凌冰函

知行、凌冰两兄：

你们三月廿七日的信，寄到我家里，直到昨日（四月廿四）方才转到我手里。

你们给各省教育会的公函，也读过了。你们给威灵顿的信，我已译出给大家看了。

你们这样关心这件事，我们都很佩服。三月廿七日的信，尤多卓识明见，感谢感谢。十六日之会，我在报上已见大概，但不知尚有未记录的情形耳。

我现在以私人名义，作此答书，相熟的朋友们请与传观。有许多问题，此时还不曾到可以正式发表的地步；我用私人名义写信，说话比较可以自由些。

英国国会原案乃是一九二二年的旧案，至去年六月卅日始通过两院，成为法令。其中诚多不满人意之点，(1)(4)两条尤坏。但你们根据此案，说英国不肯退还此款，那却不是事实。英国朝野人士及委员会中人，都认此举是退还赔款。故我们三月二十二日的宣言直用“退还”字样。不过所谓“退还”并不是完全交与中国政府去自由支配罢了。

实则美国一九〇八年第一次退还，也不能算是无条件的交与中国政府，不过条件（用途与管理方法）均不曾见于文字耳。到第二次退还的时候，中国已陷于无政府的状态，内乱不止，中央无主，美国也就更不能像一九○八年那样慷慨了。一九○八年的退还，名义上还是交还中国政府。第二次则并此名义也做不到了。他们对于中国政府不信任，却又不好明说，所以原案虽说退还，其实只把此款交与美国大总统全权办理。原案并无组织中美董事会管理此款之条文，久之久之，始有孟禄博士以美总统私人代表名义来华，与中国的教育家、政客作非正式的磋商，始产生董事会；又久之久之，美国总统始将此款交与董事会管理。此中经过的情形，可以使我们觉悟：在这样的无政府、这样的纷乱的情状之下，我们决不能希望人家把一万［?］多万的巨款随便作“无条件的抛弃”。抛弃给谁呢？抛弃给政府，我们固不放心；抛弃给全国教育联合会，或抛弃给中华教育改进社，难道就没有争端了吗？

我在北京这几年，眼见大家争各国庚款的惨史、丑史，思之痛心。法庚款的故事，我至今还莫名其妙，俄款是我知道的。俄款委员是一班政客利用一个政变时期委任的；日本文化事业问题当日的争论，我也很知道。你们也许还记得我前年夏间给你们的长函，倘使当日南北教育界能破除私意，采取“监督的合作”的态度，这件事也许不会糟到这样子了。美款所以较佳者，正因为美国总统操有全权，直到董事会正式开会之后，基础已定，组织已完成，然后他把全权交付董事会，所以流弊较少，成绩较大。然而中美文化基金董事会至今日还不能避免许多方面的指摘与攻击，——这两年的全国教育会联合会的记录可以为证，——为什么呢？因为当日孟禄的接洽实在太不公开了，故外间疑为操纵；又太非正式的了，故教育界可以派人，政府也就可以派人。我们知道内容的人可以了解，但外间不明真相，只见改进社董事之多，只见江苏人之多，就不免有烦言了。

我们既有各国庚款委员会组织经过的事实作借鉴，自应格外慎重，以求一个满意的结果。

英国国会原案经过三年之久，始得通过。若推翻此案，另提新案或修正案，几近于不可能；即使可能，亦必费去一二年之久。为今之计，只有潜移默运于此案范围之中，使此案不成为障碍，反为有益的根据。

我们主张的解释如下：（一）外交大臣的管理全权是暂时的，略如美国总统的暂时全权管理。（二）咨询委员会给外交大臣决定方针与办法：略如孟禄之使命而较为正式的，公开的。（三）管理机关（董事会）成立之后，外交大臣以全权移交；正如美国总统之移交全权与董事会。（四）原案第四项年终报账一层，实行上应作为“董事会每年年终应将本年度收支账目作为报告，各以一份分送中英两国政府存案”。此略如中美董事会规定中美两国政府均得派代表出席到会。

如此，则原则之条文具在，而精神根本改变了。这几层意思，甚盼你们和静生、梦麟、叔永诸位细细考虑，随时赐教。

你们三月廿七日信上说的关于组织的五项意见，我们都很赞成。（第五项谓用途由董事会决定，咨询委员会虽有决定用途的任务，亦只能定几条大纲，不能为后人详细立法也。）我们大致也是这样主张。

但你们所谓“无条件退还”一句话，却有语病。例如美国原案规定此款用于教育文化，此是有条件呢？是无条件呢？无条件的退还，我们实在没有这样厚脸唱这样高调。但我们也不赞成调子唱的太低，讨价讨的太贱。如湖北教育会提出意见书，只要求“另组中英各半之委员会”，并声明此意见可以代表全国教育会联合会！这就未免讨价太低了，反叫我们中国委员难于开口。

我们三个中国委员虽无他长，至少有一点可以与国人共见，就是都肯细心考虑，为国家谋永久利益；都有几根硬骨头，敢于秉着公心对国人、对外人说话。我们的任务有两点：（1）审察舆论，替英庚款计划一个能满人意的董事会，并助其组织成立；（2）博访各方面的意见，规定用途的原则，以免去原案“教育或其他用途”有太空泛的危险。关于这两项任务，我们深盼得你们和北京各位朋友的指教与援助。

我们也许不久就北上。倘十日内有赐书，请寄上海客利饭店，十日后就不必寄了。

又，家中转来你们二十二人的公函和油印的文件，也收到了。我盼望你们把此函给他们阅看，省得我百忙中另作书了。

胡 适

十五、四、廿五日

雷殷、马叙伦、陶知行等致胡适函

径启者：查西历一九二五年五月英国国会通过关于庚子赔款之议决案，其中对于庚款并无抛弃或退还我国等字样，是庚款仍属英国所有。核其所定办法，实思借此伸张其行政权于我国领土。同人等认为如果该案所称有益中英两国之事业施行于我国境内，实属有辱国体，侵我主权，自当极端反对。闻英国为备其外交大臣关于庚款用途顾问机关之咨询委员会拟延，执事为该委员会委员，素仰　执事热心爱国，对于同人前项意见必表赞同，自无就职之理。用特专函奉达，并附上英国国会关于庚款之议决案，本年三月十六日同人公议议决事件及宣言各一纸，并希　台察为荷。此致

胡适之先生

雷　殷　马叙伦　陈宝泉　徐　治
许绳祖　徐渊摩　陈宝锷　黄建中
凌　冰　查良钊　萧纯锦　高仁山
冯　农　赵乃传　徐崇钦　谭熙鸿
吕　复　姚金绅　陶知行　朱经农
孙柳溪　张贻惠

（1926 年）

全国教育联合会等团体代表致胡适、丁文江等函

在君
适之先生台鉴：同人等前于三月十六日对于英国处置庚款办法曾
兆熙
有宣言，并依决议一度贡其愚诚于　左右。倏忽两月，未蒙正式函复，想系公务倥偬，未遑置意。兹谨再将本日集会决议并上次宣言及决议各缮一份，尘渎　清听。同人等诚挚之念，深希　执事于奔波南北、计划经营之余，稍加浏览。查英政府方面既欲借处置庚款办法图中英两国邦交之亲善，而我全国上下亦咸祈中英两国之感情借此得以增进，想　先生等爱国情深，必能遵从公意，保卫国权。同人等钦佩有素，喁望弥殷，不愿犯言人两失之训，遂复作杞民过度之虑，仍盼　不吝金玉，正式诲示。否则大错铸成，则蒙其害者固属我国，想亦非英政府聘任　先生等之初意也。暑天摄卫，不尽拳拳。专此。顺颂

时祺

全国教育会联合会代表　李步青　罗教铎
赵乃传　雷　殷

北京各大学教授　高仁山　查良钊　朱经农
顾　名　毛　咸　王文俊　陈宝泉
徐　治　谭熙鸿　吕　复　马叙伦
徐崇钦　张贻惠　孙柳溪　黄建中

汤茂如　　陈宝锷　　林风眠　　冯　农
许绳祖　　萧纯锦　　徐渊摩
中国教育改进社代表　陶知行　　凌　冰

（此信约写于 1926 年 5 月）

全国教育联合会等团体代表致英庚款会调查团函

英国庚款咨询委员会调查团诸位先生大鉴：同人前曾寄上对于英国处置庚款办法之宣言一份，计已达览，其重要两点如下：

（一）反对英国政府所定关于庚款之处置办法，以保国权；

（二）要求英国无条件抛弃庚款；如非无条件抛弃，无论以此款在中国作何种事业，均认为伸张其行政权于中国领土，中国决不承受，并极端反对之。

关于以上两点，谅荷赞同。近据报章宣称，贵团主张采美国退款办法，废咨询会，设董事会，董事人数中国得多占一席，此款暂由英外交大臣保管，云云。此消息果确，足征贵团尚能虚衷采纳各方意见。惟同人对此尚不满意，因特再提出下列两项主张：

（一）英国应正式声明退还庚款；

（二）所退还之庚款，应由中国组织董事会保管及支配之。

此为同人要求之最低限度，如蒙尽量容纳，并据以向英政府建议，实为中英两国之幸，惟贵团实图利之。专此，顺颂

时祺

全国教育会联合会代表

李步青　罗教铎　赵乃传　雷　殷

姚金绅

北京各大学教授

查良钊　朱经农　顾　名　毛　咸
陈宝泉　徐　治　谭熙鸿　吕　复
马叙伦　徐崇钦　张贻惠　孙柳溪
黄建中　汤茂如　陈宝锷　高仁山
林风眠　王文俊　冯　农　许绳祖
萧纯锦　徐渊摩

中华教育改进社代表

陶知行　凌　冰

（此信写于 1926 年上半年）

张一麐、陶行知致许世英函

赈济委员会许代委员长伟鉴：

敬启者，敝校宗旨在选拔难童中之天才生，加以特殊培养，俾能各依才能、兴趣长成国家有用之材。日前将敝校创学意见计划书奉陈清览，荷蒙赞成，并允补助开办费四万八千元，经常费每月三千元，至为感谢。现将计划书送请贵会察阅，并恳将补助之款，正式予以批准。开办费尚希先予拨发，以便进行。经常费领款手续、日期，亦请赐示，以便遵照办理。专此奉商，祇候复音。敬祝

公安!

育才学校　董事长　张一麐

校　长　陶行知

二八、一、十九

陶行知、邹绿芷致江冰如函

冰如先生：

九月初，您从草街子来到北碚，当时住在西山路廿九号本招待所那里。当你走了以后，我们发现少了一张被子，据听差说是您拿去了，并且说到重庆后托人带来。如今，事隔二个多月，可是依然不见您将这张被子寄回。天气一天比一天冷了，我们招待所很需要这张被子，望见信后，赶快寄还为盼。此祝

康健！

育才学校招待所 陶行知 邹绿芷 启

二八年十一月十五日

育才学校致育才之友函

××××鉴：

启者，前蒙驾临敝校指教，招待不周，至歉。承嘱将治疟、治痢名方寄奉，以便采用。现中国科学社与晓庄研究所合作，已将治疟疾、治痢疾两个有效良方，举行病理试验与加以提炼，颇有成效，特向贵院推荐，俾使小朋友得以减少痛苦，不必等候西药，亦可以着手回春也。谨此介绍。此祝

康健！

育才学校　启

二八年十一月十八日

附治疟治痢药方各一张（略）

（此系陶行知修改定稿——编者）

张一麐、陶行知致许世英函

赈济委员会许代委员长勋鉴：

兹奉上育才学校二十九年度一（三）月份及二（四）月份补助费请款书各一纸，务希核发。支票请赐交重庆新街口新华银行代收。专此奉恳。敬颂

勋安！

育才学校董事长　张一麐（印）

校长　陶行知（印）

二十九年二月二十八日

附件：育才学校二十九年度补助费请款书一（三）月份、二（四）月份各一纸。（略）

张一麐、陶行知致新华银行函

新华银行大鉴：

兹奉上育才学校向赈济委员会会计科领款书两纸，计一(三)月份补助费3500元一纸，二(四)月份补助费3500元一纸，业已加盖图章。“款项核准时，该会有电话或信来通知”，即请代领收入敝校账户，专此奉托。敬祝

大安！

育才学校董事长　张一麐(印)

校　　　　长　陶行知(印)

二九年二月廿八日

附件：领款书两纸。(略)